U0529076

关中农村研究

本辑主编 赵晓峰

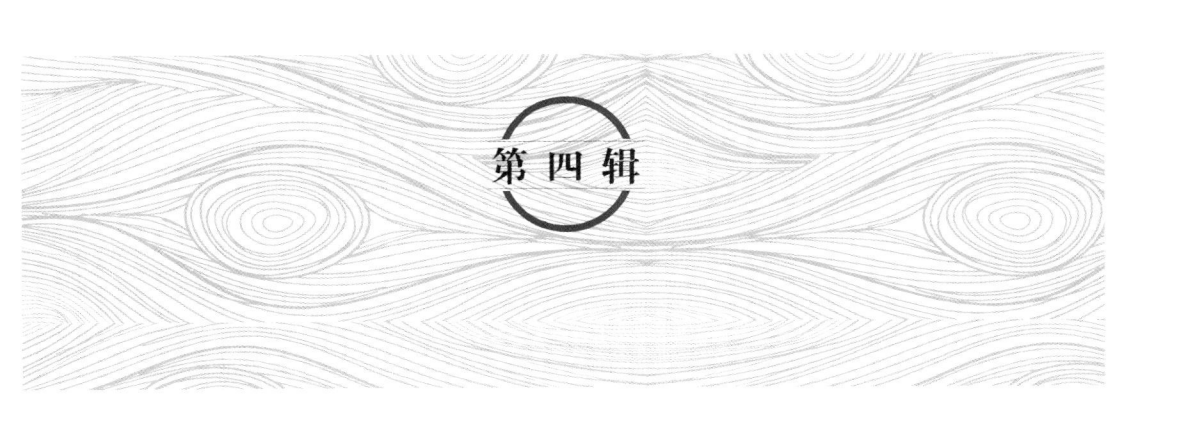

第四辑

中国社会科学出版社

图书在版编目(CIP)数据

关中农村研究. 第四辑/赵晓峰主编. —北京：中国社会科学出版社, 2018.10

ISBN 978 - 7 - 5203 - 3107 - 4

Ⅰ.①关… Ⅱ.①赵… Ⅲ.①农村—社会管理—研究—陕西 Ⅳ.①C912.82

中国版本图书馆 CIP 数据核字（2018）第 204667 号

出 版 人	赵剑英
责任编辑	马　明
责任校对	胡新芳
责任印制	王　超

出　　版	中国社会科学出版社
社　　址	北京鼓楼西大街甲 158 号
邮　　编	100720
网　　址	http://www.csspw.cn
发 行 部	010 - 84083685
门 市 部	010 - 84029450
经　　销	新华书店及其他书店
印　　刷	北京明恒达印务有限公司
装　　订	廊坊市广阳区广增装订厂
版　　次	2018 年 10 月第 1 版
印　　次	2018 年 10 月第 1 次印刷
开　　本	710×1000　1/16
印　　张	18.75
插　　页	2
字　　数	317 千字
定　　价	78.00 元

凡购买中国社会科学出版社图书，如有质量问题请与本社营销中心联系调换
电话：010 - 84083683
版权所有　侵权必究

序一　打造农村社会研究关中学派的抱负应该肯定[*]

女士们、先生们，大家好！

非常高兴，今天能够与50多位来自全国各地的青年学者，聚在西北农林科技大学的美丽校园里，一起进行学术交流和经验探讨。重视青年学者的健康成长是我们一直关注的中心议题，因为青年学者是中国社会学的希望。在这里，我要感谢青年学者的踊跃参与。也要特别感谢西北农林科技大学领导，西北农林科技大学人文社会发展学院的全体师生和我们基金会一起主办这次"中国农村社会发展论坛"。

上周，西北农林科技大学刚刚举办了建校80周年暨合校15周年的庆祝活动。80年的风雨，80年的沧桑，西北农林科技大学为国家的发展、社会的进步付出了辛勤的努力，做出了巨大的贡献。作为一所国家重点建设的"985""211"序列的农业院校，服务"三农"发展，也应该成为学校各文科院系深化科研体制改革的方向。人文学院刚刚改名为人文社会发展学院，学校还将农村社会发展确定为人文社会发展学院学科建设的两个主要方向之一，说明学校非常重视中国农村研究，重视农村社会学学科的发展。

令我们感到兴奋的是，人文社会发展学院已经组织中青年教师成立了一个专门的学术研究机构——农村社会研究中心。通过中心编辑的小册子，可以看到，学院里的这批青年人非常活跃，短短三年的时间已经取得了不小的成绩。这批年轻人希望能够在学校、学院的扶持下，打造农村社

---

[*] 2014年9月20—21日，西北农林科技大学与北京郑杭生社会发展基金会联合召开了第一届中国农村社会发展论坛。本文是郑杭生先生在开幕式上的致辞。以此文代序，衷心感谢郑先生对西北农林科技大学人文社会发展学院社会学学人的肯定和鼓励。

会研究的关中学派，抱负很高，热情也高，还很有勇气。

在中国社会学会今年7月召开的武汉学术年会开幕式上，我就做了《学会、学派、学术》的致辞。我在致辞中指出，学派是学术发展的最实质性的平台。有无学派，特别是有无著名的学派，是一个学科是否繁荣、是否有活力、是否成熟、是否有社会影响力以至国际影响力的重要标志之一。农村社会研究中心虽然起点不算高，但是中心的老师们从一开始就有心要做成一个学派，确实不容易，应该得到肯定、鼓励和支持。

围绕这个问题，我愿意借这个机会，讲三点意思。

首先，为什么要做学派，做什么样的学派。关于这个问题，可以追溯到关中地区的历史名人，关学创始人，也是理学主要创始人之一的横渠先生——张载。早在北宋时期，他就提出了"为天地立心，为生民立命，为往圣继绝学，为万世开太平"的为学之道，深刻地影响了一代又一代的中国人。这四句话，被当代哲学家冯友兰概括为"横渠四句"，具有深远的历史价值和现实意义。为什么要做学派，做一个什么样的学派，我们在考虑这个问题的时候也可以从中汲取理论资源。

当今的中国，正处于急剧的经济社会变迁中，经济快速发展，总规模已经稳居世界第二位，社会更在加速转型，这是我们所处的大背景。民族的崛起，社会的转型为社会学学派的发展创造了条件，提供了机会。目前，中央提出要提升国家软实力，在国际上争夺话语权，这就为哲学社会科学的繁荣发展提供了难得的好机会。然而，中国学术要有话语权，就需要不断深化各个领域的研究成果，发出我们的声音，营造学术生长的空间。照搬西方的理论是不能解释和指导中国实践的，必须要靠逐渐发展起来的一个又一个的中国学派。哲学社会科学领域的中国学派，又必须回应时代需求，在扎根中国改革经验、阐释中国发展实践的基础上生长、发展起来。

其次，如何来做农村研究的关中学派，我想提一些我的思考。20世纪40年代，费孝通先生写了一本重要的农村社会学著作《乡土中国》，引起了很大的反响。改革开放以来，中国的农村社会学研究取得了长足的进步，产出了一系列的研究成果。目前来看，这些研究成果依托的农村经验主要分布在中东部地区，比如华北农村、东北农村、华南农村、长江三角洲、湖北中部地区等，而西部地区，尤其是西北部地区的相关研究成果相对较少。这就为西北地区的农村研究创造了学术生长的广阔空间。关中地区，在宋朝以前很长一段时间都是中国政治经济文化中心所在地，具有悠久、辉煌的历史，是传统中国小农社会最具有代表性的地区。因此，扎根田野，立足关中，面向西北地区，定能做出一批有影响力、有创造力的学术研究成果。所以，学院提出创建农村研究的关中学派很有希望，也很有远见。

在去年7月召开的中国社会学2013年贵阳学术年会开幕式上，我做了题为《再评判、再认识、再提炼——中国社会学在"理论自觉"阶段的基本功》的致辞。这里的三个"再"代表中国社会学必须面对的三种基本关系：中西关系、今古关系、理实关系——理论与现实、理论与实践的关系。只有把上述三个方面结合起来，真正做到"借鉴西方，跳出西方"，不断进行"再评判"，做到"开发传统，超越传统"，不断进行"再认识"，做到"提炼现实，高于现实"，不断进行"再提炼"，我们才能真正创造我们的学术话语，创造我们的学术特色，也才能形成为数众多的中国学派。

我在《学会、学派、学术》的致辞中，对什么是理论自觉阶段的基本功进一步拓展，归纳为"三再、两气、一追求"。"三再"，就是前面讲到的"再评判、再认识、再提炼"。"两气"就是"只有接地气，才能有底气"。从学术的角度讲，接地气至少可以分为三种：接现实中国的地气、接历史中国的地气、接中国立场观点的地气。所谓"一追求"，就是追求"真善美"，社会学既要追求"真"，又要追求"善和美"。这里的"真"指的是科学性，"善和美"指的是人文性。用中国学术传统的说法，就是追求真善美，提升精气神。事实表明，社会学研究中的许多问题，仅凭单纯的科学性，并不能发现其真实原因和解决办法，往往要靠人文性才能找到原因和解决之道。

可以这样说，今后中国社会学界的良性学术竞争，很重要的一个方面，就是看这方面基本功的功力如何，能否在掌握有关事实资料的基础上，既高屋建瓴，又具体分析地提出问题、研究问题、解决问题；既能揭示世界现代性全球化的长波进程所代表的发展趋势，又能展现本土社会转型的特殊脉动所代表的中国经验。通过再评判、再认识、再提炼；通过接现实中国、历史中国和中国立场观点的地气；通过把科学性与人文性有机结合，正确处理中西、古今、理实这三种基本关系，鉴别各种思潮，从而推动中国学派的建设，促进中国社会学的发展，并为中国社会的良性运行、协调发展做出自己应有的贡献。

西北农林科技大学人文社会发展学院今年在陕西遴选了10个县30个村作为农村社会研究中心长期的固定观测点,听说将来还要在其他省市建立类似的观测点。只要能够长期坚持,立足关中这片土地,有理论自觉的精神,练好基本功,一定会有所成就的。

最后,我想借这个机会介绍一下我们郑杭生社会发展基金会的情况。基金会成立三年来,先后资助了34个博士生项目、30个硕士生项目,此外还资助了90位青年学者。其中,青年学者项目,去年就有你们学院的赵晓峰博士,今年又有你们学院的陈辉博士。青年学者项目,连续三年,每年都有110位至120位青年学者递交论文,我们每年从中选出30篇,应该讲这些论文的质量都还是很不错的,三次论坛都非常成功。

另外,我们还创办了两个刊物《社会学评论》和《社会建设》。现在《社会学评论》已经出了十期,上了知网和国家哲学社会科学学术期刊数据库,已经被中国人民大学评为C刊。《社会建设》也在2014年3月得到国家新闻出版总署的批准,今年出创刊号和第二期。《社会建设》范围很广,现阶段以社会工作和社会政策为重点。这两个刊物是我们社会学界共同的、持久的平台,这两份刊物的一个宗旨也是为青年社会学者搭建一个茁壮成长的学术平台。大家有合适的稿子也可以投给我们。我相信在大家的支持下,这两个学术刊物,一定能够办成高质量的学术刊物。

预祝这次论坛开得成功,大家都有收获。

谢谢各位!

郑杭生

2014年9月

序二 关中农村研究的价值

关中，是陕西中部关中平原的简称，在中国历史上最早提及并大量使用关中地名的历史典籍，据历史学家考证应该是西汉时期的《史记》，《史记》中提及"关中"地名40余次。关中的地域现在一般依据的是史念海、李之勤等编写的《陕西军事历史地理概述》中的界定："是指陕西中部秦岭以北，子午岭、黄龙山以南，陇山以东，潼关以西的区域。"关中是中国农业文明的发祥地，古有中国历史上第一个农官后稷教民稼穑于此，周秦汉唐十三朝古都在此兴衰更替，更是与关中发达的农耕文明有着直接的关系。随着唐末至宋以降北方人口大量南迁，中国农业核心区向南转移，关中农业的地位才开始动摇。有史以来关中地区就素以"八百里秦川"而著称，一直是中国重要的农业生产区域。但是，如果翻开民国期间海外学者对中国农村的研究，华南地区有弗里德曼的宗族研究，西南地区有施坚雅的乡村基层市场共同体的研究，华北地区有平野义太郎的村社共同体的研究，有杜赞奇的乡村权力的文化网络研究等，有影响的研究唯少有西北地区的关中研究。国内学者虽多有涉及，也少有系统深入的研究。那是不是关中农村研究不具有代表性，没有价值呢？当然不是，关中农村既具有典型性，又具有代表性，对于认识中国农村发展全貌具有重要的学术价值与实践意义。

关中农村的典型性与独特性，从历史的视角给予透彻分析的是秦晖先生，秦晖先生在《田园诗与狂想曲》中分析指出：第一，关中乡村发展模式具有典型性："关中是中国'黄土文明'的发祥地、封建社会与大一统国家的摇篮……当中华民族领先于世界各民族时，关中是灿烂中华的灿烂中心；当中国被世界近代化进程所抛弃时，关中又是停滞中国的停滞典型。"第二，关中乡村发展模式具有独特性：传统社会中，关中农村发展具有许多独特的特点，如"宋元以后关中农村逐渐小农化，大地产与无地农民均减少,到民国时代,租佃关系几乎消失。这与通常所讲的'两极分化''土地兼并''租佃经济'模式迥异。又如,明清以来,关中的租佃关系不断萎缩的同时,'雇工经营'却颇有发展,但与之相应的却不是商品货币关系的发达,而是相对自然经济化的日益加深。再如,与商品货币关系斩断宗法纽带的一般推理相反,近代中国商品经济最发达的东南农村宗族关系与族权势力最强大,而相对封闭保守、自给自足的关中农村反而相对少有活跃的宗族组织和强大的族权。但关中农民的自由个性与独立人格并不因此而得以比南方发达"。关中农村也从来没有过宗教狂热。因此对关中农村发展模式的经验研究会有其"超经验"的意义。

钞晓鸿在《明清时期的陕西商人资本》和《传统商人与区域社会的整合》两篇文章中阐述了关中农村的独特性,他的研究发现针对一般所认为的商人广置田产、兼并土地的情况,"不置田地"却在陕商中极为普遍,无论是陕商购置田地的数量还是购置田地的商人人数,均较微少。"有能力兼并土地的富商非但没有兼并土地,甚至连自家原有的土地也懒于经营。"这与关中农村"慎终追远及家族聚居观念并不强烈"有关,"明清关中的显著特点之一是家谱、祠堂、族田的相对稀少","宗族势力本身的相对衰弱便为其他组织与势力在当地社会发挥作用创造了条件",在关中基层社会治理中,商人成为重要的参与者,而商人参与地方治理,"宗法共同体在提供保护的同时,又遏制个体的独立性,将每一个成员均融入大家共同发展的步伐之中,这又不能不引起商人的反对",因此关中农村基层社会治理呈现了非常复杂的局面。对关中农村的独特性与代表性,贺雪峰先生也有着自己独到的认识。他在《关中村治模式的关键词》一文中研究了中国农村的社会关联,认为中国农村区域差异很大,从乡村治理的角度看,存在农民认同与行动单位的差异,依据在农户家庭以上是否存在认同与行动单位及存在什么类型的认同与行动单位,村治类型不同,"以户族作为基本的红白事单位,且户族事实上参与了户族内及户族外各种事务的关中农村,其村治模式与宗族型、家户型和小亲族型等村治模式,都有相当的不同,可以称为户族型村治模式"。关中的户族只是一个较小规模的以办理红白事为主要职能的行动单位,这个规模的行动单位,只能有限地解决村民之间的互助问题,它可以调解处理户族内的大部分矛盾,但户族一般缺乏对外的功能。

因此,从已有的相关研究成果来看,关中农村是具有典型性、独特性、代表性的农村地区，对关中农村的研究具有非常重要的学术认识价值和指导中国乡村治理与发展的实践价值，关中乡村的典型性具有对与其相似农村地区的推论价值，关中乡村的独特性具有为宏观理论建立地域性个案积累的学术价值。但是无论是在海外学术界还是在国内学术界，关注关中农村的学者还非常少，对关中农村的系统深入研究还非常匮乏。

所幸的是21世纪以来，西北农林科技大学陕西省乡村治理与社会建设协同创新研究中心开始聚集了一批年轻的学者，他们致力于认识和改造中国农村社会，致力于关中农村的社会研究，在西北农林科技大学农村社会观测站基金的支持下，他们坚持每年深入关中农村，与农民同吃同住，在深入细致的田野调查中研究关中农民，研究关中农村，他们中的一些研究视角独特，如赵晓峰博士在他的研究中提出了"庙会是关中农村区域社会秩序整合的中心"的观点。2014年，已故的著名社会学家郑杭生教授在该中心参加中国农村社会发展论坛时，特别以关学创始人、关中著名学者张载的"为天地立心，为生民立命，为往圣继绝学，为天下开太平"的横渠四句勉励中心学者要秉持关学传统，深入开展关中农村研究，先生还特别为中心留言：

关中学派传统深，
横渠四句是经典，
西北农研待继开，
青年才俊勇担当。

今天我们看到的这套《关中农村研究》，是我们期待已久的这些富有朝气和理想的年轻学者对关中研究的成果。我相信在不远的将来，这些富有朝气和理想的年轻学者们一定会秉持关学传统，以为天地立心，为生民立命的情怀，开创关中研究和中国农村研究的新天地！

付少平
2015年9月

目　　录

第一部分　农业转型与农业治理研究

邹德秀的农业社会学研究及其影响 …………… 许珍珍　赵晓峰（3）

公益悬浮与商业下沉：基层农技服务供给结构的变迁 …… 冯　小（18）

托管经营：经济作物中小农经营现代化的新走向 ………… 曾红萍（33）

产业融合、乡村旅游与精准扶贫
　　——以陕西省 Y 村为例 ………………… 李　琳　郭占峰（45）

第二部分　农村文化治理研究

张载思想的概化与延展：文化治理功能的地方性实践
　　——基于陕西省眉县横渠镇 W 村的实证
　　　调研 ………………………………… 韩庆龄　宣朝庆（63）

乡村庙会的社会整合功能及其实践特征
　　——基于关中金村庙会的考察 ………… 李永萍　杜　鹏（77）

民间信仰、社会整合与地方秩序的生成
　　——以关中风池村庙会为考察中心 ……………… 孙　敏（90）

黄土高坡托起的圣仪：陕北左村祭仪变迁研究 …………… 徐嘉鸿（107）

中国乡村传统文化活动及其治理功能
　　——基于陕西 D 村的个案研究 ………… 刘　超　刘　明（121）

第三部分　农村社会治理研究

精准扶贫中的国家治理能力分析
　　——以陕西 M 县精准扶贫实践为例 ………………… 贺海波（135）
双层治理结构下村民小组治理机制研究
　　——以陕西 D 村为例 ………………………………… 张　曦（149）
规则混乱、共识消解与基层治理的困境研究 ……………… 韩庆龄（163）
闹与罚：村落纠纷调解与社会价值再生产 ………………… 魏程琳（178）

第四部分　农民生活变迁研究

横渠村：乡土社会中的农民合作 ……………………………… 左雯敏（195）
无正义的家庭政治：理解当前农村养老危机的一个框架
　　——基于关中农村的调查 ……………… 张建雷　曹锦清（210）
婚变：农村妇女婚姻主导权与家庭转型
　　——关中 J 村离婚调查 ………………… 李永萍　杜　鹏（231）
"重返光棍"与农村婚姻市场的再变革 ……………………… 宋丽娜（244）

第五部分　农村义务教育研究

乡村小规模学校教育质量差在何处？如何提升？
　　——基于关中地区 Z 县三所学校的
　　　　质性研究 ………………………… 赵　丹　赵　阔　陈遇春（261）
农村小学寄宿生易产生的心理问题及对策分析
　　——基于陕西省 L 县的调查 …………… 王　华　刘晓彤（277）
编后记 …………………………………………………………………（287）

第一部分
农业转型与农业治理研究

邹德秀的农业社会学研究及其影响[*]

许珍珍　赵晓峰[**]

摘要：邹德秀是我国较早开启农业社会学研究的学者，他的研究成果对我们认识农业的本质属性以及如何更好地推进农业现代化具有一定的启示和借鉴意义。研究发现邹德秀关于农业社会学的研究可以归纳为四大核心内容，即农业的"三元结构理论"、"多元功能理论"、农业发展与农村社会的互构论以及中国文化本源论。在当下农业和农村社会问题层出不穷的时代背景下，邹先生作为农业社会学研究的先行者，其学科洞见和研究成果对认识和分析中国农业和农村现代化问题具有重要的理论价值。

关键词：农业社会学；三元结构；农业多功能理论；农业文化

一　导论

农业社会学不同于农村社会学。农村社会学以农村社会中的人为研究的出发点，而农业社会学则把研究视角转向农业领域，以农业为出发点研究农业的特性和价值、农业领域中的产业关系、社会关系和社会结构等问题。无可否认的是，如果我们缺乏对农业特点和农业活动规律等问题的深入研究，那么对农民问题和农村问题的理解就会缺乏认识的基石，政策的制定也难免有所偏颇。而且当下中国层出不穷的农业和农村社会问题已经"超出了农村社会学和农业经济学原有的研究领域，更超

---

[*] 基金项目：陕西省农业协同创新与推广联盟 2017 年软科学项目"农业供给侧结构改革背景下陕西省新型农业经营体系构建研究"（LMZD201708）；西北农林科技大学中央基本科研业务费"陕西省新型农业主体发展及其社会影响研究"（2017RWYB18）。

[**] 许珍珍，西北农林科技大学陕西省乡村治理与社会建设协同创新研究中心研究人员；赵晓峰，西北农林科技大学人文社会发展学院副教授。

出了以农业技术为对象的自然科学的研究范畴"①,例如农民增收、食品安全、农业政策等问题,因此农业社会学的研究视角有必要受到重视。然而,从2009年朱启臻《农业社会学》专著出版,农业社会学学科框架首次得到系统勾勒,②到2017年熊春文在《农业社会学论纲:理论、框架及前景》一文中再次呼唤农业社会学的到来,如今国内的农业社会学研究依然处于起步阶段。回顾本土理论资源可以发现,20世纪80年代邹德秀③提出的"农业社会学"研究,既可以为农业社会学的学科构建提供理论资源;也可以为转型期中国面临的社会问题,尤其是"三农"问题的解决提供理论参考。

邹德秀的农业社会学研究有着深厚的学术背景和现实依据。邹德秀毕业于西北农业大学园艺系,后任教于西农马列部,同时也是西农古农学研究室古代农业思想与文化史研究方面的开创者。因此邹德秀的学术研究本身具有学科交叉的背景,这对他的农业社会学的研究助力极大。20世纪80年代国外现代农业弊端凸显、国内传统农业逐渐向现代农业转型,在这样的时代背景下,邹德秀先生为系统总结研究中国农业的发生发展历史,对农业科学和农业文化进行研究。他把农业科学的基础理论与社会科学理论综合起来,进行一种学科交叉的思考;并且注意到了农村社会学与农业社会学的区别,开创了"农业社会学"的研究愿景。④邹先生认为,农村社会学是研究农村社区中的社会关系和社会问题,而农业社会学有着区别于农村社会学的独特视角,它以农业为出发点,把农业放在整个国民经济的背景中分析农业过程中的产业关系、农业的社会功能以及农业的价值等问题。⑤在80年代邹先生敏感地意识到需要从社会学的视角看待农业与社会发展之间的关系,极早地提出了要重视农村社会学和农业社会学的研究,其学术视野和学科洞见能力可见一斑。

本文主要采取文献研究方法,从农业科学的"三元结构"、多元功能的研究、农业发展与农村社会的关系、农业文化在历史时空中的演变四个

---

① 熊春文:《农业社会学论纲:理论、框架及前景》,《社会学研究》2017年第3期。
② 同上。
③ 邹德秀,1936年生人,1959年毕业于西北农业大学园艺系,1986年被聘为国务院农村发展研究中心研究员。曾任中国农村社会学学会副理事长、西北农业大学学术委员会副主任、社会科学研究室主任,教授,博士生导师。
④ 邹德秀:《绿色的哲理》,农业出版社1990年版,第87、287—288页。
⑤ 同上书,第289页。

方面认识邹先生的农业社会学思想，为构建农业社会学学科寻找更加厚重的本土理论资源、为农业转型与社会发展寻找理论指导。

二　农业的"三元结构"理论

20世纪80年代发达国家现代农业生产过程中的能源问题和生态问题汹涌而来，[①] 邹德秀在当时敏感地意识到国外的现代农业技术并不适合我国农业发展的实际情况，中国也不能走发达国家的老路。在这样的时代背景下，邹德秀提出了农业的"三元结构"[②] 理论，指明了农业的研究领域和农业的整体结构。

结构是事物特定的元素和元素之间较为稳定的联系方式，"要认识农业，得先从农业的结构分析开始"[③]。如果将农业视为一个以生产食品和纤维等产品为目的的经济、生态和技术体系，那么与整个国民经济相联系的农业经济领域、与整个生物圈相联系的农业生态领域以及与整个科学技术相联系的农业技术领域就是农业的基本要素。如果用三个相互交叉的未闭合的圆圈来表示农业的三个组成部分，那么它们之间相互重叠的区域就是农业。这三个相互联结的三环聚合模型就是农业的"三元结构"体系。从农业的三个组成部分中，显然可以发现农业的六个研究领域，分别是农业经济、农业生态、农业技术、生态经济、技术经济和生态技术。如图1所示：

可以认为，分析和研究农业的结构对于我们认识农业、经营农业、研究农业的发展有着重要的理论意义和实际价值。如果在实际生产中考虑到"三元结构"中的每一环，那么经济上需要注重成本、价格和利润的考量，生态上需要注重自然资源的协调以及对自然资源的保护和更新，技术上还要注重手段的有效性。但是现实中这三个方面往往不能够都得到满足，因此需要我们根据现实情况做出调整，如果不能做到三个方面都满足，尽量要做到全局的合理性，牺牲局部的合理性，用局部的失来换取全

[①] 李凤岐、邹德秀：《从现代农业存在的问题和发展趋势看我国农业的优良传统》，《农业现代化研究》1982年第1期。

[②] 邹德秀：《农业结构和农业研究领域的探讨》，《农业经济问题》1983年第3期。

[③] 邹德秀：《绿色的哲理》，农业出版社1990年版，第84页。

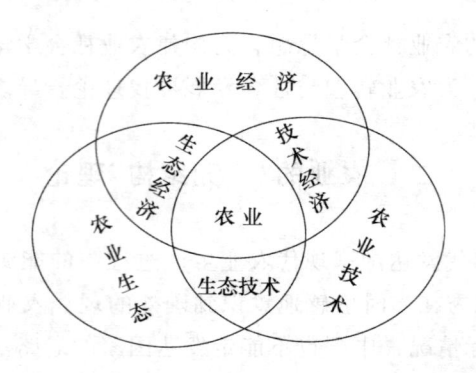

图 1　农业三元结构①

局的得。如果把农业系统看作这三个方面的合力，实现合力最大就是保证了最好的效果。同样地，以农业"三元结构"来分析农业类型和农业结构的调整，可以发现，由于各地经济实力、自然资源、技术水平千差万别，农业结构和类型也就不同。中国有自己的经济、资源、技术条件，中国的农业结构、农业类型也就有自己的特点。而所谓最优的结构和类型都是相对而言，能充分发挥自己的经济、资源、技术条件的就是最优的类型。因此农业的"三元结构"理论对我们进行农业生产和发展具有两大指导作用：第一，农业生产中要注意发挥农业三大领域的合力；第二，农业结构的调整应根据当地经济实力、自然资源、技术水平的综合情况进行。

从农业的"三元结构"的角度分析我国传统农业，就可以看出传统农业并非是一种落后的农业生产类型，而是有着独特价值，对现代的农业生产仍然具有借鉴意义的一种历史资源，"中国农业有不少值得发扬的优良传统"②。农业既然是经济、技术和生态的综合体，那么我们应该把农业作为一个整体看待，坚持综合开发、综合管理、综合研究和综合教育。20 世纪 60 年代"绿色革命"在发展中国家实践的失败证明了农业革命不可能一蹴而就，单单依靠高产品种，不考虑本国的经济条件、生态适应性和技术设备状况是无法完成农业革命的。在农业革命过程中，还有一些片

---

① 图片来源于邹德秀《绿色的哲理》，农业出版社 1990 年版，第 85 页。
② 李凤岐、邹德秀：《从现代农业存在的问题和发展趋势看我国农业的优良传统》，《农业现代化研究》1982 年第 1 期。

面的观点，比如只强调有机农业的农业生态学派忽视了农业的经济效益，只强调无机农业的农业工业学派忽视了农业的生态环境，因此这些都是违背农业发展规律的观点。中国传统农业的优势在于它既是遵循农业"三元结构"的循环利用、低能消耗的有机农业，也是系统经营的综合农业，因此不存在环境污染和能源消耗问题；而且传统农业技术注重用地养地改土结合，使地力常新；精耕细作的农业提高了土地利用率。对农业"三元结构"体系的理解和对中国传统农业的科学认识，是明确中国作为劳动集约和技术集约的发展中国家不可能走资本集约化道路的理论前提，也是明确中国精耕细作农业技术的现代价值的理论依据。

总而言之，农业"三元结构"理论给予我这样一种启示：应该采取对农业问题多元视角的分析方法。农业不仅是一个生态过程，也是一个经济过程和技术实施的过程。"农业作为一个生态过程服从自然的规律如物质能量转换规律；作为一个经济过程，服从社会的规律比如价值规律；作为技术实施过程服从科学技术的规律如机械、物理、化学、工程技术的规律。"[①] 在农业的"三元结构"中，经济、技术和生态农业的三个组成要素之间是相互影响的关系，发达国家的石油农业、化学农业却忽视了这样的关系，因此成为不具有持续性的农业发展方式。中国的传统农业正是符合农业发展的自然规律而成为一种可持续的循环农业。在农业现代化进程中，现代工业、现代科学技术和现代经营管理方法虽然都很重要，但显而易见的是，这些手段都不能背离农业的本质属性和农业的整体结构而妄加使用，高精尖的现代农业技术也需要适应当地的自然环境和经济实力。从这个意义讲，"三元结构"理论可以对如何科学地、合理地完成农业现代化提供理论依据。

三 农业的"多元功能理论"

根据农业"三元结构"理论可知，要从多元的视角分析农业问题。技术可以被视为是社会科学和自然科学重叠的部分，农业技术本身就是利用自然科学规律、改造自然条件以适应人类社会的需要，因此农业"三元结构"中农业技术的分析就蕴含着从社会视角进行的分析。"从不同角

[①] 邹德秀：《绿色的哲理》，农业出版社1990年版，第86页。

度看，农业可以是经济部门、科学门类、生态系统，也可以是一种职业、一种生活方式、一种文化现象"①，因此不同视角下农业的功能也是不同的。我们有理由认为，邹德秀的农业多元功能的提出并非是因为现实发展而倒逼人们不得不承认农业的其他功能，而是一种先于现实发展又基于科学研究之上的理论总结。

邹德秀曾经提到过："农业的经济功能表现在它是国民经济的基础；农业的政治功能表现在它提供了就业机会，保证了最基本的生活需求，从而为政治上的安定、国家的安全创造了条件；农业的认识功能表现在它作为一门科学技术，丰富了人的认识；农业的文化功能表现在有了农业的发展，才能有余暇时间进行文化活动，而且农业本身也是文化的源泉之一；农业的生态功能或环境功能表现在它通过作物种植、林业而对自然环境发生影响，例如吸收二氧化碳，放出氧气，利用城市废物，净化环境；农业还创造了不同于城市的景观，农村或可成为游览胜地。"② 可以看出，他认为农业具有经济功能、政治功能、认识功能、文化功能、生态功能以及游览功能六个功能。这六大功能的价值也会根据时代的发展而变化，"在农业的发展过程中，有些方面的价值降低了，有些方面的价值上升了"③。

如果放眼国际就会发现，在国际上这一概念的提出与邹先生提出的时间基本吻合。"从 1992 年联合国'环境与发展'大会，农业多功能性概念较早的出现，到随后的 GATT 或 WTO 乌拉圭回合谈判过程以及世界粮农组织 FAO 于 1996 年峰会上的争议性讨论，目前不同国家、不同学科领域以及不同政治团体，对农业多功能性的研究在快速升温。"④ 而国内对农业多功能的认识集中出现在 21 世纪以后。国内众多学者逐渐认识到农业的多功能性，虽然不同学者对农业多功能性内涵有不同见解，但是总体而言并没有脱离邹德秀所说的农业多元功能的内涵。邹德秀的学生王亚新系统论述了农业的多功能性并进一步提出建立相应的制度来保障农业功能。王亚新认为各个时代总是根据自己时代的生产力水平来对农业的功能结构进行选择，构建符合最大社会福利的功能结构；提出运用和谐文化、

---

① 邹德秀：《绿色的哲理》，农业出版社 1990 年版，第 1 页。
② 同上书，第 289 页。
③ 同上。
④ 陈秋珍、[芬兰] John Sumelius：《国内外农业多功能性研究文献综述》，《中国农村观察》2007 年第 3 期。

经济手段和社会发展手段三者构成的制度来维护农业多功能的发挥。① 赵敏强调农业在文化和环境方面的价值。② 尹成杰强调现代社会中农业的食品保障功能、原料供给功能、市场功能、就业增收功能、劳动地输出功能；提出现代农业建设要开发农业的多种功能。③ 还有的学者认为对农业多功能性的重视和开发符合保障农产品供给、保护生态环境资源等现代农业发展的目标。④ 而朱启臻等认为，农业生产和农产品具有其他产业所不具备的四个特性之一，即农业的多功能性。⑤ 综合来看，谷中原对农业多功能性的内容总结最全面，他提出了农业的多功能性具有四大属性，分别是人文功能属性、生态功能属性、经济功能属性和社会功能属性。还有的学者认识到了农业多功能性与现代农业的关系。⑥ 伍国勇认为多功能农业是农业现代化发展的必然选择，是工业化和城镇化发展的动力源泉，应该在坚持农业的多功能的基础上实现工业化、城镇化和农业现代化的协调发展。⑦

当前中国的国家政策也验证了邹先生提出的农业多元功能理论。"2007年的'一号文件'指出：农业不仅具有食品保障功能，而且具有原料供给、就业增收、生态保护、观光休闲、文化传承等功能。2008年的'一号文件'指出：在经济社会发展新阶段，农业的多种功能日益凸显，农业的基础作用日益彰显。"⑧ 不难看出，蕴含着强大的实践意义的农业多元功能理论对中国农业的现实发展意义重大。邹德秀提出的多元功能理论对农业科学的系统性、科学性内涵进行了界定，对农业科学研究具有奠基作用；在国内学者从功能视角认识农业的学术传统方面具有领先性和开拓性。

---

① 王亚新：《农业多功能研究》，博士学位论文，西北农林科技大学，2005年。
② 赵敏：《论农业的多功能性》，《求索》2005年第1期。
③ 尹成杰：《农业多功能性与推进现代农业建设》，《中国农村经济》2007年第7期。
④ 周琳琅：《关于现代农业发展的几个问题》，《经济问题探索》2007年第5期。
⑤ 朱启臻、陈倩玉：《农业特性的社会学思考》，《中国农业大学学报》（社会科学版）2008年第1期。
⑥ 谷中原：《农村发展的农业多功能研究》，博士学位论文，湖南农业大学，2007年。
⑦ 伍国勇：《基于现代多功能农业的工业化、城镇化和农业现代化"三化"同步协调发展研究》，《农业现代化研究》2011年第4期。
⑧ 卢布：《重新认识当代中国农业》，《中国农学通报》2009年第24期。

四 农业发展与农村社会的互构论

邹德秀的《中国农业文化》一书中，隐含着这样一种观点：农业的经济特征决定了中国的社会结构、社会政治和文化特征，同时社会经济、政治、文化特征又决定了中国传统农业的发展。[①] 邹先生的这种认识可以归结为农业发展与农村社会的互构论，他指出了传统农业与古代社会发展之间相互影响、相互建构的关系。根据韦伯的农业社会学传统，以政治结构与文化为代表的超经济因素对农业问题的分析至关重要。[②] 邹德秀在20世纪90年代的研究发现"农业是中国古代社会决定性的生产部门，它必然制约着中国古代社会的发展。中国古代社会的盛与衰，战争与和平，统一与分裂，封闭与开放都可以从农业发展中找到原因"[③]；同时强调宗法制度对农业的限制[④]。不难看出，邹德秀的研究内容已经蕴含着农业社会学分析的一个基本原则："坚持社会性的首要地位，将农业放在一定的社会条件下考察，考察农业的发生发展与社会结构的交会作用，洞悉促进或制约农业变革的社会力量"[⑤]，因为农业作为自然再生产与经济再生产过程的统一，它既受到自然环境、自然规律的制约，又受到人们改造世界的主观能动性的制约。[⑥]

（一）农业生产与宗法制度的互构

邹德秀对农业生产与中国古代宗法制度之间的相互建构、相互影响的关系做出过经典论述，他认为中国古代的农业生产保障了宗法制度的延续，而宗法制度又限制了农业的进一步发展。邹德秀认为占优势地位的农业生产方式是中国古代的宗法血缘关系得以保留的根源。中国传统农业的主体形成于平原地区以种植业为主的农耕区，这种农业经济决定了中国的社会结构、生活方式、文化模式、价值观念和思维特点等。他采用发生学

[①] 参见邹德秀《中国农业文化》，陕西人民教育出版社1992年版。
[②] 熊春文：《农业社会学论纲：理论、框架及前景》，《社会学研究》2017年第3期。
[③] 邹德秀：《中国农业文化》，陕西人民教育出版社1992年版，第133页。
[④] 同上书，第142页。
[⑤] 熊春文：《农业社会学论纲：理论、框架及前景》，《社会学研究》2017年第3期。
[⑥] 付少平：《对中国传统农业演化规律的几点认识》，《古今农业》1998年第2期。

的研究视角分析中国宗法制度的产生和发展。农业发生以后氏族公社变为农业公社，但是氏族公社的血缘关系仍然保留下来。春秋战国以后，农业生产占社会生产的绝对优势地位，中国古代农民具有强烈的乡土意识、极少发生社会的空间流动，农村社会中血缘关系没有彻底瓦解。因此中国古代社会形成了社区分布和宗族分布基本一致，社区组织和宗族组织结合紧密的结构特征。

反之，宗法血缘关系的专制制度又限制农业的发展和整个经济的发展。宗法专制制度对农业的限制表现在两个方面，一方面是推行抑商政策，使农民没有扩大再生产的积极性；另一方面是繁重的赋税榨干了农民的剩余物，农民无法扩大再生产。① 宗法专制制度首先考虑的是政治因素和统治者的家族地位，忽视经济的运行规律。封建统治者的超经济行为对农业的破坏还表现在繁重的赋税和徭役对农民的剥夺上。农民除了自给性产品以外其余产品全部无偿地上交给国家。有限的生产和君主无限的贪欲，使农业生产发展的余地非常狭小，扩大再生产无法实现。

（二）农业技术与中国社会的互构

先进的农业技术保障了中国历史上农业单产面积较高的态势以及没有出现大范围的土壤肥力衰竭的良性发展态势，使中国成为传统农业文化长久不衰的唯一国家；而传统农业的衰落影响近代中国社会发展，中国农业技术难以实现突破和超越。② 不难看出，中国农业技术与中国社会相互建构、相互影响。

发达稳定的农业经济基础维持着中国传统农业文化与社会发展，但是近代以来，传统农业的发展无法适应当时的社会发展潮流，中国在近代历史转折时期落后于世界的步伐。其表现有三：第一，中国的农村工业和手工业紧密联合，手工业没有从农业中摆脱出来，形成近代工业；政治上抑制工商业的政策又阻止工商业的发展，工商业发展不起来，农业只能停留在手工阶段；鸦片战争以后受帝国主义侵略，重工业无从发展。第二，中国农民虽然技艺高超但是缺乏教育机会，理论匮乏；关心农业的知识分子缺乏实验科学的根底；以"八股文"取士的士大夫阶级轻视农业，因此

---

① 邹德秀：《中国农业文化》，陕西人民教育出版社1992年版，第142—145页。
② 同上书，第133—140页。

中国传统农业的基础理论薄弱，生物技术只停留在经验阶段。第三，人口激增带来的人口压力和恶性循环不利于中国农业技术的发展。这些因素造成了中国近代农业和农业科学技术落后，也是中国近代社会落后的原因之一。

（三）土地制度与农村社会秩序的互构

"石声汉在《中国农学遗产要略》中论及古代农业发展与战争交替"[1]的思想，而邹德秀从农业发展动力和农民战争的正功能视角分析，认为农业发展的动力不仅包括了"农民与自然作斗争创造先进的农业技术，也包括了反徭役、反暴政、反对封建土地制的农民战争"[2]，指出中国古代农村社会秩序与土地制度的相互构建性。

中国封建制下的土地制度引发的土地兼并带来了周期性的土地战争和农村社会动乱。邹德秀认为具备先进农业技术的中国农民有发展生产的积极性和吃苦耐劳的精神，但也身受农业生产规模狭小、农民经济力量薄弱的束缚力；土地兼并造成社会矛盾，引起周期性的经济危机和政治动乱，对生产力产生极大的破坏，两者相互叠加产生限制效应，阻碍中国古代农业和古代社会发展。土地兼并的急速发展引起两个矛盾：其一是地主与农民的矛盾。王朝末期土地兼并严重，大量自耕农破产，超重赋税使农民无法进行简单再生产，因此容易爆发农民起义形成全国性暴乱。其二是"土地的高度集中，形成一个与皇权对立的世族阶层，统治者为争夺最高权力（权力也是财力）发展成公开的军事冲突"[3]。这两个矛盾的结合会引起全国性动乱，随后王朝更替、大地产分解，农民重新得到土地，他们的生产积极性和小自耕农的数量显著提高。新王朝以史为鉴，减轻赋税，发展生产，于是被战争破坏的农业又开始恢复，但同时也酝酿了下一轮循环的发生。

息息相关的农业生产与农村社会发展的历史实践为我们认识中国古代社会打开了新的思路，为认识中国近代社会的落后提供了新的视角。具体而言：第一，中国近代的落后是在农业实践中对血缘亲族关系维系的固有

---

[1] 邹德秀：《中国农业文化》，陕西人民教育出版社1992年版，第141—142页。
[2] 同上书，第142页。
[3] 同上书，第141页。

诉求里由稳定下来的超经济的宗法专制制度造成的。小农经济具有扩大再生产的趋势，但是宗法专制制度一方面强调伦理本位，推行重农抑商政策，使生产者缺乏生产积极性，另一方面繁重的徭役赋税剥夺了小农的剩余产品，使小农经济没有扩大再生产的能力。第二，农业文化下，重农抑商政策使中国缺乏与外界交流的经济驱动力。第三，中国自春秋战国之后，土地兼并成为农业制度的内部矛盾所在，战争和农业发展相互轮替，互为前提，使工商业无从发展。

五　中国文化本源论

"农业文化是中国传统文化的根柢。"[①] 邹德秀采用基础文化和派生文化的二分法对中国文化进行分类：基础文化即农业文化；派生文化包含了与农业文化关系最直接的乡村文化、经济文化、民间文化、技术文化等第一级派生文化；与农业文化有间接关系的城市文化、政治文化、官方文化、科学文化等第二级派生文化；与农业文化有曲折联系的思维方式、价值观念、民族心理、国民性格等第三级派生文化，它们共同构成了中国文化内核，[②] 并且借鉴马克思的经济决定论，认为农业社会中城市依托农村生存，"城市对农村有很大的依附性"。"城市里的封建主、官僚靠农民的赋税生活。"[③] 不论是对农业文化的分析还是对农村与城市关系的表述，邹先生都表达了这样一种思想，即农业文化决定了中国传统文化的实质和走向，农业文化是中国传统文化的根柢，传统文化的其余内容都是在农业文化的基础上派生出来的。

具体而言，农业文化决定中国传统文化的表现有以下几个方面：

第一，高度分散的小农经济和高度集中的宗法政治制度相合既保证了小农经济的延续，又保证了专制制度的存在；[④] 农业文化影响下的"耕读文化"形塑了中国古代"士"阶层关心农业、关心现实的理想人格。[⑤] 因此中国小农经济的国家政治思想呈现出一种"二律背反"——"专制与

[①]　邹德秀：《中国农业文化》，陕西人民教育出版社1992年版，第114页。
[②]　同上书，第119页。
[③]　同上书，第120—121页。
[④]　同上书，第121—122页。
[⑤]　邹德秀：《中国的"耕读文化"》，《中国农史》1996年第4期。

爱民相结合，高压与仁政相结合"。①

第二，中国的"民间文化可以脱离高层次文化而独立存在，而且对中国官方文化有巨大影响"②。中国的传统文化并不是单线条的发展，除了有各个学派的区别以外，还有民间文化和官方文化的区别。阶级和国家的出现是民间文化和官方文化开始分化的分水岭。中国封建社会中，官方文化往往是对民间文化吸收和改造而形成的一种文化形式。文学中诗歌的发展、政治文化中从民俗文化到礼制的演变、哲学方面民间信仰对官方文化的影响等都可以视作民间文化对官方文化的影响。③

第三，农业文化形成了"经验思维"和"整体思维"的思维方式和"以土地为本""以家为本""重义轻利""重人伦轻人性"的价值观念。④在中国古代的农业生产条件下，经验思维是农业自然经济、手工操作方式的反映；整体思维的来源则是农业经验对天时、地利、物性和人力的统筹规划，将农业放在"天、地、人"形成的统一秩序中考察，因此农业生产实践和农业文化决定了中国古代的经验思维方式和整体思维方式。中国古代社会中，农业生产离不开土地，土地是农民生存的基础，家庭是农业生产的基本单位，宗法制度是社会关系的根本保障，中国的农业文化产生了中国的传统的价值观念。

第四，集约的园艺式农业经营带来的是中国农民和匠人的经验式技术和经验形态的科学。

第五，作为中国传统农业根柢的农业文化决定了中国文明的兴衰。如果将中国农业从发展初期，到历经春秋战国、汉唐宋元明清末之间的生产特征和农业实力分别进行考察，不难看出农业文明在中华文明中起到的根基作用。⑤ 在宋元明时期中国的"开拓精神"和"气度"⑥不如汉唐时代的原因是中国传统农业的发展进入了巩固时期，发展比较缓慢。从明代末年到清代，中国传统农业进入了"衰落时期"⑦，而这时也正是西方资本主义开始大发展的时期。此时传统农业自我循环的封闭式发展方式影响了

---

① 邹德秀：《中国农业文化》，陕西人民教育出版社1992年版，第123页。
② 同上书，第126页。
③ 同上书，第123—126页。
④ 同上书，第130—132页。
⑤ 同上书，第147—148页。
⑥ 同上书，第148页。
⑦ 同上。

中国与现代文明的接轨。

对于转型期的中国文化走向,邹德秀提出未来农业文化转型的方向是"工农业综合文化"①,近代中国社会变迁过程中农业文化随社会变革发生巨大改变。邹德秀还对近代以来传统农业文化经历的新民主主义时期的农业文化、社会主义时期的农民意识、中国农业文化对"文革"时期"左"的思想影响、联产承包责任制以后农业文化的转变等几个时期的文化内容进行研究。②

邹德秀作为西北农林科技大学社会学的奠基人,对农业文化的研究开启了西农社会学的农业文化与农业文明的研究传统。张磊在中国农业文化史论研究上不仅继承了邹德秀的研究传统,进一步丰富了中国传统农业文化的基本内容,并且指出中国农业文化有近代嬗变和当代转型两个时期;③在研究"文化转型的评判标准""农业文化转型的阶段与特点"等方面具有一定的新意。④张磊关于当代文化转型中文化失范问题的解决无疑体现了传统农业文化的当代价值。无独有偶,付少平的相关研究深化了中国农业生产实践与中国传统文化之间决定与被决定关系的研究,厘清了养蚕业与中国文化的关系,认为发达的"蚕文化"从很早时起就"决定了中国文明发展的方向,决定了中国人的追求和信仰"。⑤

综上文献可以得出如下启示:第一,作为中国传统文化根柢的农业文化创造出的"以价值理性为核心的实质合理性"文化特征区别于韦伯所说"工具理性"至上的西方资本主义精神的特质;⑥第二,小农经济和宗法专制的"社会结构对人的反身性"⑦形塑了中国社会中"天人合一""群体本位"⑧的世界观和命运观;第三,邹德秀提出的工农业综合文化超越了农业文化与工业文化二元论的困境。

---

① 邹德秀:《中国农业文化》,陕西人民教育出版社1992年版,第164页。
② 同上书,第149—161页。
③ 莫蓉:《文化转型研究综述》,载《社会转型与文化转型——人类学高级论坛2012卷》,人类学高级论坛秘书处、塔里木大学,2012年,第6页。
④ 张磊:《中国传统农业文化转型研究》,陕西人民出版社2007年版,第2页。
⑤ 付少平:《蚕文化与中国传统农业基本特点的形成》,《中国蚕业》1997年第2期。
⑥ [德]尤尔根·哈贝马斯:《交往行为理论》,人民出版社2005年版,第165页。
⑦ [英]安东尼·吉登斯:《现代性与自我认同》,夏璐译,中国人民大学出版社2016年版,第3页。
⑧ 张磊:《中国传统农业文化转型研究》,陕西人民出版社2007年版,第214—215页。

六 结论

邹德秀先生关于农业的研究内容十分丰富，除了本文所述的四项内容以外，他对农业的起源、农业演化以及农业体系等均有研究。本文立足于社会学的学科视角，主要对邹先生的农业社会学研究进行归纳，并且认为他的研究展现了中国社会学家研究本土农业社会特质的独特视野和洞见能力。虽然今日看来，学界众多专家对"三农"问题做出过大量深入系统的研究，但是在当时邹先生的学术视野及其研究视角难能可贵，可以成为丰厚的本土理论资源，启发后人。

邹先生的学术预见能力和学术视野表现在多个方面。第一，邹先生把农业的发展嵌入经济环境和社会环境中考察。自20世纪50年代以来，中国的工业化农业和机械化农业浪潮高涨，关中地区的农业机械化发展方式也被提上议程。在这样的时代背景下，邹先生关于农业特性的理解和认识，提供了一种看待事物的新角度，破除了机械化农业和工业化农业的迷障。根据农业的"三元结构"理论，对待农业要综合当地的经济实力、技术设备以及物种的生态适应性等多方面考虑。而工业化农业一开始便依赖着石油能源，但是随着石油价格的上涨，能源密集型的农业发展方式并不适应当时中国关中地区的经济发展水平；机械化农业要求的大型化和专业化发展也违背了农业的生物性特征。由此可知，无论是工业化农业还是机械化农业都是在发达国家特有的经济发展水平和社会环境中产生的，中国的现代农业发展方式必然要由本国国情来决定。第二，邹先生在过去也预见了未来工业化农业的不可持续性。他认为中国现代农业的实现需要向"第三种形态"[①]转换。这"第三种形态"即是根据农业的生物性特征，运用生物技术、新能源技术以及微电子技术将农业各部门有机联合的农业发展方式。第三，从农业社会学的视角思考城市与乡村之间的关系，为城乡协调发展、工农业协调发展提供理论依据。"工业反哺农业、城市支持农村"的中央政策并非是一种经验判断，而是由农业内在特点和自身发展规律决定的。生态规律决定了农业内部以及农业和城市之间都存在着一种循环关系。城市产生的粪便等生活垃圾的回田可以提高农村地力，城市

---

① 邹德秀：《绿色的哲理》，农业出版社1990年版，第2页。

农副产品加工业如皮革、酿造、油脂等产业排放的废料和副产品也可以成为提高地力的肥源。但是城乡的分离、农业部门的分散阻断了这一循环系统，导致大量的中间产物的积累，无法消耗的中间产物只能被作为废料进入自然环境中，对生态系统造成了污染。因此从农业的特性来看，城市和乡村的分离是一种不可持续的发展方式。另外，"农业在发展中国家依然是重要的生产部门，农业的发展涉及到大多数农民的利益，不解决大多数农民的贫困问题或发展问题，其它的问题就没有办法解决"[1]。因此发展中国家的经济发展战略应该是工业和农业协调发展，城市和农村协调发展。第四，邹先生强烈的学科交叉意识和学科洞见能力，在他的农业"三元结构"理论中有着鲜明的体现。在农业的"三元结构"中，农业各构成要素相互交叉结合的地方就可能萌生新的研究领域，比如"农业技术经济""农业生态经济""农业生态技术"[2]，它们都可以成为一门新的学科，其中"农业生态技术"在邹先生之前尚未有人提出过。[3] 当今学界的理论发展也证实了邹先生的想法。

邹德秀提出的农业"三元结构"、农业的多元功能理论都具有开拓意义并且影响深远；有关农业文化的研究也为中国传统农业文化与现代科学技术的融合提供了理论参考。总而言之，邹德秀的农业社会学思想有着跨越时代的穿透力，可以为我们正确认识农业的价值和农业政策的制定提供理论依据。因此，从某种意义上说，邹德秀的农业社会学研究可以为当下中国农业社会学学科发展提供新的线索，为社会学研究打开新的一扇窗。

　　致谢：感谢西北农林科技大学邹德秀教授、付少平教授、张磊教授对文稿的修改建议。

---

[1] 邹德秀：《绿色的哲理》，农业出版社1990年版，第282页。
[2] 同上书，第85页。
[3] 邹德秀：《根石屋文存》，西北农林科技大学出版社2006年版，第220—222页。

公益悬浮与商业下沉：基层农技服务供给结构的变迁[*]

冯 小[**]

摘要：在农业转型的背景下，小农与新型农业经营主体对农技服务的刚性需求结构仍然存在，但与农业转型相配套的农技服务市场却出现了"公益悬浮与商业下沉"的双向变化，即政府公益性农技推广力量越来越难落地，商业性农技推广力量迅速下沉，遍布乡村。这种供给结构部分解决了乡村农技推广资源匮乏的问题，但并未有效满足农民真正的农技需求。相反，商业性农技推广力量借助基层政府的项目招商、多种农技服务资源平台的整合以及对原公益性农技体系的嫁接实现了自身的快速崛起，同时，也损害了公益性农技推广力量的技术权威，使得公益性农技在乡村的发展步履艰难。

关键词：公益性农技推广；商业性农技推广；群众路线；农企合作；农技服务供给结构

一 问题的提出

在当前以城带乡、以工促农的背景下，政府大力推动农业现代化发展，各地农业普遍进行生产方式的调整与创新性探索，使得我国农村农业处于急速的转型期。我国农业发展主要有两方面大的调整。一方面按照黄

---

[*] 本文系西北农林科技大学试验示范站（基地）科技成果推广项目（TGZX2015-39）；西北农林科技大学博士科研启动项目（2452015331）的阶段性成果。本文曾发表于《西北农林科技大学学报》（社会科学版）2017年第3期。

[**] 冯小，西北农林科技大学陕西省乡村治理与社会建设协同创新研究中心研究人员，人文社会发展学院讲师。

宗智①的划分，可分为以大粮作物为主的低产值的旧农业和以经济作物及种养结合的饲养业为主的高产值和高劳动投入的新农业。在旧农业领域，目前主要是提高机械化和推进规模化经营以及培育新型农业经营主体的问题。② 另一方面主要是多种形式的向高新技术为主的高产值的新农业的发展。在实地调研中我们发现，无论是大规模的大粮作物的种植和管理，还是高产值的经济作物的生产，都对农业生产技术有较高的内在需求。正如黄宗智和彭玉生的相关研究认为，我国未来农业的发展方向是从大粮作物向高劳动投入的新农业转型。③ 农民的小农家庭生产会逐步发展高技术、高资本、高劳动投入的园艺型农业。因此，农业生产过程中的技术要素极为关键。

　　为了继续提高我国农业质量效益和竞争力，党的十八届五中全会在《中共中央关于制定国民经济和社会发展第十三个五年规划的建议》中提出要着力强化物质装备和技术支持，构建完备的现代农业产业体系发展战略。其中重要的措施之一，即强化现代农业科技创新推广体系建设，健全适应现代农业发展要求的农业科技推广体系。④ 在我国，历来有自上而下，从省、市、县、乡到村一级的完备的农技推广体系，长期积累的经验是，国家一直是农技推广资源投资的主体，并且基层农技推广机构是农技推广体系建设的重点，⑤ 因此，学界关注最多的仍是基层农技推广，即农技最后一公里问题。⑥ 因为基层农技推广体系在保证国家粮食安

---

① 黄宗智：《中国的隐性农业革命》，法律出版社2010年版，第133页。
② 侯方安：《农业机械化推进机制的影响因素分析及政策启示——兼论耕地细碎化经营方式对农业机械化的影响》，《中国农村观察》2008年第5期；张月群、李群：《新中国前30年农业机械化发展及其当代启示》，《毛泽东邓小平理论研究》2012年第4期；尹成杰：《关于农业产业化经营的思考》，《管理世界》2002年第4期；北京天则经济研究所《中国土地问题》课题组、张曙光：《土地流转与农业现代化》，《管理世界》2010年第7期；郭熙保：《"三化"同步与家庭农场为主体的农业规模化经营》，《社会科学研究》2013年第3期；陈晓华：《大力培育新型农业经营主体——在中国农业经济学会年会上的致辞》，《农业经济问题》2014年第1期。
③ 黄宗智、彭玉生：《三大历史性变迁的交汇与中国小规模农业的前景》，《中国社会科学》2007年第4期。
④ 中共中央国务院：《关于落实发展新理念加快农业现代化实现全面小康目标的若干意见》，2016年11月16日（http://www.gov.cn/zhengce/2016-01/27/content_5036698）。
⑤ 高启杰：《我国农业推广投资现状与制度改革的研究》，《农业经济问题》2002年第8期。
⑥ 倪锦丽：《打通"最后一公里"：基层农业技术推广创新的必然选择》，《农村经济》2013年第5期。

全和主要农产品有效供给以及农产品质量安全、农业生态安全等技术服务领域发挥着主力军的作用。[①] 但是90年代农技体系的"断奶"改革抽空了基层农技体系的财政和组织基础，逐步使得基层农技体系出现普遍的"线断、人散、网破"现象。[②] 以及2003年后在湖北掀起的新型公共服务的改革，即农技体系的"以钱养事"改革。"以钱养事"改革的本质则是农村公益性服务市场化。[③] 对此学界也有诸多争议，至今仍无定论。[④]

无论改革效益的争论孰是孰非，但整体来说，我国的农技体系存在两方面的问题，一方面是投入不足，由于投入不足而导致一系列的后果：农技推广人员待遇低，从而导致队伍不稳定，[⑤] 基层经费不足，推广使用的设施、仪器、设备难以满足现代需要；[⑥] 推广经费的不足，使得推广的覆盖面小，农业科技成果转化率降低；[⑦] 等等。另一方面是体制不顺，从中央到地方，推广部门被自上而下的科层化的行政体系分割，从而导致农业推广体系作为一个整体效率极其低下，[⑧] 集中的表现是，基层农技推广体系目前所从事的工作已经脱离了它为广大农民提供公益性农技推广服务的本职工作，而恰恰是党政[⑨]中心工作已成为基层农技干部的主要的日常

[①] 胡瑞法、黄季焜：《中国农业技术推广投资的现状及影响》，《战略与管理》2001年第3期；黄季焜、胡瑞法、智华勇：《基层农业技术推广体系30年发展与改革：政策评估和建议》，《农业技术经济》2009年第1期。

[②] 周曙东、吴沛良、赵西华、费贵华、汤成快：《市场经济条件下多元化农技推广体系建设》，《中国农村经济》2003年第4期。

[③] 王甲云、陈诗波：《"以钱养事"农技推广体系改革成效分析——基于湖北江夏、襄阳和曾都三地的实地调研》，《农业经济问题》2013年第34卷第10期。

[④] 吴理财、张良：《"以钱养事"后续改革推进的问题与对策》，《学习月刊》2009年第3期；贺雪峰：《"以钱养事"为何不宜推广》，《决策》2008年第6期。

[⑤] 胡瑞法、黄季焜：《中国农业技术推广投资的现状及影响》，《战略与管理》2001年第3期。

[⑥] 周宣东：《基层农技推广体系建设存在的问题及改革建议》，《山东农业》（农村经济）2002年第7期。

[⑦] 何传新、窦敬丽：《当前农业科技推广体系的现状及对策》，《中国科技产业》2004年第10期。

[⑧] 《中国农业技术推广体制改革研究》课题组：《中国农技推广：现状、问题及解决对策》，《管理世界》2004年第5期。

[⑨] 这些工作包括以前的计划生育、过去的税费征收和现在的补贴发放、社会纠纷调解、教育卫生工作、地方选举、土地征用、拆迁、移民等几乎涉及乡镇的所有党政中心工作的内容。

业务。

从以上我们可以发现，一方面，乡村农民有迫切的技术需求，以及未来现代农业发展或农民种植结构的调整会凸显农业生产、管理技术（统称农技）将是制约农业发展的重大瓶颈。另一方面，我国基层农技推广体系逐步式微，越来越远离农民的诉求。然而，笔者以及所在团队通过对皖南繁昌、湖北、湖南粮食作物生产区，陕西白水、洛川的苹果种植和眉县的猕猴桃等水果为主的园艺型农业生产区的调查发现，虽然体制性的基层农技推广资源日趋匮乏，但是农民可选择的市场上的商业性农技资源却非常丰富，各大农资生产商和经销平台在乡村竞争非常激烈（后文再详叙），商业性农技服务进村入户早已成为其品牌营销常态。我们通过粮食作物生产和经济作物生产的农技推广体系的调查对比发现，一个共同的趋势是，伴随着基层公益性农技推广力量的式微，乡村商业性农技推广力量却在日益向乡村渗透，已经覆盖到了偏远村庄、农户的田间地头。因此，本文借鉴周飞舟[①]基于税改后对国家与农民关系的描述中关于基层政权的变化，即"悬浮性政权"概念，将当前乡村的农技推广现象概括为"公益悬浮、商业下沉"，以此来解释乡村基层农技推广供给结构的重大变化，以及这种结构变化的具体实践路径和对农民农业生产带来的影响。

二 乡村两大农技推广力量的现状

经过安徽、湖北、陕西等地的实地调查，笔者发现无论是大粮作物的规模化生产，还是经济作物的小农生产格局，无一例外的是农民对作物生产、管理技术有迫切的需求。在粮食种植区，现在水稻种子更新快，相应的水肥管理和病虫害防治技术较先进，且又是新型的规模化种植，较以往的生产已完全不同。水果等园艺类的作物生产，以苹果为例，很多品种都是国外引进，土壤、水肥、气候和花果管理都需专业知识，简单靠农民自己盲目的摸索无法使得农民家庭应对生产过程的高经济风险带来的损失。因此，足见当前转型时期市场化的农

[①] 周飞舟：《从汲取型政权到"悬浮型"政权——税费改革对国家与农民关系之影响》，《社会学研究》2006年第3期。

业生产对专业化技术具有高度的刚性需求。面对农民对于农技的高度刚性需求，乡村主要有两大农技供给力量：公益性农技力量和商业性农技力量。

（一）公益性农技体系的半瘫痪状态

由国家财政提供的普惠式的农技服务，可称之为公益性农技资源。由于20世纪90年代的改革以及后期的市场化改革，农村组织化的农技网络已经逐步沦为形式化的存在。首先，农技干部的工作性质发生变化，专职工作的全职化。县乡一级的农技机构和农技干部按照行政或事业编制都有不同的岗位设置，正如已有研究[1]所揭示的，他们的服务工作都已被其他行政工作所累，无法脱身做自己的本职工作（农技服务）。其次，工作方式的变化。下村入户转变为坐办公室的电话网络通知。在我们的调查中发现，80%以上的农民都不知道乡镇里的农技干部是谁，这些机关单位里的农技干部几乎不下乡，对农情（农业生产的作物特性、季节性的病虫害等）完全不了解。这些农技干部对接的无一例外的都是村书记，工作方式已经变为电话通知，向村书记交接科普宣传单，这些宣传单最后多半都成了村干部家里或者办公桌上的一堆废纸。最后，上传下达的双向沟通机制瓦解。农技干部不下乡，不了解农情，对于田间出现的问题和新出现的病虫害，农民和村干部也无信息上报的动力。正如许多村干部反映，"找干部（县乡农技干部），他们都不种地，一天坐在冬暖夏凉的办公室里，忙得连一年四季都快分不清呢，指望他们，汇报到专家那里，估计都过了攒（农时节令）了"。因此，延续农技体系的市场化改革以来，地方政府农技体系在基层的组织基础和其所发挥的公益性服务功能可谓半瘫痪状态。

（二）商业性农技体系的强势发展

自20世纪90年代市场经济的快速推进，政府原有的农技体系和物资供销体系面对市场经济的冲击，随着农资市场的全面放开，任何投资主体（国企、外企、个体私营企业）都可以进行投资，抢占农资市场的利润空

---

[1] 《中国农业技术推广体制改革研究》课题组：《中国农技推广：现状、问题及解决对策》，《管理世界》2004年第5期。

间。调研中发现一个显著的变化是自从 2010 年之后，乡村的农资市场竞争异常激烈，在各乡镇或中心村、行政村，一个街道均能发现十几、二十多家农资零售、代销店。在激烈的竞争中，农资厂商不仅仅是着眼销售体系，寻找乡村的代理点来为其抢占农资市场，同时也在努力开展农技推广服务工作，以农技推广服务来销售自己的化肥、农药。他们在相应的农时节令来村里组织技术指导、培训，通过专职的技术员包村、包镇的方式全面地力抓旗下品牌的目标客户群。对于诸多大型农资销售平台或者农资生产商，流行的是"地毯式搜索"的市场发展方式。具体操作如，公司在当地下设销售服务部，有 2 名员工。公司制订了周期性拜访计划，这 2 名员工每人每周需要拜访 40 名农户，登记拜访对象的信息，收集农户遇到的技术问题，然后由公司的技术人员针对性地提供指导。他们还将这些拜访过的农户加到一个微信技术群里，农户如果遇到技术问题，可以把问题拍照发到群里，由群里的技术人员解决。此外，公司要求这 2 名员工在拜访时绘制当地地图，方便以后拜访和日后农资配送。这被企业业务员称之为"地毯式搜索"。

对于这类农资厂商、企业以销售农资为本质的农技推广服务，为本文所指的商业性农技推广服务，它的农技服务和农资销售是捆绑在一起的。然而，这种技术服务＋农资①供应于一体的组织力量具有强大的竞争力。例如企业的技术专家和业务员到村里进行农技指导培训，是带着化肥和农药下村的，使得技术指导可以落到实处。同时，企业一方面用很多赠品来吸引农户，一方面用虚假的低价、折扣来"欺骗"农户购买农资。这在农村非常普遍，乡村街道和中心的农资零售店也是农民获取农业科技信息和农技指导服务的重要力量。

三 公益悬浮：体制性农技推广力量的变迁

我国政府组织设置的农技推广体系建设和推广路线自新中国成立以来

---

① 据县农技中心退休吴主任告知，这种类型就是大家所看到的表面的形式化的技物配套，虽然形式化，但是它有相应的农资供给，恰恰公益性农技服务比较缺乏这一点，仅有技术服务，没有相应物资配套。虽然 90 年代改革时，基层农技单位或农技干部在做技术服务的同时，也在经销农资，但都是较低程度的技物配套。因为服务是公益品，农资是商品，很难像集体时代将农资定位为生产物资而非商品，并且有相应的国有的农资供应渠道来保证。

也发生了两次重大转变，主要是集体时代的国家供给和改革开放后的逐步市场化，详见如下。

（一）农技推广体系建设的变革：政府到市场

根据国家的历史改革轨迹可知，集体时代的农业生产完全是组织化的行政体系来督导，推进农业生产。在村里针对老年农民的口述史调查，发现了集体时代农技推广的两大特点。第一，在技术层面，有技术培训方面的层层传导，从中央到地方的农技员以培训、学习的方式，一级一级传递技术，最终由农技干部在生产队的试验田进行示范，给农户手把手的指导来完成，此为"下达"；也由于各个生产队的农技员生产、生活均在村庄，并不断进行实践和实验，能够准确把握农田的最新动向，对于他们自己无法解决的问题和新出现的病虫害，可以逐级上报，上报以后由省市农科所的科研人员处理和解答，此为"上传"。因此，集体时代的农技体系可以做到上传下达，在技术传播上没有阻滞。第二，在物资方面，有国企的生产体系和供销社的流通体系作为支撑，物资与技术的配套使用可以有效解决农民生产中的技术需求。值得指出的一个重要前提，是集体时代对"农资"的定位是"农业生产物资"而不是商品，这决定了国家对农资生产、定价、销售等的严格控制。集体时代农业生产中的农技推广体系、国企体系以及供销社体系三者配合，解决了当今基层农技推广体系普遍面临的"技物配套"问题。因此，足见农业技术推广问题，从来都不是简单的技术问题，它是农村工作全面的组织问题和农业发展方向问题。

改革开放后，改革初期为适应联产承包责任制，各种农技推广中心快速增加，[①] 农技推广体系得到了快速发展。20世纪80年代末到90年代初的时候，国务院发布《关于依靠科技进步振兴农业加强农业科技成果推广工作的决定》，允许农技推广单位从事技物结合的系列化服务后，农技单位均成立了自己的农资销售部门，从事农资的经营工作。[②] 这一发展的直接结果便是，推进了农技服务的市场化发展，导致国家财政开始给农技

---

① 1989年全国共成立县级农业技术推广中心1003个，畜牧技术服务中心198个，水产技术推广服务中心198个。参见黄季焜、胡瑞法、智华勇《基层农业技术推广体系30年发展与改革：政策评估和建议》，《农业技术经济》2009年第1期。

② 黄季焜、胡瑞法、智华勇：《基层农业技术推广体系30年发展与改革：政策评估和建议》，《农业技术经济》2009年第1期。

部门"断奶"。这一改革在 1992 年的初步效应便是使得 44% 的县和 41% 的乡农技站被减拨或停拨事业费,约 1/3 的农技员离开推广岗位,① 这便是今天普遍所见到的基层农技推广体系功能半瘫痪的组织基础,导致公益性农技资源也开始逐步远离农民,日渐退出乡村。

(二) 农技推广路线的转变:群众路线向精英路线的过渡

集体时代的行政促生产和改革初期的税费促生产,都内在地要求基层农技推广工作践行群众路线。这两个时期,农技干部的工作与农民的生产密切结合,农技干部的办公室与农民的田园村庄融为一体,日常工作与农民的生产生活互动频繁,农技干部的技术知识既来自政府的系统化培训,也来自农民的实践与乡土知识。这一时期专家下村指导、农技干部入户了解农情,他们与群众生活在一起,技术指导+情感交流的推广思路可简称为群众路线式的推广工作。在群众路线式的推广实践中,农民与农技干部相互交流,在生产实践双向学习的过程中进行农技推广,效果显著。

90 年代的农业产业化发展和近些年来新型农业经营主体的培育,地方政府的农业治理思路也有了明显的转变,即由小农转向新型经营主体的服务。② 一方面,由于政府本身体系的组织化及公益性服务力量的弱化。另一方面,近些年来,随着地方示范园、种植大户和家庭农场的发展,政府通过政策鼓励、生产资料(果树苗木、地膜等)的补贴、基础设施项目(灌溉设施、生产道路等)和粮食储藏库以及水果冷库建设项目的扶持,着手大力培育新型经营主体的同时,农技推广思路和方式也在逐步发生转变。首先服务对象在调整,由之前的普遍的小农户为主的普通果农逐步向作为新型经营主体的家庭农场、企业农场(示范园)、合作社方向倾斜。另外推广方式现如今也转变为专家讲课,给企业管理者、种植大户、合作社带头人等举办培训讲座的方式。在此可简称为,农技推广的精英路线。

在调查中,按照农民的话语,"现在的农技培训都是走上层路线"。上层路线主要是指,现在县乡组织的技术培训,是集中式的授课学习。将

---

① 宋洪远:《中国农村改革 30 年》,中国农业出版社 2008 年版,第 32 页。
② 冯小:《新型农业经营主体培育与农业治理转型——基于皖南平镇农业经营制度变迁的分析》,《中国农村观察》2015 年第 2 期。

家庭农场主、合作社理事或技术员以及企业技术员等统一集中起来，拉到某地培训中心，进行封闭式的、讲课式的技术指导和培训，逐步远离乡村普通农民的生产、生活空间。精英式的农技培训工作，培训重点是新型的适度规模化农业的生产、管理和销售，目标是培养高素质专业化农业经营者。这种精英式的培训只是服务于少数相关利益主体，其后续的示范带动作用正如已有研究①指出的依靠企业大户带动农户所存质疑是一样的。因此，精英式的农技培训工作一方面对其带动示范效应存在质疑，另一方面还存在不同程度的技术排斥。这种集中式培训使得技术培训将建立新的技术壁垒，形成新的技术排斥效应，家庭农场主通过免费培训能够较快、较系统地获得新技术，而普通小规模农户则由于基层公益性农技力量撤出村庄而难以获得新技术的信息、指导和学习机会。所以，在一定程度上，可以说精英式的农技推广路线在客观上加速了农民群体的分化。因此，面对多元化的经营主体需要建立多层次、多渠道的推广方式，不能一叶障目，用新型农业经营主体的视野来完全替代小规模农户。农业技术培训和推广应该统筹、全面地考虑，才能最大化地发挥农业科技服务于社会、服务于产业、服务于农民的作用，不能让公益性的国家科技资源和政府体制性资源成为少数精英主体的私有资源。

因此，从以上两个方面来看，不论是公益性农技推广体系建设的变革，还是农技推广路线的转变，都凸显出公益性农技资源日渐远离普通农民，远离村庄，导致政府的公益性农技力量在农村开始走向悬浮状态。

四 商业下沉：商业性农技推广力量崛起的实践机制

商业性农技体系发展市场是在大众的视野中主要通过一级一级的代理商和公司技术员在推广。首先，公司人力有限，一个大的区域一般只有一个专职技术员，依靠农资代理人或者经销店主作兼职技术员，对购买农资的农民做一些服务、指导工作。在乡村的农资店那里，这些店主自身的生产实践技术很难与一般的老农相比，他们主要进行农资经营，较少进行相关农作物生产实践。其次，他们仅仅只是向农民介绍农药的药性、药效、化肥的功效，并没有系统的技术指导能力和知识体系，而且农资店主对农

---

① 熊万胜、石梅静：《企业"带动"农户的可能与限度》，《开放时代》2011年第4期。

民介绍的这些特性还需要农民自身的判断和辨别，进而选择接受与否。但是，他们有低程度的"技物配套"优势：第一，以农资店为代表的商业性技术力量与农民的物理距离最近，就在农民身边，而且与农民是乡土社会的熟人关系。这相比公益性力量具有便捷的时效性。第二，不仅如此，农资店一般都会给农民赊贷农资，解决农民的部分生产资金困难的问题。因此，商业公司依靠遍布乡村的农资代销店主的熟人关系解决了低程度的技物配套问题。农业生产中遇到什么问题，就会有相应的药物来防治，这是商业性农技体系可以快速反应的优势，但这只是其迅速发展的基础，近10来年的快速发展其关键性的实践机制则主要是"农企合作"，即政府的农技部门与生产或者销售农资的公司合作，本质逻辑是商业公司对相关公益性农技组织力量的嫁接与借用，其主要有以下几种方式。

（一）项目制下的"招商合作"

原有的公益性农技推广体系式微的同时，国家也在不断尝试新的农技服务和推广方式。以测土配方肥为例。地方政府通过农业局土肥站将国家的测土配方数据提供给招标来的企业，企业进行生产，政府协助企业进行推广。一方面，企业的农资因为部分项目补贴可以"低价"进入市场；另一方面，因为项目产品有政府的协助力量，便在产品销售上有一些行政命令式的作风。比如，在陕西省调查时，某市农业局依据与企业的招商合作合同就给各县分配测土配方肥的销售任务，仅2014年B县的任务是3000吨。在B县，测土配方肥的推广主要借助农业局体系下的科技示范村和科技示范户。据土肥站的工作人员介绍，全县共有103个科技示范村，每个村设有村级工作站，每村有10个科技示范户，测土配方肥就由这10户科技示范户先使用，起到示范带动作用。政府耗费大量资源实行测土配方肥项目，但受益最大的并不是农户，而是中标的企业。在实地调研中，农户对这个测土配方肥却颇有抱怨。一是对肥料质量的质疑，效果并不明显，与普通化肥没有显著区别。二是对价格的质疑。政府为了吸引农户购买这种配方肥，特意给每家农户都发放了20元/张的代金券，然而事实却是原本应该按照市场定价120元/袋的配方肥，企业提高到140元/袋，农户购买抵扣20元代金券，优惠后仍然是市场价。名义上补给了农户，实际上则补给了生产配方肥的企业。这种以"项目"为主导的"农企合作"是为了解决农技推广工作中技物配套问题的尝试，已经运行了

10来年了。但发展的结果是商业农资公司得到了好处,扩大了市场,可谓之公益性农技推广项目实践的意外之果——商业性农技力量的市场快速发展。

(二) 资源平台的整合:"农商合作"

目前在类似于测土配方肥项目主导的"农企合作"模式上改进新出了一种"升级版农商合作",即县农业局的农技中心、地方银行和企业合作,搭建一个资源整合平台。例如,在 B 县的北环农资公司,作为一个资源整合平台,同时联结 5 类主体,即他们所说的"5W"模式。一是农业局的农技中心,他们提供技术指导,同时公司对接县农技部门的相关推广项目。二是邮政储蓄银行,它主要给农户提供贷款,贷款数额为 2000—4000 元/亩,每亩果园最多不超过 1 万元,贷款总额最多不超过 5 万元,用于农户进行农资购买。由北环公司下设在各乡村的工作站为购买北环公司农资的农民做担保,以农户的果园做抵押,贷款利息由北环农资支付。三是农资生产厂家,他们提供产品,由北环农资统一采购,保证产品质量。四是乡村工作站,这些站长由农技中心推荐,基本都是以前在老的农企合作模式下(即测土配方肥项目)工作的站长,站长基本上以村书记或主任为主。五是农户,愿意参与进来的农户,由北环农资统一提供银行卡,农户持银行卡到北环农资下设的乡村工作站刷卡购买农资。这种银行卡是充值卡,农户使用前必须先充值,而充值主要由北环农资协助农户从邮政储蓄银行贷款,北环农资公司会将贴息部分也一并打到农户卡里,利息通常为 5 个点到 7 个点。据北环农资的负责人介绍,这个"5W"模式目前正在陕西全省的 9 个县同时推行。

这种模式,是基于乡村大约 70% 的农户都会通过农资店赊购农资经营家里的果园,农资经销店主都需要通过银行贷款来缓解资金问题,贷款利息自然以农资代销点的高价农资转嫁到农民头上。北环农资是想缩短交易链,减少中间环节,从农资厂商直接提供给农民,同时借助政府项目和技术权威,扩大公司市场。这种模式的特点,一方面融合了政府的农技服务体系,增强技术保障;另一方面,也通过工作站的方式囊括了乡村熟人社会的信用体系,大大降低了公司的管理成本和自身风险。这种模式目前仍处于探索之中。

（三）原有基层公益性农技组织体系的嫁接与利用

在乡村强势崛起的商业性农技推广力量在各自的品牌推广过程中，一些大型企业不断地给农民做技术培训、讲座，借此推销各自的产品。其中，一个鲜明的特点就是企业在乡村寻找的代理人与原来公益性农技系统或供销社系统的工作人员重合。换言之，我们发现已经瘫痪或半瘫痪的公益性组织网络被大型企业嫁接，被整合进这类企业的产品销售、资本积累的体系中。

我们在实地调查中发现，农资商业性公司的一级级的代理商到基层的经销商店主，大部分人以前都是本地的县乡农技部门或者供销系统下岗或者分流的工作人员。例如陕西 B 县的三农公司[①]（主要是销售有机化肥、农药等产品）领办的合作社，超过 60% 的合作社理事长都是当年在农技系统工作过的人员。公司在村里寻找的服务站点负责人大多数都与县农技中心系统下所设的村级农技推广员重合。他们既是政府公益性技术体系推广的负责人，同时又是公司的代理人。

无论是农技体系还是供销社体系，这两个体系的共同点都是曾经有覆盖全县所有乡镇的站点，且在 20 世纪 80 年代后期以来，都因经费问题散落或处于半瘫痪状态。尽管原有体系处于半瘫痪状态，这两个体系所带动的农村熟人社会的社会关系网却一直存在。农技体系内部，从县级农技中心到各乡镇的农技站，原先有非常紧密的联系，即便后来体系瘫痪，这些工作人员因原来为农户提供过技术指导和服务，在农户中多少有些信誉。大型的农资厂商和农资经销公司在寻找乡村代理人时，最先联系的就是这两个体系中的且多年从事农资经销的人，他们的社会关系资源被利用来打开农资产品的销售市场，可便捷地进入农户。

五 农技供给结构变化对农技推广市场的影响

自从国家公益性的农技推广组织体系瘫痪，农技力量逐步退出乡村，走向悬浮状态时，市场上的商业性农技推广力量顺势崛起，随着后续商业性农技推广力量的竞争与发展，使得乡村的农技推广市场出现了前所未有

[①] 公司名称在此均已按照学术惯例进行了匿名化处理。

的繁荣景象,即技术培训和农资销售轮回宣讲,但总是绕不开农资销售这个主题。这种看似繁荣的背后未有相应水平的农技服务质量的提高,同时也出现了新的市场秩序的混乱。

(一)技术培训的泛滥

基于笔者的调研,发现农村有 80% 以上的农民都接受过不同类型的技术指导,但多数人都分不清自己接受的技术指导属于哪个单位组织的,分不清是政府组织还是企业组织的,但有一点,他们基本能够判断的是政府组织的培训,不卖化肥、农药,企业培训都是假培训,目的是卖化肥。这是老百姓唯一能够区分的标准。

一般村级组织应农技系统的要求组织培训,进行技术宣讲,都是号召大家集中到大队部或者村小学现场听课或者看视频,农技系统请的都是农林类专家,有农业局系统的相关技术人员,甚至有大学的专家,现场讲解病虫害防治和土肥管理。但有的时候,政府公益性技术培训宣讲会刚刚结束,后面跟着就有企业来兜售化肥,这使得老百姓们分不清,摸不着头脑。不巧的是,很多农民会将企业的这种兜售农资的行为归责到政府头上,以为是政府组织的,又来骗人买化肥了。

据农民讲,这种靠兜售农资为目的的商业营销型农技培训在乡村盛行多年后,现在不断变换手法,赠送礼品吸引大家前去参观,但是去的人是越来越少了。因为大家都有或多或少的上当吃亏的经历。在我们调研中,B 县 3 个乡镇的 512 份问卷统计中,约有 92% 的农户有过农资的上当或被骗经历。因为市场化肥品牌很多,杂乱无章,很多化肥、农药只有用了,过段时间才能从作物的长势来判断是否有效。这种滞后性,农民使用方法以及自然变化的天然复杂性往往可以给企业以合理的理由规避责任。另外,培训地点很多都是集体的公共场所(大队部或者小学),召集人往往是村干部,使得企业的商业兜售性质更具有迷惑性,更能够让大家误以为是公家(政府)办的培训。

商业性的农技力量组织的培训都是流于形式,并未有实质的技术含量,农民被这些繁杂的技术培训消磨了耐力和情感,同时也消解了政府公益性技术培训的权威。即使在农时节令时节,政府耗费大量资源组织专业化的公益性技术培训也很难调动农民的参与热情。

（二）假农资：市场上的人为天灾，熟人社会的情感兜底

兜售假农资，农民上当被骗在乡村是普遍的，但农民只能靠经验或者试错①的办法去市场挑选。其实遍布农村的农资经销店店主，也并没有充分的辨别化肥真假的能力，他们通常是销售多家品牌农资。在选择代销某个品牌时，更多考虑的是其盈利空间，而非其农资品质。在日常的生产中，农民购买农资的主要渠道仍然是代销店。农民与代销店主都属于亲朋邻居低头不见抬头见的熟人关系，有时候出现假化肥，或农药无效的问题使得农户出现大量损失时发生矛盾和纠纷，农民也只能内部化解。因此，假农资带来的市场经营风险完全由熟人社会的情感兜底。所以在农村调研时，会发现，假农资或者农民被骗上当的现象很普遍，但鲜有公司承担责任的，大多是假农资带来的私人矛盾在亲朋邻里之间依靠时间、持续的往来互动最终得以化解，并未演化为恶性的社会性事件。

由于农业技术属于公共物品，公共物品的特性使得市场无法提供最优的服务。只能由政府相关部门提供。所以，总的来说，公益性农技力量的供给弱化之后，看似多样化的繁荣的商业性农技供给资源并未给农民带来好处，农民只有被迫承担高价农资来获得些许低水平的农技指导和服务。此外，商业性农技力量的虚伪或欺骗行为由于农民辨别能力差而使得公益性农技力量的信誉受损。

六 结论与讨论

通过以上两种普遍渗透在乡村的农技推广力量的发展转变以及在实践中的运作机制的比较发现，虽然看似政府组织的公益性推广量在乡村的有效推广功能能逐步弱化，但是公益性技术力量仍然是百姓信任的技术权威，拥有被社会大众信任的社会基础。恰恰正因为公益性力量的缓慢退出或者转型，商业性力量顺势而为，嫁接在公益性农技推广力量的组织基础上，获取农资暴利。

这一变化的根本原因是政府对农技推广的公益性定位和相应投入不

---

① 去市场同时购买几种化肥，先在一小块地上试用观察，然后再决定主要采用哪一个品牌的化肥。

足，以及农技推广的技物配套分离。当前流行的"农企合作"的模式，核心是公司依托政府公益性的相关农技项目、农技推广体系，以及农技推广人才，用企业的管理方式和运行方式在做农技推广和农资配送。商业性农技推广力量在利用二者的合作逐步丰富农村的社会化服务资源。然而，市场可获得性农技服务资源的便利是以其高价农资或者农民上当受骗的高额风险换取的。公益性农技力量在农村的退出，转而走精英路线，与商业公司合作，其广告效应扩大了农资品牌市场和公司知名度的覆盖面，然而其负面效应是，商业性农技力量组织的农技培训都是流于形式，并未有实质的技术含量，农民被这些虚伪的具有欺骗性质的无用的技术培训消磨了耐力和情感，同时也消解了政府公益性技术培训的权威。因此，在未来的农技服务改革思路中，将农技服务的公益性力量与商业性力量进行有机结合，才能共同有效实现农业技术服务效率和质量效益的提升。

致谢：本文中的"农技供给结构变迁"观点的形成得益于在驻村调查中与赵晓峰、张世勇、邢成举、陈靖、袁明宝、陈义媛等博士的积极讨论，特此致谢。

托管经营：经济作物中小农经营现代化的新走向[*]

曾红萍[**]

摘要： 农业托管为小农农业的现代化提供了可行路径。在农业托管服务中，农业企业通过重新优化配置小农户的技术、劳动力、土地、资金等生产要素，为小农农业的现代化提供助力。研究发现，无论是全托模式还是半托模式，较原有的生产模式都在很大程度上解决了小农户种植过程中生产要素缺失问题，提高了农户的收益。农业托管服务的实质是对小农经营中农业关键生产要素的重新优化配置，其产生的显著收益是小农户参加农业托管的主要动力。而对于农业企业而言，通过向农户销售农资套餐以及标准化的种植技术控制果品质量，从农业的上游和下游获取利润，是农业企业向小农户提供托管服务的主要动力。农业托管契合了小农经营在农业现代化转型过程中的现实需求，表现出较强的生命力。

关键词： 托管；半托管；农业公司；农户；生产要素

一 问题的提出

在人多地少的国情下，我国仍有超过2亿户"人均不过三分、户均不过十亩"的小农。[①] 在此背景下，中国农业的现代化绕不开小农户，十

---

[*] 基金项目：陕西省农业协调创新与推广联盟2017年软科学项目（LMZD201708）；西北农林科技大学博士科研启动项目（Z109021712）；西北农林科技大学中央基本科研业务费（2017RWYB18）。本文发表于《西北农林科技大学学报》（社会科学版）2018年第5期。

[**] 曾红萍，西北农林科技大学人文社会发展学院讲师，陕西省乡村治理与社会建设协同创新研究中心研究人员。

① 姚洋：《重新认识小农经济》，《中国合作经济》2017年第8期。

九大报告也指出"实现小农户和现代农业发展有机衔接"是实施乡村振兴战略的重要举措。

改革开放以来,国家一直在思考农业现代化的出路问题。受经济学家生产要素最优配置的影响,①② 国家将农业规模化视为农业现代化发展的主要方向。在很长一段时期内,国家将农业规模化与小农经营对立起来,认为农业规模化等同于农业规模化经营。在家庭联产承包农地制度上,农业规模化经营的前置条件是土地集中,因此,推动土地流转成为实现农业规模化的必经之路。地方政府在国家政策的引导下积极推动土地大规模流转。③④ 由此,各类规模化经营主体一时在我国农业中遍地开花。然而,实践证明农业规模化经营并没有实现预期降低生产成本、提高农业经营效率以及保障粮食安全的目标,反而因地租、雇工、监督等因素提高了农业的生产成本,降低了土地的产出率。⑤⑥ 同时,规模经营主体在自主经营过程中出现普遍亏损现象,有的选择直接退出经营,有的则将土地进行再分割后转包给代耕户耕种。⑦ 此外,农地大规模流转对农村阶层分化、乡村治理产生了负面的影响。⑧

以规模经营为基础的农业规模化之路出现了一系列问题,国家开始重新审视小农经营的价值及其如何与农业现代化的衔接问题。在保持小农经营不变的条件下,以农业服务规模来实现生产要素的合理优化配置,是近两年政策和实践层面探索出的小农农业现代化的可能路径。例如,山东、江苏、陕西等地正在实施"土地托管""联耕联种"等农业社会化服务。

---

① 参见［美］舒尔茨《改造传统农业》,商务印书馆1987年版。
② 蔡昉、李周:《我国农业中规模经济的存在和利用》,《当代经济科学》1990年第2期。
③ 孙新华、钟涨宝:《地方治理便利化:规模农业发展的治理逻辑》,《中国行政管理》2017年第3期。
④ 曾红萍:《政府行为与农地集中流转——兼论资本下乡的后果》,《北京社会科学》2015年第3期。
⑤ 尚旭东、朱守银:《家庭农场和专业农户大规模农地的"非家庭经营":行为逻辑、经营成效与政策偏离》,《中国农村经济》2015年第12期。
⑥ 王德福、桂华:《大规模土地流转的经济与社会后果分析——基于皖南林村的考察》,《华南农业大学学报》(社会科学版)2011年第2期。
⑦ 陈义媛:《资本下乡:农业中的隐蔽雇佣关系与资本积累》,《开放时代》2016年第5期。
⑧ 杨华:《阶层分化背景下不同类型的土地流转及其影响》,《杭州市委党校学报》2013年第3期。

农业规模化服务也引起了学者们的关注。韩启民[1]对内蒙赤峰市的案例研究发现，农业规模化并不以土地的集中和小农经济的消亡为前提，农业服务的规模化既构建了一种"新型农业经营体系"，同时还保持了农村乡土社会的原貌。陈义媛[2]以鲁西南W县土地托管的实践，分析了土地托管中各行为主体的行为逻辑和动力机制，并指出了当前土地托管中面临组织成本过高的困境。孙新华[3]通过对"土地托管"和"联耕联种"两种农业规模化服务运作机制的对比，研究发现村社组织作为连接社会化服务主体和小农的桥梁，在"土地托管"和"联耕联种"中发挥了主导作用。既有研究主要以分散的小农户如何与规模化服务进行对接为问题意识，分析如何将小农户有效地组织起来，而对农业规模化服务如何重新配置农业生产要素以适应农业现代化的研究较少。

本文以农业规模化服务如何重新配置小农经营的各生产要素为问题意识，分析农业托管这种农业服务规模化的实践逻辑及其动力机制。本文采用质性研究中的案例研究方法，[4] 资料来自笔者及所在的农业治理研究团队成员于2017年8月在陕西白水县开展的专题田野调研，主要通过半结构式访谈收集资料。白水县位于陕西省东北部，全县耕地面积72万亩，地处黄土高原沟壑区，气候适宜苹果种植，白水县从20世纪80年代初期开始种植苹果，经过三十多年的发展，全县苹果种植面积已达50多万亩。

白水县的苹果种植主要以小农经营为主。在当前果农分化、农村人口外流以及公益性农技服务体系悬浮[5]的背景下，白水县苹果种植一方面在向规模化经营方向发展，另一方面通过发展农业托管这种农业规模化服务来进行应对。本文的托管是指，小农将果园经营中的全部或部分生产环节委托给农业公司经营管理，农业服务公司通过代理经营获得一定的报酬，小农与农业公司共担生产中的风险。白水县的农业托管起步于2015年，

---

[1] 韩启民：《城镇化背景下的家庭农业与乡土社会》，《社会》2015年第5期。

[2] 陈义媛：《土地托管的实践与组织困境》，《南京农业大学学报》（社会科学版）2017年第6期。

[3] 孙新华：《村社主导、农民组织化与农业服务规模化——基于土地托管和联耕联种的分析》，《南京农业大学学报》（社会科学版）2017年第6期。

[4] 参见 [美] 罗伯特·K. 殷《案例研究：设计与方法》，周海涛等译，重庆大学出版社2010年版。

[5] 冯小：《公益悬浮与商业下沉：基层农技服务供给结构的变迁》，《西北农林科技大学学报》（社会科学版）2017年第3期。

截至笔者调研的 2017 年 8 月，已有多家农业公司开展农业托管服务，托管的面积多则几千亩，少则几百亩，农业托管服务发展极快。

二 三种经营模式比较

农业托管介入到白水县苹果种植业中，形成了当前小农果园的不托管、半托管、全托管三种生产经营模式。如表 1 所示，下文主要通过以下四个生产要素比较三种经营模式，包括技术、劳动力、土地、资金/农资。试图通过不同生产经营模式中各生产要素的对比分析，指出分化的小农在农业现代化过程中的可能路径。

表 1　　　　　　　　　三种经营模式比较

	不托管	半托管	全托管
技术	自我搜寻	企业提供	企业提供
劳动力	自雇	自雇	雇工
土地	自营	自营	他营
资金/农资	自购	定点自购	企业购买

（一）在不同模式中的技术来源比较

苹果种植属于技术密集型产业。具体而言，苹果种植技术涉及土肥水、病虫害防治、果园修剪、品种等一系列的知识体系。技术的采纳与更新决定了苹果的产量与质量，也就直接决定了苹果种植的收益。

自 20 世纪 80 年代以来，白水县果农的技术主要来源于四个方面：一是来源于政府公益性农技推广体系，果农参加县、乡农技部门组织的培训，或者是农技部门的工作人员下村进行指导；二是从经营性的农资服务店获取，果农在农资店购买化肥、农药等农资时，农资店提供免费的技术指导；三是从村内技术娴熟的"土专家"那里获取，果农在农闲时经常聚在一起交流果园管理技术以及市场行情等，由此，构建了农村内部"土专家"向普通果农传播技术的场域；四是通过种植过程中的反复实践积累经验。

然而，近几年，白水县果农获取技术的途径出现了变化。首先，白水县的公益性农技服务体系基本瘫痪，农技服务组织出现经费、人员短缺，农技人员不愿意下乡的现象；其次，近几年，规模化经营主体在白水县发展迅速，一大批"土专家"被吸纳到农业企业中做技术指导员，有的"土专家"则升级成为种植大户，"土专家"自顾不暇，不再有时间与普通果农高频次地指导交流技术。同时，由于农资店主要负责销售农资，免费提供的农技服务水平参差不齐，不参加托管的果农面临技术更新的困境。

在半托管经营模式中，农户的技术来源于农业企业，但技术的落实仍然由果农承担。具体而言，提供服务的农业企业每年都会对半托管农户的果园进行测土配方，并在相应的时间点通知半托管的农户施肥、打药、剪枝。在全托管经营模式中，小农户的技术也是由农业企业提供，不同的是，在全托管模式下技术的实施也由农业企业承担。

（二）不同模式中的劳动力配置方式比较

苹果种植属于劳动力密集型产业，梳果、套袋、下果子等生产环节均需要大量的劳动力。根据我们调查的统计数据显示，白水县小农户的果园面积集中在 4—10 亩。不参加托管的小农户，劳动力主要由家庭内部供给，只在套袋、下果等劳动力需求量大的生产环节少量雇工。同时，由于种植规模不大，小农户的家庭劳动力在代际进行了再分配，一般是父母在家种植苹果，年轻的夫妻外出打工。半托管模式的劳动力配置与不参加托管的小农户相同，主要依靠家庭内部供给劳动力，本文将之概括为劳动力自雇模式。

在全托管模式中，小农将苹果种植中全部生产环节的控制权转让给农业企业。因此，劳动力配置和使用由企业统一安排。企业通过雇工解决劳动力需求问题，主要从周边农村雇用劳动力，托管农户也时常被雇用参加果园生产。值得注意的是，被雇用的托管户不再拥有生产安排以及自身劳动力的控制权。因此，白水县已经开展的农业托管主要以半托管为主，全托管的农户较少，选择全托管的农户主要有两种类型：一种是家庭中青壮年劳动力外出务工，在家的父母年龄偏大，劳力跟不上苹果种植的需求；另一种是家庭自有资金不足，无法在苹果生产上进行有效投资的贫困小农。

(三) 不同模式中的土地权益比较

土地是农民最重要的生产资料，是农民经济收入的重要来源，土地对农民而言具有保障功能。① 在产权制度安排上，土地是集体所有制下的一束权利，包括所有权、占有权、使用权、收益权、处分权和经营权等。土地下放到户以来，农村土地通过家庭联产承包经营制度，实现了土地所有权和土地承包经营权的"两权分置"。近几年，随着农村土地流转大规模发生，土地承包经营权在实践中出现了承包主体和经营主体相分离的现象，随后中央通过政策法规将土地的承包经营权进行了细分，形成了当前土地所有权、承包权、经营权的"三权分置"②。

不参加托管的小农户通过承包经营享有土地的使用权、经营权和收益权。即果农在承包地上种植苹果、安排生产活动以及享有苹果的收益权。参加半托管模式的农户由于只让渡了生产过程中对技术的控制权，果园仍然由农户经营、苹果的收益权也归农户。在全托模式下，果园土地的承包主体和经营主体实现了分离，果农仍然享有土地的承包权，经营权则转让到农业企业手上。

就土地权属而言，农业全托管模式与土地流转模式有共通性，即，实现了土地承包主体和经营主体的相分离，但二者在土地收益分配上存在差异。按照所有权、承包权、经营权"三权分置"的政策法规规定，土地所有者集体、承包者、经营者均有权参与分配土地收益，而在实际的运作中，集体作为土地的所有者基本不参与农地收益分配，土地收益一般在承包者和经营者之间分配。在土地流转模式中，土地经营者通过地租向土地承包者支付土地收益，而承包者获得的地租收益一般低于自己经营土地的收益。以白水县为例，小农将土地流转出来的市场价格为一年 500 元/亩，连树带地承包的果园依据果树的质量，市场价格为每年 300—500 元/亩。在农业全托模式中，农业公司虽然参与土地收益的分配，但农业公司只从土地收益中拿走较少的部分，土地的绝大部分收益仍然归农户。以白水县兴农公司的全托管模式为例，兴农公司向农户承诺保底亩产 4000 斤，亩

---

① 孙中华：《关于深化农村土地制度改革的几个问题》，《理论学刊》2016 年第 2 期。
② 肖卫东、梁春梅：《农村土地"三权分置"的内涵、基本要义及权利关系》，《中国农村经济》2016 年第 11 期。

产不足4000斤由兴农公司补足，超过4000斤的部分按照公司与农户6∶4分成。由此可见，同样是将土地经营权转让出去，小农户从农业全托模式中获取的收益比土地流转模式多。

（四）不同模式中的农资比较

苹果种植属于资金密集型产业，农资投入的多少与苹果果径的大小、产量直接相关。以白水县小张村的赵文明和高启发两户果农为例，赵文明代表小张村苹果种植收益很好的农户，他在每亩苹果上的投入是：农药300元、水400元、化肥4000—5000元、雇工费用1500元左右，他家的苹果直径在80厘米以上，亩产能达到8000斤，且苹果的商品率达到95%以上，苹果的价格能高出市场平均价格0.2元/斤以上。高启发代表小张村苹果种植收益一般的农户，他在每亩苹果上的投入是：农药500元、水400元、化肥2000元、雇工费用1000元左右，他家的苹果直径在75厘米以上，亩产能达到4000—5000斤。而在小张村，有一部分农户在每亩苹果上的投资在2000元左右，苹果的直径在70—75厘米，亩产在3000斤左右，且商品率比较低。

不同经营模式在资金和农资来源上存在差异。在不托管模式下，农户自筹资金并自由选择购买农资地点；在半托管模式下，资金仍然由农户自筹，但农资必须从提供技术服务的农业企业那里购买；在全托管模式下，生产过程中的资金投入由代管的企业垫资，农资也由企业统一购买，全托管农户的苹果一般也是由代管企业收购，苹果售卖后企业统一跟代管的农户结算。

通过对技术、劳动力、土地、资金/农资几个重要生产要素的比较，我们可以得出以下几点推论：第一，在农业托管模式下，无论是半托管还是全托管，农业企业提供的社会化服务为小农农业技术更新提供了新途径，由此架起了小农农业与农业现代化之间的桥梁；第二，在农业半托管模式下，农业企业代替传统公益性农技推广组织为小农农业提供技术服务，保留了小农经营的主体地位；第三，在农业全托管模式下，虽然小农的土地经营权转让到了农业企业手中，但在土地的收益分配上则主要归小农，这为缺乏劳动力、资金的小农家庭提供了农业增收的途径，同时也实现了农业的现代化。农业托管实质上便是对农业所有的关键生产要素进行重新配置，使其按照新模式来组合，进而发挥更大的效用，应对不同情况又保持灵活。

三 农业托管的动力机制分析

农业托管服务在白水县的苹果种植业兴起较晚，但发展却呈现出燎原之势。以其中的华阳农业公司为例，2016 年初，华阳公司在薛村托管了公司基地周边的小农果园 22 户，托管面积 100 亩左右，2017 年第二次签合同时覆盖了王村 80% 的农户，同时还拓展了 2 个村庄，托管的总户数达到 367 户，托管面积 2025 亩。值得追问的是：农业公司实施农业托管服务和小农户参与托管的动力机制何在？

（一）小农户：生产要素优化配置，实现增产增收

由于村庄开放、人口外流、农民分化，即使同样面临着经济作物的种植困境，不同农户因为拥有不同的劳动力、资金、技术等要素，需求存在差异，因此产生了半托管和全托管两种模式。

半托管是在农业种植领域劳动力和资金相对充足的小农户，在生产要素中其所缺乏的是技术。然而，作为经济作物的苹果种植属于劳动力、资金、技术三重密集型，技术对于苹果种植而言是刚需，对作物的品质和产量发挥着决定性作用。技术推广原本是政府作为一种公共物品向农户提供，并建立起一套完善的推广体系，但在这套体系不通畅时，半托管农户转而向市场搜寻技术服务，并承担着较高的搜寻成本和经济成本，抬高了农业生产的整体成本，而且技术服务本身的质量也难以保证，直接影响农户的收益。一批农业公司进入这一领域后，以提供技术服务的形式降低半托管农户的技术搜寻成本，保障技术质量，实际解决了半托管农户的问题。

简言之，参加半托管的小农户的动力机制在于弥补技术匮乏的短板，以适应市场需求，从而实现增产增收。实践也证明，参加半托管的小农户也确实因为农业公司提供的技术支持获得了实际的收益。以薛村参加华阳农业公司半托管的薛年友家为例，2016 年初，薛年友将自家一处过了丰产期的老果园放到华阳公司进行技术托管，华阳公司指导其对果园进行间伐，并对果园进行测土配方。在访谈中，薛年友在提及托管对果园的改变时说道"刚开始间伐的时候，我的树长势都良好，当时很想不开，间伐

这么多，得少套多少袋子啊。但是间伐后，果园的通风效果变好了，果子的着色时间变短了。间伐前1亩地150棵只套了三万个袋子，间伐后100棵树套了五万个袋子，而且苹果的单果直径、重量和着色明显比平常好"。薛年友家的果园在参加半托管后实现了增产增收。

全托管的农户，除缺乏技术要素外，同时在劳动力、资金两个要素上有一项缺乏或同时缺乏。由于村民外出务工，一些农户家中只有老人小孩，农业劳动力供给不足带来种植领域的压力。同时村庄中存在经济分化，有的农户则较难承担经济作物种植中的资金投入。劳动力短缺的农户，要么从市场上雇用劳动力，要么家庭的青壮年劳动力返乡务农，再或者继续采取粗放式的经营，前者因为雇工增加了生产成本且并未解决技术问题，青壮年劳动力返乡务农家庭就减少了一份务工收入，成本较高，后者则直接影响苹果的品质与产量。资金缺乏的贫困农户则因在生产过程中农资投入不足经营收益甚微，从而不断再产生出贫困。

以上两种类型的小农户，将果园生产环节交由农业公司经营，公司利用自有资源对果园的生产要素进行重新配置，使得果园的技术、劳动力和资金投入得以改进，极大地提高了这两类果园的产量和产值。在果园的收益分配上，前面已然提到，公司只从托管果园的生产环节中获取小部分的收益，绝大部分的果园收益归农户。具体而言，仍然以白水县兴农公司的全托管模式为例，兴农公司向农户承诺保底亩产4000斤，亩产不足4000斤由兴农公司补足，超过4000斤的部分按照公司与农户6∶4分成。这比劳动力和资金两个要素缺乏一项或者两项的小农户自己经营果园获得的收益要高。这是上述两类小农户选择全托模式的动力所在。

（二）农业企业的动力：通过技物配套销售农资以及技术的标准化控制果品质量

在半托管模式下，农业企业为小农户提供的农技服务是免费的，农业企业不从生产环节获取利润；在全托管模式下，农业企业只是从生产环节获取小部分的利益。与此同时，农业企业在为小农户果园提供托管服务时是有组织成本的。而农业企业又是以赢利为目的的，其为小农户提供农业托管服务的动力何在？

首先，通过技物配套销售农资。提供托管服务的农业公司多为产业一体化公司，公司的经营业务范围涉及上游的农资销售、中间的生产以及下游的销售和冷藏。农业公司提供的技术托管服务与农资销售是配套的。对于半托管户而言，参加公司托管则必须从公司那里购买化肥、农药等农资套餐，其构成了托管合同的重要组成部分。如果半托管农户不遵守公司的规定，擅自在别的地方购买农资，农户与公司的契约关系则自动解除。仍然以华阳公司在薛村的托管为例，华阳公司为薛村的托管户提供免费的技术指导，但是托管户的农资套餐必须从华阳公司那里统一购买。虽然华阳公司提供的农资价格基本与市场持平，但是在数量和种类上明显比农户自主安排生产时要多，有农户反映，参加华阳的技术托管后果园的农资投入明显增加。华阳公司的农资直接来源于厂商，由此，公司可以通过走量和赚取中间层级的差价获得利润。而对于全托管的农户，农业公司不仅获得了上述技物配套的利润，同时还获取了部分中间生产环节的利润。

其次，通过技术的标准化控制果品质量。当前农资市场的竞争激烈，整个行业的利润微薄，农业公司通过技物配套销售农资在上游获取的利润也不是特别高，而销售苹果是农业公司利润的主要来源。苹果的品质的好坏直接决定了公司从下游流通领域内获取利润的多少，此外，在保障食品安全的大背景下，国家相关食品安全部门对农残的质检也日趋严格。因此，把控水果的质量对农业公司来说至关重要。虽然大多数农业公司都有自己的生产基地，但由于销售量大，苹果主要靠从农户手中收购。自主经营的小农户因技术水平和管理能力存在差异，生产出的苹果品质也存在差异，且生产过程难以追踪和回溯。公司通过向小农户提供托管服务，统一了小农户生产过程中的技术与管理，对果品的质量实现了严格把控，由此保障了公司在流通领域的利润。在调研访谈中，华阳公司的总经理林勇就谈道"以前农民用药，只求把虫杀下去，只要能杀下去就是好药，从不考虑农残和土地污染，收上来的苹果，一箱一箱口感也不一样。现在这样的操作实施方案（指托管），种植过程中以生物制药和有机肥为主，无农残，提倡大家果园覆草当绿肥，再一个是稀释土壤中的重金属。实施统一标准化种植后，苹果大小、口感都一样。现在苹果从树上摘下来，就可以直接吃，包括今天打过农药后，可以摘下来直接吃，也是没有问题的"。其中值得注意的是，农业公司并不承诺一定收购托管果园的苹果，而是享有托管农户果园的优先购买权，其作为农业公司的一项权利写进了托管双方的合同中。由此，公司通过农业托管控制了果品质量，同时又不担心产品积压。因此，通过技物配套销售农资以及技术实施的标准化来控制产品质量，是农业公司开展农业托管服务的主要动力。

四　总结与讨论

小农经营对中国社会经济发展和稳定都有着重要意义，而在中国经济各个维度现代化背景下小农也面临现代化改造，小农经营原有的一些弊端也凸显出来。因此，当前中国农业治理要解答的一个关键议题便是，如何在保持小农经营重要优势的前提下实现中国农业的现代化。农业现代化的一个重点是如何实现农业中更高的技术转化率，即在更广的范围内使农业科研机构研发的技术得到推广，使得农业生产更加高质高效高收益。

在原有技术推广体系运转困难的情况下，各地兴起的农业托管服务体系开始在实现小农技术升级、利润提高等方面发挥重要作用，成为小农经营实现现代化的一条可能路径，也为农业治理模式的探索提供诸多参考。

在实践中，农业托管服务分为半托管和全托管两种类型。半托管主要针对的是家庭经济基础好、劳动力充足的小农户，这部分家庭在农业生产中不缺资金和劳动力，缺的是有效的技术及其更新。通过农业公司的托管服务解决了这部分小农户的技术采纳与更新的问题，同时，通过农业托管服务有效地实现了苹果技术的标准化。全托管主要针对除缺乏技术外，还缺乏资金和劳动力两项生产要素中的一项或两项的小农户。因为主要生产要素投入的缺乏，这部分小农户经营果园的收益极低，通过农业公司的托管经营，果园的生产要素投入得以改善，实现了小农果园生产的现代化。同时，农业托管极大地提高了果园的产值，托管的小农户从中分享了绝大部分收益，实现了小农户的增产与增收。其中值得关注的是，农业全托管为贫困果农走出贫困陷阱提供了一条途径，是产业扶贫中值得总结与借鉴的经验。

总之，农业托管实质上便是对农业中所有的关键生产要素进行重新配置，使其按照新模式来组合，进而发挥更大的效用，应对不同情况又保持灵活性。而农业现代化正是要解决这个问题，即一方面是改善各个生产要素的状况，另一方面实现各要素的更加有机、灵活的组合。农业生产要素的改善和有机组织的过程中，关键是如何探索出更加契合农村社会需求的模式，如本文中所呈现的半托管和全托管分殊便是根据农村社区中不同农户的实际情况所做的策略性改进，使得技术得以有效推广，既提高了农民的收益，又保证了小农经营的灵活性自主性。简言之，农业托管服务为小农农业与农业现代化的有效衔接提供了一条可能路径。

  致谢：本文的写作受益于调研过程中与调研成员赵晓峰、陈航英、张建雷、海莉娟、王蒙等博士以及翟正、王晶晶两位硕士研究生的积极讨论，赵晓峰、陈航英、冯小、陈靖几位博士阅读初稿后提供了宝贵的修改意见。特此致谢！

产业融合、乡村旅游与精准扶贫

——以陕西省 Y 村为例[*]

李 琳 郭占锋[**]

摘要： 产业融合有利于促进城乡公共服务均等化，推动农村地区就地城镇化，对实现新型城镇化、城乡一体化具有重大意义。本文通过对陕西省 Y 村的调查，结合已有文献资料，运用深入访谈法分析产业融合的实现路径，研究其对乡村旅游、农村减贫的作用，探索产业融合、乡村旅游与精准扶贫的关系。研究发现：发展乡村旅游是实现产业融合的有效模式之一，产业融合是乡村旅游进一步发展的坚实基础，二者相互给养；精准扶贫是农村减贫工作的政策保障，以乡村旅游为手段、产业融合为实现路径，相互配合共同作用促进减贫实践，达到精准扶贫的目的；三者相互作用，促进农村发展、农民增收，优化农村产业结构，激发农村的内生力量。

关键词： 产业融合；乡村旅游；精准扶贫；城镇化

一 引言

"三产融合"最早由日本农业专家提出，基本内涵即是在农业生产进程中逐步完成向第二、第三产业延伸。[①] 美国的农民占总人口约百分之

---

[*] 2016 年中央高校基本科研业务费（2016RWYB27）与 2017 年陕西省社科界重大理论与现实问题研究项目（2017C062）；陕西省社会科学基金项目（2017G002）。

[**] 作者简介：李琳，西北农林科技大学陕西省乡村治理与社会建设协同创新研究中心研究人员；郭占锋，西北农林科技大学人文社会发展学院副教授。

[①] 李小静：《农村"三产融合"发展的内生条件及实现路径探析》，《改革与战略》2016 年第 4 期。

一，而美国为农业服务的服务业就业人数却占美国总人口的17%—20%，这意味着一个农民带动数十人为其服务。[1] "十二五"期间，农民收入呈现"十二连快"，我国农业发展前景良好，粮食生产丰收。但是快速增长的数据背后隐藏着库存压力巨大，农业实质竞争力下降等问题。2017年中央一号文件中提出大力发展乡村休闲旅游产业。充分发挥乡村各类物质与非物质资源富集的独特优势，利用"旅游+""生态+"等模式，推进农业、林业与旅游、教育、文化、康养等产业深度融合。围绕有基础、有特色、有潜力的产业，建设一批农业文化旅游"三位一体"、生产生活生态同步改善、一产二产三产深度融合的特色村镇。同时，注重提高脱贫质量，激发贫困人口脱贫致富积极性主动性，建立健全稳定脱贫长效机制。[2] 旅游扶贫因其强大的市场价值、强劲的造血功能以及良好的产业依托使得其相对于其他扶贫方式具有天然的优势。[3] 发展乡村旅游、推进产业融合、建立脱贫机制已经成为解决三农问题，促进农业、农村、农民共同发展的关键点。

二 文献回顾

农村地区产业结构单一，以第一产业为主。我国2.4亿农业劳动者经营着18亿亩土地，人均农业劳动资源十分紧缺。如果将农业劳动力缩减到1亿，一个劳动力则拥有18亩地。但是按照目前的生产经营方法，一亩地纯收入达到一万元人民币是不现实的。所以单纯地靠规模化经营不是出路，亦不是改革之根本。[4] 农村地区发展乡村旅游是农民创业的新模式，也是产业融合的重要途径。城乡二元结构加强，城市居民开始追求原始自然的田园风光。乡村旅游应运而生，乡村旅游最早始于1855年的法国，一群贵族到巴黎郊区农村度假、学习和参观劳作，并与当地农民同吃同住。[5] 在我国，乡村旅游被认为是一种阻止农业衰退和增加农村收入的

---

[1] 刘奇：《农业供给侧结构性改革力何处》，《中国发展观察》2016年第4期。
[2] 中央一号文件，2017年7月16日（http://www.xcctv.cn/news/redian/47966.html）。
[3] 马勇、刘军：《准确把握旅游精准扶贫内涵》，《中国旅游报》2017年1月4日，（http://www.ctnews.com.cn/zglyb/html/2017-01/04/content_139091.htm?div=-1）。
[4] 贾敬敦：《三产融合全产业链视角下的农业园区》，《中国农村科技》2016年第8期。
[5] 石强、钟林声、向宝惠：《我国乡村旅游发展研究》，载郭焕城等《海峡两岸观光休闲农业与乡村旅游发展》，中国矿业大学出版社2004年版，第310—319页。

有效手段。① 从现有的文献来看，对于这三者的研究主要包括如下三个方面：（1）农业产业化的经营组织形式、产业实现模式、对农户的影响分析。20 世纪 80 年代初期，家庭联产承包责任制的建立重新确立了农户作为农业生产基本组织单元的地位，极大地调动了微观经济主体的积极性，促进了农业生产发展，但同时也留下了农户经营规模细小化的"后遗症"②。纵观三十多年，20 世纪 90 年代中期以前，中央政策主要扶持农村自下而上的资本积累，此后，也开始大力扶持自上而下的资本积累，通过鼓励资本下乡推动资本化农业。③ 从农业产业化的实现模式来看，张晓山认为，农业产业化模式主要有"公司+农户""合作社（公司）+农户"和"龙头企业+合作社+农户"三种形式。④ 牛若峰的调研数据表明，在中国农业产业化模式中居于首位的是龙头企业带动型，其所占比例最大。居第二位的是合作经济等中介组织带动型，居第三位的是专业市场带动型。⑤ 刘斌等认为，按照农业产业化经营龙头带动作用的性质可将农业产业化模式划分为龙头企业带动型、市场带动型、中介组织带动型、合作经济组织带动型、主导产业带动型、综合开发集团带动型。⑥ 从经营组织演进的角度，在理论上可以将农业产业化划分为初始、成长、成熟和完善四个阶段。在初始阶段，农户与市场的关系是单对多的关系，众多农户处于分散的无序竞争状态。农业产业化经营组织结构和层次单一，仍依赖于"双层经营体制"中的集体层次，但是，这种组织大多名存实亡。⑦ 国内外对农业产业化研究内容的侧重有所不同。在国外，研究重点主要有：对"agribusiness"（农工商综合体）的研究，侧重于探讨农业生产、加工和运销等方面如何有机结合的相关问题；对"agro-industrialization"（农业工业化或农业产业化）的研究，侧重于考察产业转型过程中组织、制度

---

① 文军、唐代剑：《乡村旅游开发研究》，《农村经济》2003 年第 10 期。
② 何秀荣：《公司农场：中国农业微观组织的未来选择?》，《中国农村经济》2009 年第 11 期。
③ 严海蓉、陈义媛：《中国农业资本化的特征和方向：自下而上和自上而下的资本化动力》，《开放时代》2015 年第 5 期。
④ 张晓山：《创新农业基本经营制度发展现代农业》，《经济纵横》2007 年第 2 期。
⑤ 牛若峰：《中国农业产业化经营的发展特点与方向》，《中国农村经济》2002 年第 5 期。
⑥ 参见刘斌《中国三农问题报告》，中国发展出版社 2004 年版。
⑦ 蒋永穆、王学林：《中国农业产业化经营组织发展的阶段划分及其相关措施》，《西南民族大学学报》2003 年第 8 期。

的变化以及农业部门的相应改变等问题。张明林和罗东明对农业产业化经营风险问题的研究和农业产业化进程中产业链成长机制的研究得到持续拓展。①②③ Glover Goldsmith，Williams & Karen，Warning 研究发现，企业通过实行订单农业能有效解决农户生产在资金、技术、信息等方面的问题，改变农民原始自给自足的生产方式，降低农户面对市场的风险，提高女性地位和地方经济水平。④⑤⑥⑦ 订单农业的负面效应也有学者进行研究。周立群、曹利群在对山东省莱阳市调查的基础上分析了农业产业化经营组织形式的演变过程，并指出了农业产业化经营组织创新中应重视的三个要素：信誉与合作、专用性投资与组织调整、政府的互补性制度安排。⑧ 杨明洪利用交易费用理论分析了农业产业化经营组织形式的演进，他认为，出于节省内生交易费用的考虑，组织中应保留更多的市场成分；出于节省外生交易费用的考虑，组织边界应向企业方向移动。⑨ 杜吟棠分析了"市场+农户""基地+农户""公司+农户""合作社+农户"和"中介+农户"五种农业产业化经营组织形式的利益联结关系，认为"合作社+农户"的经营组织形式最有利于促进农民增收。⑩（2）乡村旅游的类型、参与主体、作用研究。对乡村旅游的研究很多，国外研究认为乡村旅游的

---

① 郭建宇：《农业产业化的农户增收效应的分析——以山西省为例》，《中国农村经济》2008年第11期。

② 张明林：《农业产业化进程中产业链成长机制研究》，博士学位论文，南昌大学，2006年。

③ 罗东明：《我国农业产业化经营及风险问题研究》，博士学位论文，东北农业大学，2005年。

④ Glover, D. J., "Contract Farming and Smallholder Outgrow Schemes in Less-developed Countries", *World Development*, Vol. 12, No. 11–12, 1984.

⑤ Goldsmith, A., "The Private Sector and Rural Development: Can Agribusiness Help the Small Farmer?", *World Development*, Vol. 13, No. 10–11, 1985.

⑥ Williams, S. & Karen, R., *Agribusiness and the Small-scale Farmer: A Dynamic Partnership for Development*, Westview Press, 1985.

⑦ Warning, M. & Key N., "The Social Performance and Distributional Consequences of Contract Farming: An Equilibrium Analysis of the Arachide de Bouche Program in Senegal", *World Development*, Vol. 30, No. 2, 2002.

⑧ 周立群、曹利群：《农村经济组织形态的演变与创新——山东省莱阳市农业产业化调查报告》，《经济研究》2001年第1期。

⑨ 杨明洪：《农业产业化经营组织形式演进：一种基于内生交易费用的理论解释》，《中国农村经济》2002年第10期。

⑩ 杜吟棠：《农业产业化经营和农民组织创新对农民收入的影响》，《中国农村观察》2005年第3期。

发展首先是满足乡村居民本身的生活需要，然后才是满足旅游者的需要，其旅游形式必须控制在不影响当地生产、生活的前提下。[1] 刘德谦将乡村旅游定义为是以乡村地域及农事相关的风土、风物、风俗、风景组合而成的乡村风情为吸引物，吸引旅游者前往休闲、观光、体验及学习等的旅游活动。[2] 王宁从社会学的角度出发，认为旅游是对现代性所带来的技术进步、生活水平的提高和随之而来可任意支配收入和时间的增加的"庆祝"[3]；乡村旅游的特点方面，刘红艳认为乡村旅游具有活动区域及活动对象的乡村性、景观构成的多样性、资源利用可持续性、旅游过程的参与性、旅游活动的季节性与地域性等特点。[4] 在乡村旅游发展对乡村的影响方面，保继刚等通过对阳朔历村的研究，指出阳朔历村通过旅游发展实现了职业结构、生产生活方式、思想观念等方面的转变。[5] 在乡村旅游的参与主体方面，Simpson 所提出的 CBTI（Community Benefit Tourism Initiative）模式，在这种模式中涉及了政府、非政府组织、私人企业和社区 4 个利益相关者。[6] Kayat 分析了游客、旅游从业人员、企业所有者、当地居民、政府部门对乡村旅游发展的感知决定于其拥有的权利、对乡村旅游发展的依赖性和在乡村旅游发展中的各种投入等方面。[7] 乡村旅游促进了社会团结和社会结构的优化，Huang 在美国科罗拉多州的调查结果表明：居民共同认同的理想乡村旅游形象，奠定了当地社区团结的新基础。[8]

（3）精准扶贫内涵、策略、方式、意义等方面。近三十年来，在"发展

---

[1] Jenny Briedenhann, "Tourism Routes as a Tool for the Economic Development of Rural Areas-vibrant hope or Impossible Dream?", *Tourism Management*, Vol. 25, No. 1, 2004, pp. 71 – 79.

[2] 刘德谦：《关于乡村旅游、农业旅游与民俗旅游的几点辨析》，《旅游学刊》2006 年第 3 期。

[3] 王宁：《旅游、现代性与"好恶交织"——旅游社会学的理论探索》，《社会学研究》1999 年第 6 期。

[4] 刘红艳：《关于乡村旅游内涵之思考》，《西华师范大学学报》（哲学社会科学版）2005 年第 2 期。

[5] 保继刚、孟凯、章倩滢：《旅游引导的乡村城市化——以阳朔历村为例》，《地理研究》2015 年第 8 期。

[6] Simpson, M. C., "Community benefit tourism initiatives-A conceptual oxymoron?", *Tourism Management*, Vol. 29, No. 1, 2008, pp. 1 – 18.

[7] Kayat K., "Stakeholders' Perspectives Toward a Community-based Rural Tourism Development", *European Journal of Tourism Research*, Vol. 1, No. 2, 2008, pp. 94 – 111.

[8] Huang, Stew art W. P., "Rural Tourism Development: Shifting Basis of Community Solidarity", *Journal of Travel Research*, Vol. 34, No. 4, 1996, pp. 26 – 31.

中解决贫困"一直是中国农村扶贫的主导思路,其背后的假设是大量农村贫困者本身拥有脱贫的潜能,政府通过基础设施建设、劳动力转移、农业产业化、金融支持和能力训练等方式可以使贫困者获得脱贫的机会。[1][2]2013年11月初,习总书记到湖南湘西考察时,首次明确提出了"精准扶贫"概念。精准扶贫就是针对扶贫工作中存在针对性不强和效率不高这一现象,运用科学有效程序、方法和相应的资源,对扶贫对象实施精确识别、精确帮扶、精确管理的治贫方式。[3] 乡村旅游为农民创业和农村的发展提供了新的平台,"区域瞄准""整村推进""类型瞄准"和"个体瞄准"相结合的综合瞄准方式是当前中国农村扶贫的总体策略。[4]

从以上文献中可得出,当前学界研究集中于三者中单一方面,较少将产业融合、乡村旅游以及精准扶贫系统地结合起来进行研究。因此,本文结合乡村振兴的背景与新型城镇化发展的需要,在已有研究的基础上,运用深入访谈法并结合文献法与观察法探求产业融合的实现路径,进一步分析产业融合、乡村旅游以及精准扶贫的内在关系,探索产业融合的实现条件,研究产业融合对乡村旅游与精准扶贫的作用,为城镇化的发展提供经验性参考。

三 旅游村落产业融合实现路径分析

(一)调查区域基本情况与个案简介

Y村位于陕西省咸阳市,现有村民62户,共286人,集体土地630亩。2007年国庆期间,Y村关中民俗体验地正式建成开放,当年接待游客10万人。2013年Y村共接待游客165万人次,旅游总收入达6500万元。2013年Y村人均可支配收入为3.6万元,农家乐、农家宾馆、乡村旅游持股等年收入超过百万元者预计占到全村农户一半以上。2015年全村共接待游客450万人次,农家乐经营户年最高收入40余万元。人均农

---

[1] 李小云:《我国农村扶贫战略实施的治理问题》,《贵州社会科学》2013年第7期。
[2] 汪三贵:《在发展中战胜贫困——对中国30年大规模减贫经验的总结与评价》,《管理世界》2008年第11期。
[3] 刘解龙、陈湘海:《精准扶贫的几个基本问题的分析》,《长沙理工大学学报》(社会科学版)2015年第6期。
[4] 李棉管:《技术难题、政治过程与文化结果——"瞄准偏差"的三种研究视角及其对中国"精准扶贫"的启示》,《社会学研究》2017年第1期。

家休闲收入 4.5 万元，占农民人均纯收入的 80% 以上。2016 年春节共接待游客 95.8 万人次，比 2015 年同期增长 18.2%；实现旅游直接收入 5200 万元，同比增长 28.3%。

截至 2016 年，Y 村经营商户中工艺饰品类 26 家，股份合作社 14 家，酒吧茶馆 17 家，客栈酒店 11 家，康庄老街特色小吃 82 家，祠堂街小吃 39 家，回民街小吃 46 家，其他 3 家。Y 村开办农家乐 60 户，占全村 96.8%；从事乡村旅游的人数 300 多人，占全村劳动力的 100%。工艺饰品类现有员工数量 78 人，合作社现有员工数量 267 人，酒吧茶馆带动就业 104 人，客栈酒店现有员工数量 151 人，农家乐现有员工数量 383 人，特色小吃街现有员工数量 819 人。现已形成了农家乐、作坊街、小吃街、祠堂东街、酒吧街、回民街、书院街、酒店住宿八大空间领域。

本文所采用的案例来源于 Y 村"前店后厂"的实体子公司——豆腐合作社。访谈对象为现豆腐合作社社长——卢某。豆腐坊自 2007 年开始营业，是 Y 村最早经营的作坊之一，也是目前 Y 村经济效益最好的作坊之一。豆腐坊最初是个体经营，在规模逐渐扩大，经济效益逐渐上升之后，2011 年由村干部与豆腐坊老板共同决定成立豆腐坊合作社，实行股份制，入股采取自愿原则，股金没有限制。现豆腐坊合作社社员共 96 人、员工 18 人，平均每月工资为 2520 元/人。卢某既是豆腐坊的最大股东也是合作社的社长，从他那里我们了解到分红比例，豆腐合作社的营业额中，股东分红占收入的 40%，其中卢某可以分得红利的 30%，其余股东按入股比例分配（豆腐合作社营业额占比见图 1）。现豆腐坊净利润超过 100 万元/年。随着旅游人数的增多，豆腐坊的营业额不断增加。2007 年的营业额为 1 万元左右，2008 年增长至 1.5 万元，2010 年达到 50 万元。2011 年成立合作社，豆腐坊规模扩大，营业额快速上升。2012 年的营业额为 100 万元，2013 年的营业额为 139.8 万元，2014 年增长至 416.3 万元，2015 年的营业额为 279 万元（豆腐合作社近 5 年营业额的变化见图 2）。从卢某那里我们了解到，豆腐坊周末及节假日营业额可以达到 1 万—2 万元/天，游客量大时可多达 3 万元/天。日均营业额为 3000—4000 元/天（豆腐合作社淡旺季营业额对比见图 3）。据卢某介绍，豆腐坊 2015 年的营业额为 279 万元，纯利润为 89.3 万元，占到营业额的 32% 左右。

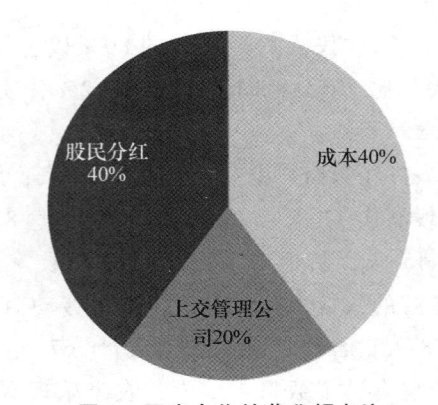

图1 豆腐合作社营业额占比

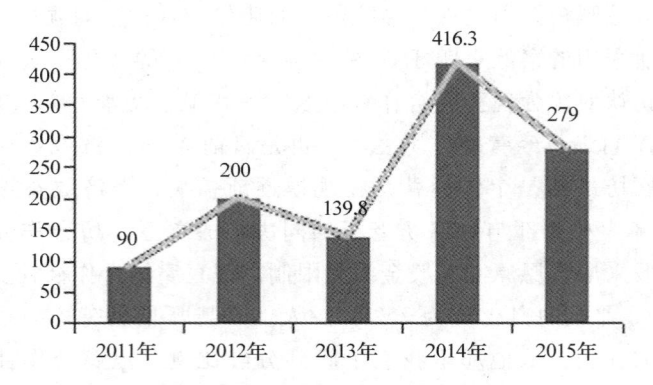

图2 豆腐合作社5年营业额变化（单位：万元）

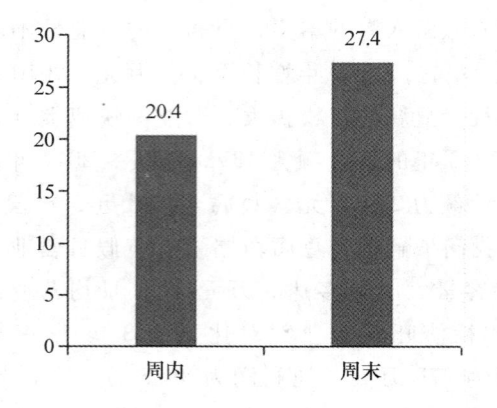

图3 豆腐合作社淡旺季营业额对比（单位：万元）

从豆腐合作社中计算出其加工增值比为 5∶1.88，经过加工销售出的成品价值比原材料的价值高 2.66 倍。豆腐坊的原料主要是豆子，来源于东北五常地区，豆子是由 Y 村旅游管理公司统一筛选、检测，并由其统一调配运输。不同地区资源的调配促进了资源的有效利用和产业结构的优化。豆子从生产基地进入豆腐合作社，即保证了豆腐坊的原材料供给，同时这种稳定的供给关系又保障了生产基地农户稳定的收入，提供了大量的就业岗位。豆子在豆腐坊中进行加工、处理，其加工和制作过程完全透明和公开，游客可以免费参观和体验制作豆腐制品的全过程。同时，豆腐合作社的管理模式是由股份制合作社的模式构成，股金没有限制，入股自由。豆腐合作社中工作的人员既有入股的股东，也有附近村庄的返乡青年，带动了农村劳动力的充分就业。从豆腐合作社来看，实现了豆子种植、加工、销售、游客体验的结合。

2007 年 Y 村开始创办关中民俗体验地，村庄实现第三次转型，定位于乡村旅游发展。三产深化融合，产业结构优化。近年来吸引了大量的游客，形成了农民创业的平台，提供了更多的就业机会。乡村旅游是产业融合实现的模式之一，三产融合也是依靠乡村旅游的平台进一步发展，这二者共同作用实现农村的发展，增加农户的收入，完善农村的基础设施，促进农村地区的现代化以及村民市民化的转变，有效解决农村贫困困境。

（二）产业融合实现路径的分析

农村产业融合应调动农村地区的各积极要素，搭建产业链条，促进产业网络的形成。如图 4 所示，在乡村旅游的背景下，农村地区的三种业态相互作用、相互融合。以农产品种植为主的第一产业，在农户集中、土地流转的条件下进行规模化经营，为"前店后厂"的公司提供原材料，同时"前店后厂"公司与生产基地形成合作关系，固定收购农产品，保证生产基地农户的就业。"前店后厂"的模式，是销售与参观的结合，农民合作入股形成合作社，合作社依股分红，共同经营公司。股份制合作社为消费者直接提供消费商品，在乡村旅游平台下，同时满足消费者参观的需要。另外，消费者也可直接体验生产基地的采摘，生态农业观光。继而实现第一产业和第三产业融合，乡村旅游的发展复兴了农耕文化和农业文明。提升了农民对资源的控制权，三产融合的实践和产业链条的建立促使原来"农户—中间商—市场"模式，变成"农户—市场"或"农户—合作社—市场"的模式,使农民处于主体地位,把农产品带入到加工和销售环节,产业融合提高了农民在市场中的话语权,拉近了农民与市场之间的距离,改变了农民在流动领域中被挤压的现状。

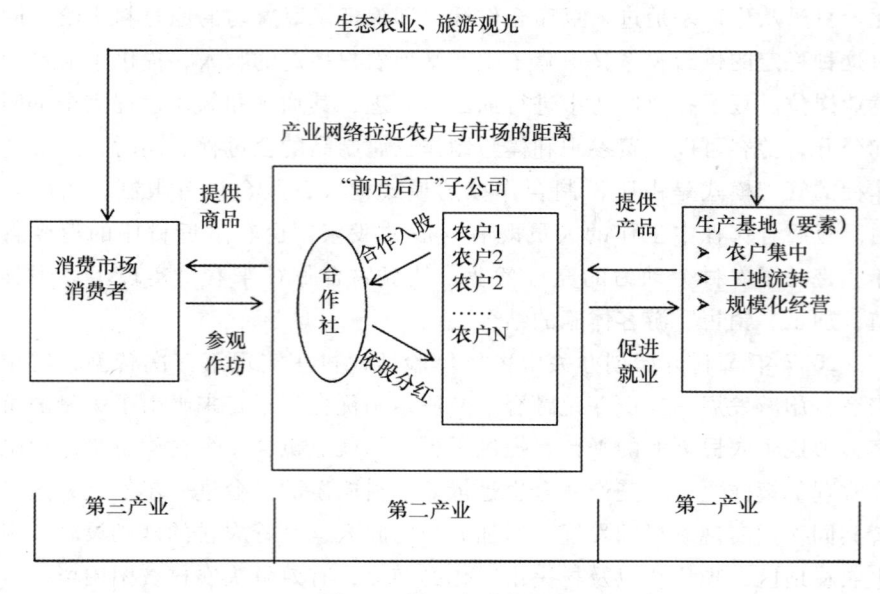

图4 Y村三产融合图示

本文以Y村为例,结合豆腐合作社个案,总结产业融合的成功实践原因,可归结为以下五大方面:以乡村旅游为背景,集体经济为基础,乡村精英与村级组织为导向,土地流转为实现条件,农村合作组织为驱动力。

1. 集体经济实现形式有效,个体集体共享发展

薛继亮和李录堂认为农村集体经济的有效实现模式有以下五种:土地流转下的农民自助模式、县域下的政府组织+农户运行模式、循环产业园区模式、各类农民专业合作经济组织和杨凌高新示范园区模式。[1] 王德祥、张建忠认为那些超越了村级范围、具有较大包容性与开放性的集体经济形式或发展模式,最有可能成为今后一个时期我国农村集体经济的主要

---

[1] 薛继亮、李录堂:《我国农村集体经济有效实现的新形式:来自陕西的经验》,《上海大学学报》(社会科学版)2011年第1期。

实现形式。① Y村集体经济的发展经历了两个阶段：传统农业转变为现代工业，村民的温饱问题得以解决；村集体工业转变为乡村旅游业，村民的富裕问题得以解决。Y村集体经济的两次成功转型为村庄的后续发展提供了持续动力，并为当地新农村建设奠定了良好基础。张忠根、李华敏认为"在当前体制下，村级集体经济在保障农村基层组织正常运转、提供农村公共设施和服务、建立和完善农村社会福利和社会保障体系等方面承担着重要的责任，在社会主义新农村建设中起着十分重要的作用"②。Y村集体经济是在原有村集体所有制基础上成立的集体所有制企业，集体成员既是企业股东又是企业员工。集体所有制企业一方面通过整合各种资源，统筹规划，提高了资源利用率，另一方面又充分调动了集体成员的劳动积极性。村集体经济力量强，实现形式有效，这对两次转型的成功发挥了重要的作用，同时这种历史性的因素增强了村落共同体的凝聚力，为产业融合提供了基础力量。

2. 村级组织管理精细，村民参与机制完善

Y村产业融合的成果不仅仅得益于其独特的历史因素，同时也是在乡村精英、村级组织与管理公司的合力工作下推动的。在中国农村社会现代化转型和市场经济的迅速发展中，农村精英紧跟时代发展步伐，且由于他们拥有灵活的致富头脑和较高的科学文化素养而在村民中享有较高的威望和较强的号召力，对普通村民的思想和行为有着重要的影响，同时，他们凭借出众的个人能力，能够帮助农民抵御市场经济浪潮的冲击，对于农村发展和村民致富起到了至关重要的作用，成为农村社会发展、农民发家致富的领路人。③ 从卢某那里我们了解到，是2007年上任的村书记请他来到的Y村。刚来到时，村里有现成的作坊，消毒设备、冷藏设备、工服、口罩、手套等一应俱全，豆子原料统一供应。起初，村里为留住技术和人才，每月村组织为他发放工资补贴，并且豆腐坊的全部收入也归其所有。卢某借助Y村旅游平台把豆腐坊规模做大，并且在现任书记的有序管理

---

① 王德祥、张建忠：《我国农村集体经济组织形式发展趋势研究》，《西北农林科技大学学报》（社会科学版）2011年第1期。

② 张忠根、李华敏：《农村村级集体经济发展：作用、问题与思考——基于浙江省138个村的调查》，《农业经济问题》2007年第11期。

③ 倪超英、王惠：《试论农村精英与农村社会发展——以吉林省为例》，《行政与法》2013年第11期。

和无私服务下，豆腐合作社的效益越来越好，现毛利润可达到 200 万元左右。乡村精英对 Y 村产业融合的导向作用巨大，老一任书记到现任书记的"精英继替"体现了文化资本的代际传承。同时，产业融合的链条的形成中，从原材料的引进、作坊的加工、游客的参观和售出，各个环节都有专业部门负责管理和监督，管理机制组织化和精细化，形成了高效有序的管理模式，促进了村庄产业的良性循环。村民对村级组织信任度高，乡村精英具有权威性，村民的认同感与集体行动力强。

3. 农业产业化经营有序，股份制合作社模式高效

在中国政府的大力推动下，合作社、家庭农场和龙头企业正崛起为中国农业的新型经营主体，成为中国农业发展的重要驱动力。[1] 自《农民专业合作社法》于 2006 年颁布后，农村合作社的数量就出现了迅速增长。截至 2014 年 2 月，全国农村合作社的数量超过了 2010 年的 3.5 倍，达到 100 万家。[2] 格兰诺维特认为，经济行为是嵌入社会网络的，经济行动与社会结构之间存在着密切的关系。[3] 社会网络分析者科尔曼关注的即是两种不同类型的网络：一种是交往频繁、联系紧密的"闭合性结构"；另一种是交往稀少、联系松散的"开放式结构"。[4] "小生产和大市场""小农户和大商户"这两对矛盾促使农村地区的农业产业化经营，推进农业资本化。其中合作社是自上而下和自下而上两种驱动力结合的典型模式。[5] Y 村现有 14 家股份制合作社，8 家"前店后厂"实体子公司，2013 年豆腐、辣子、醪糟、制醋、酸奶等专业公司利润率平均超过了 50%。合作社规模大小不等，入股金额和股东的地域没有限制。这些股东既是经营户，也可以入股到各个合作社当"老板"，是一种利益共享、风险共担的监督机制。Y 村已被打造成为"滚雪球"式发展的"农民创业平台"。股

---

[1] 严海蓉、陈义媛：《中国农业资本化的特征和方向：自下而上和自上而下的资本化动力》，《开放时代》2015 年第 5 期。

[2] 财新网：《中国农民工资收入首超家庭经营纯收入》，2017 年 7 月 16 日（http：//china．caixin：com/2014 - 04 - 11/100664314：html）。

[3] 参见［美］马克·格兰诺维特《社会网与经济行动》，罗家德译，社会科学文献出版社 2001 年版。

[4] 李林艳：《社会空间的另一种想象——社会网络分析的结构视野》，《社会学研究》2004 年第 3 期。

[5] 严海蓉、陈义媛：《中国农业资本化的特征和方向：自下而上和自上而下的资本化动力》，《开放时代》2015 年第 5 期。

份合作社的模式使得农户和市场之间的距离缩小,农户既是生产者又是经营者,打破了农户+公司+市场的模式,使农民挣脱出在流通领域所遭受的挤压,进而成为直接的盈利者。Y村豆腐合作社对于豆腐坊的发展以及在产业融合实践中的作用来看,豆腐合作社成为联结第一产业与第三产业的中间环节,同样也是加工豆子、售卖成品、提供作坊参观的第二产业。借助Y村的旅游平台,大面积种植的豆子有了固定的收购商,豆子种植户有了致富渠道,豆腐坊经过加工,把豆腐、豆腐脑等产品卖给游客,同时游客又可以深入参观体验豆腐的加工过程,促进了Y村旅游业的发展。豆腐合作社产供销一体化是结合东北豆子的种植、"后厂"中豆子的加工、"前店"豆制品销售以及融入游客体验为主的旅游业,其平均每年556700斤的产品销量,不仅为豆腐合作社自身带来了良好的经济收入,也扩大了Y村旅游业的影响,同时促进了豆子种植业的规模化发展,三种业态彼此依托,互相推动,形成农村发展的新业态形式。这种互相给养的模式增辉了乡村旅游品牌。

4. 搭建乡村旅游平台,建构网络经济模式

Y村以关中民俗体验地开展乡村旅游,构建特色旅游平台,村民由之前从事果园种植业到现在100%就业于农家乐,从第一产业转变到了第三产业,促进"非农化"转变。在农村地区完成加工和销售以缩短食品供应链,通过构建"巢状市场"(Nested Market)来直接联系消费者。这种新型的市场不仅需要使用更多的劳动力进行生产,还需要在乡村旅游中款待城市居民,从而形成新的农业生产实践,并增加农业活动的附加值。[①] Y村通过产业融合构建出的"巢状市场",缩短了农户和市场的距离,满足了农户和城市居民双方的需要。乡村旅游和产业融合二者形成良性互动。同时,Y村的小吃街、作坊街给外村的农民、大学生等提供了良好的创业平台。在保证本村村民100%就业的同时给其他群体提供了2000多个就业岗位。乡村旅游促使企业落镇、人力资源回流乡村,整体上促进了农村地区的发展。在乡村旅游的平台下,现在已经有豆腐、酸奶等8家作坊孵化成为农产品加工企业,正在做QS认证。并且一些经过筛选的、相对成熟、高端的餐饮品牌已经被引入Y村,如2013年德懋龚落地Y村,他们让游客不断保持新鲜的游览与消费体验,使农村地区既可以保持其

---

① 叶敬忠:《农政思潮的发展与变迁》第2卷,社会科学文献出版社2016年版。

"乡村性",又具有极大的发展潜力和机会。通过乡村旅游组织建设保证乡村居民参与旅游、受益旅游的权利,致力于乡村旅游产业化的发展以及产业链条的延伸,强化以乡村旅游为纽带的乡村三产的高效融合,充分提高乡村居民的物质和精神生活水准。①

5. 非农就业机会增多,土地流转意愿增强

多种元素合力打造出来的多元化、多样化的村落面貌,这些都成为了Y村旅游的新亮点。Y村旅游社区的建立使得产业融合有了更大的空间,村民的非农就业机会增多,打破了原来束缚在土地上的现状,开始从事第三产业。土地流转的意愿增强,使农业规模化生产和农业产业化的链条得以建立。唐仁健说,"农村实行以家庭承包经营为基础、统分结合的双层经营体制以来,'分'的层面分得彻底、激励充分,但'统'的层面统得不够、明显滞后。因此,一号文件提出,一方面要大力培育新型农业经营主体和服务主体,加快发展土地流转型、服务带动型等多种形式的规模经营,另一方面要积极发展生产、供销、信用'三位一体'综合合作"②。土地流转是产业规模扩大和产业融合的重要条件,有利于农业产业的统筹规划,促进多种业态共同发展。Y村旅游业的发展在关注自然景观开发的同时还注重现代设施如游乐场、购物区及餐饮服务建设等,以满足游客多样需求为第一目的。随着基础设施的不断完善,游客数量增多,旅游业进一步地发展,从而形成旅游业与城镇化相互促进的良性发展局面。

四 产业融合、乡村旅游与精准扶贫的关系

农业属于第一产业,劳动力成本投入大,经济收益低。从产业链上看,农产品生产、加工和销售相互脱节。农产品加工企业规模较小、实力较弱、竞争力低,无法有效提高农产品附加值,难以实现规模效益。价值链上看,产中环节的收益与产后环节的收益脱节。农民难以公平分享产业发展的成果。一二三产业融合起源于日本的六次产业化理论,产业融合是农业产业化的深化。农业产业化是指农业及其产业化经营是以市场为导向

---

① 尤海涛、马波、陈磊:《乡村旅游的本质回归:乡村性的认知与保护》,《中国人口资源与环境》2012年第9期。

② 《人民日报解读:农业供给侧结构性改革 怎么看怎么干》,2017年7月16日(http://finance.ifeng.com/a/20170206/15178255_0.shtml)。

发展农村经济，是按产业系列组织发展农村经济，是实现农业与相关产业系列化、社会化、一体化的发展过程，即农、工、商一体化，产、加、销一条龙的过程。① 在经济发展与乡村文化保护这对矛盾中，乡村旅游和传统手工业的振兴，被认为是弥合二者矛盾的有效途径。在发展乡村旅游这一视角下，我们看到传统农业文化保护与发展的契机和曙光。② 朱启臻认为乡村旅游应以乡村为背景，以农民的生产方式和生活方式为核心对象。③ 乡村旅游的发展促进农村地区多种业态相结合，从农业发展到第二产业的加工处理，最后落脚到第三产业的销售业、服务业和旅游业，从而延长产业链条、拓宽产业的发展空间，是三产融合的有效实现模式之一。发展乡村旅游，实现农村三产融合从而推进精准扶贫的实现是"整村推进"与"个体瞄准"策略的结合。三者的关系如图5所示，在农村地区推进产业融合有助于进一步推动乡村旅游的发展，提升农业的基础地位，保护传统农业文化，促进农业产业的升级，增加农民的生计资产，激活农村发展的内生动力。对探索精准扶贫的可行路径，促进城乡均等化发展具有重要的意义。

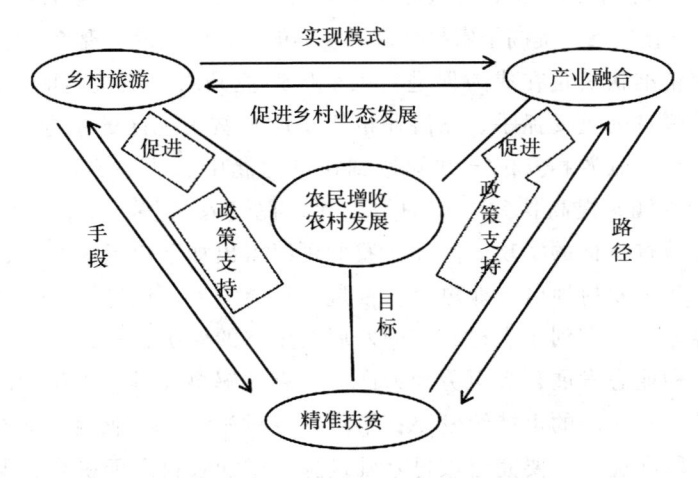

图5 产业融合、乡村旅游与精准扶贫关系

① 谢代银、刘辉：《关于农业产业化经营的再认识》，《农村经济》1999年第6期。
② 《乡村价值与旅游密切相关 朱启臻论乡村特色》，2017年7月18日，国家旅游地理网（http://news.cntgol.com/dyzd/20151207/32435.html 2015-12-07）。
③ 朱启臻：《充分发挥乡村旅游在保护与传承乡村文化中的作用》，《农村工作通讯录》2016年第10期。

因此，我们可以得出的结论如下：即乡村旅游是产业融合的有效模式之一，产业融合为乡村旅游提供基础的支持和动力。二者相互给养，乡村旅游作为手段、产业融合则为路径，共同促进精准扶贫政策的实施。最终达到农村体制变革、产业机制创新，农民增收、农村发展的目的。

五 结论与启示

Y村基于关中特色小吃、发展关中民俗旅游体验地，逐步形成以旅游业为主、多种业态相互融合共同发展的产业格局。该格局拓展传统农业的发展空间，促进农业产业链的延长，提高农业的基础价值，扩大农业的辐射范围，提供大量的就业机会，带动农村产业经济的升级。其作为产业融合的先导区，其中村庄内部集体经济、乡村精英与村级组织、管理机制是产业融合的内生条件。同时，特色的旅游平台促成农村"巢状市场"与产业网络的发展，新型股份制合作社为农民赋权，土地流转增大了农业产业化的规模，增强了产业融合的可能。其发展模式促使传统农业向现代乡村旅游业蜕变，加快农业资本化和产业融合的进程，有效地实现了农村地区就地城镇化的目标，促进了城乡一体化发展，提高了农村抵御风险的能力，防止返贫现象产生。

旅游精准扶贫正在成为促进贫困地区产业升级、加快美丽乡村建设、实现农民脱贫的重要抓手，旅游业也逐步成为贫困地区的主导产业。[①] 产业融合、乡村旅游相互配合共同达到扶贫内涵中"生态文明"和"整体脱贫"的内涵，提高扶贫工作的精细化，促进农村扶贫工作的实施，有利于农村减贫目标的实现。因此，我们可以得出如下启示：第一，发展乡村旅游深化了农村地区产业融合，推进了村落发展、促进了村民增收、提高了村容绿化，有利于农村经济的发展与生态的保护；第二，三产融合促进农村多种业态发展，吸引劳动力回流，有效解决农村空心化的困境，进一步促进乡村旅游的可持续发展；第三，乡村旅游与产业融合是农村减贫的重要手段和途径，要完善农村基础设施，增加农村发展机会，保障农村生态环境，有效预防返贫问题，推进精准扶贫政策的实施。

---

① 马勇、刘军：《准确把握旅游精准扶贫内涵》，《中国旅游报》2017年1月4日，2017年7月18日（http://www.ctnews.com.cn/zglyb/html/2017-01/04/content_139091.htm?div=-1）。

第二部分
农村文化治理研究

张载思想的概化与延展：文化治理功能的地方性实践

——基于陕西省眉县横渠镇 W 村的实证调研[*]

韩庆龄　宣朝庆[**]

摘要：探讨传统社会思想在基层治理中的实践机制与衍生功能，是社会治理研究领域的重要问题。调研发现，张载思想的概化发挥文化治理的显在功能，其宗族思想和乡约实践展现出"爱必兼爱"的互助合作精神和"以礼化俗"的道德教化功能，奠定了基层治理厚重的社会基础。在张载思想概化影响的基础上，张载思想的延展与地方社会结构和民生需求互构影响，发挥文化治理的潜在功能，赋予地方社会较强的内生秩序能力，同时精英情怀与德治传统共同推动基层社区实现"简约治理"。当前社会治理应重视传统社会思想的现代性价值。

关键词：张载；概化；延展；文化治理；功能

一　问题的提出

当前，我国社会正在经历前所未有的全方位、宽领域、深层次的社会转型，对社会治理提出了严峻的挑战，但以西方文化为主导开创的现代化路径和治理模式既有特殊性，也充满了局限性。因此我们在社会治理研究中应时刻注意"建设中国现代性的部分的资源应该并且必然会来自中国

---

[*] 基金项目：南开大学中央高校科研基本业务费"重大项目培育"计划"现代化关键时期的社会思潮运动机制研究"（NKZXZD1406）。本文曾发表于《人文杂志》2015年第10期。

[**] 韩庆龄，南开大学周恩来政府管理学院社会学系博士生；宣朝庆，南开大学周恩来政府管理学院社会学系教授、博导。

这个'轴心期文明'的文化传统"[1]，从"中国经验"和"中国体验"出发，尊重实践、尊重自身历史传统，创新相关治理体系。

一张一弛文武之道。相对于治理而言，文化不仅是一种手段、措施和支撑，也是一种目标、内容和引领，[2]是依法治国的重要辅助和补充。目前学界对文化治理功能的研究较少，对"文化治理"没有统一的界定。吴理财在研究公共文化服务的运作逻辑时率先提出了"文化治理"的概念，他认为文化治理是一种现代的治理形式，它体现了政府文化职能从传统管理型向现代治理型的根本转变。[3] 胡惠林从完善国家治理的角度，指出文化治理自古以来就是其重要组成部分，他比吴理财更进一步明确提出了从政府文化管理向社会共同参与的国家文化治理转变的可行路径，即以市场经济的方式实现政治、经济、社会和文化的价值性转换，实现文化产业发展的价值理性和工具理性的有机统一，达至文化发展与国家治理的融合。[4] 赵晓峰在探讨社会组织在农村社区文化重建和村落社区治理中的机制与功能时，则认为文化治理的关键是要将公共文化建设落实到基层社区，使内生的社区文化成为一种充满柔性和韧性的治理力量。[5] 简言之，吴理财和胡惠林的研究都是在国家、市场、社会互动的框架下，探讨依靠政府和市场供给的文化产业的发展对推动国家治理体系和治理能力现代化的重要作用。与此不同，赵晓峰从关注社区内生文化的重要性出发，认为以社会组织为载体，内生的村庄文化才能在农民情境化的体验中发挥柔性的治理功能。同时，也有研究发现，村落内生文化及其形塑的共同规约是村庄发展的重要保证，它使村庄在现代化大潮的冲击下，作为一个有意义的生活世界得以存续，并避免沦为空心化的厄运。[6]

综合来讲，依靠政府和市场等外力推动的文化产业往往与国家文化治理的目标出现偏差，政府层面的文化供给因重视功绩多走向形式主义，而

---

[1] 金耀基：《论中国的现代化与现代性——中国现代文明秩序的建构》，《北京大学学报》1996年第1期。

[2] 谢新松：《文化的社会治理功能研究》，博士学位论文，云南大学，2013年。

[3] 吴理财：《公共文化服务的运作逻辑及后果》，《江淮论坛》2011年第4期。

[4] 胡惠林：《国家需要文化治理》，《学习时报》2011年6月18日第9版。

[5] 赵晓峰：《通过组织的农村社区文化治理：何以可能，何以可为——以农村老年人协会为考察对象》，《华中农业大学学报》2013年第5期。

[6] 李远行、朱士群：《自治性与徽州村庄》，载李远行《中国农村社会学研究》第1辑，苏州大学出版社2011年版，第83页。

市场层面的文化供给因重视效率和利益，则易出现两个极端，即或重视观赏性，①或渗进低俗基因。具体到乡村社区，由于当地文化是基于村社传统和地方习俗的农民长期生活的积淀和总结，有很强的地方色彩，上述城市文化的供给方式往往难以与农民的切实生活发生本质关联，更难以适应村庄生态。正如费孝通在《乡土中国》中提到的文字和法律下乡难以接地，是因为熟人社会内部遵循乡土社会约定俗成的地方性规则。苏力在《送法下乡》的研究中，通过考察基层纠纷的处理和解决逻辑，则展现了本土乡民社会中西方经典法律话语无法涵盖概括的法律运作。②而当前由政府和市场共同推动的公共文化如送戏下乡、电影下乡、文化书屋等，也多悬浮于农民生活之上，脱离农村需求，基本成为摆设。研究和社会调查都表明，将脱离村社传统习俗的外来文化硬植入村庄土壤，必然会遭遇水土不服的困境而难以落地开花，这种形式的文化自然难以在基层治理中发挥积极功效。

　　有鉴于此，笔者认为，文化治理重在重塑或强化地方社区的内生文化主干，使村民共同依赖的社会经验成为维系社会良性运行的引导力量。以往少有研究从实证角度审视传统社会思想在社区生活中担当的内生文化角色，对其发挥的显在和潜在的双重治理功能更是重视不足。笔者将延续文化治理的社区本位视角，系统探讨张载社会思想作为一种内生文化在地方生活和基层治理中的功能表达，以期挖掘传统思想的时代价值，丰富文化治理的相关认知。

　　本文的经验材料来自笔者于2014年7月17日—8月7日在陕西省宝鸡市眉县横渠镇W村的实证调研。眉县位于秦岭主峰太白山的脚下，西距宝鸡市65千米，东距省会西安市120千米，辖九镇一乡。W村位于横渠镇南3千米的秦岭北麓延伸带上，张载路横贯村庄南北，距横渠镇镇政府驻地5千米。W村现有居民490户，约1870人，耕地总面积4043亩，现以种植红提、猕猴桃为主，土地亩产值在6000—10000元。

---

　　① 赵晓峰：《通过组织的农村社区文化治理：何以可能，何以可为——以农村老年人协会为考察对象》，《华中农业大学学报》2013年第5期。
　　② 苏力：《送法下乡——中国基层司法制度研究》，中国政法大学出版社2000年版，第59页。

二 村庄视域中的张载与张载思想

张载（1020—1078），字子厚，是我国宋代著名的思想家、哲学家。张载15岁丧父，在把父亲尸骨运回原籍安葬的路程中，行至今宝鸡市眉县横渠镇时因财力不足加之前方兵变，张载一家便在此落户守孝。之后张载余生多生活在眉县，其弟子多系陕西关中人，故其学派被称为"关学"；又因张载在横渠镇崇寿书院讲学，后学者称其为"横渠先生"。元初在该书院原址上建立了张载祠。

张载思想的基础是其"气化"思想，他认为世界万物皆由"气"构成，"气"的阴阳聚散构成世间万物的存在本体及其运行规律。在"气本论"的哲学基础上，基于北宋社会现状，他进一步提出了"民胞物与"的社会建构方案，主张突破传统的君臣、父子、夫妇、长幼、朋友关系，消除贫富差距，建立一个平等仁爱的社会。① 为了实现这一社会理想，张载提出了恢复井田和重建宗法的举措，并身体力行付诸实践。《宋史·张载传》概括张载思想为"其学尊礼、贵德、乐天、安命，以易为宗，以中庸为体，以孔孟为法，黜怪妄，辨鬼神"。即张载最终形成了以《易》为宗，以《中庸》为体，以《礼》为用，以孔、孟为法的完整思想体系。② 张载"关学"推动儒学发展进入了新阶段，"横渠四句"——"为天地立心，为生民立命，为往圣继绝学，为万世开太平"，③ 以其远大义理抱负，广为流传。

调查发现，张载本人及其社会思想作为一种文化传统，为地方社会生活树立了一种应然的理想型标准，影响深远。尽管当前普通村民对张载思想具体内容的认知高度模糊，对张载的认识还停留在他的社会身份，即宋代大儒、历史名人的层次上，官方对张载的推崇则主要基于发展地方文化产业、提升当地文化知名度的考虑，但张载思想孕育的文化精神已经成为一种地方印迹，形成了一种独特的精神气质，村民在长期生产生活中自觉或不自觉地将该气质嵌入了村庄的社会结构，内在地影响着村民的行动逻

---

① 王处辉、宣朝庆：《张载社会视觉中的"民胞物与"理想及其时代性》，《南开学报》2004年第1期。
② 宣朝庆：《大家精要·张载》，云南教育出版社2011年版，第44页。
③ （宋）张载：《张子语录·语录中》，载《张载集》，中华书局1978年版，第320页。

辑和村落社会的运作秩序。

张载思想是关中地区典型的地方内生文化，他在眉县横渠镇著书立说、收徒讲学、实验井田，晚年完成《正蒙》一书，标志其思想走向成熟。张载社会思想和他开创的"关学"传统是当地社会的文化基因，本文用"文化概化"和"文化延展"这一对概念来解释张载思想在地方实践中发挥的直接浸润作用与间接濡化功能。本文中的"文化概化"借用米德"概化"在核心要素基础上一般化和扩大化的意涵，主要是指张载思想的文化内核在历史变迁过程中对当地社会生活的广泛影响，这里关注的是张载思想的实体本身对地方社会运行的显在影响。同时，强生长性是中国文化的典型特征，张载思想作为一种文化传统，并非静态机械地存在，而是在社区实践中生根成长，且形塑了具有强规范的文化场域。本文用"文化延展"一词来概括超越张载思想内容本身的文化元素与地方社会的互构影响，主要是指张载思想塑造的文化氛围和思想底蕴作为一种村庄传统对地方社会运行的潜在影响。简言之，张载思想概化与延展的双重品性分别在显在和潜在的层次上发挥文化治理的社会功能。

三 张载思想的概化影响：文化治理显功能的呈现

社区内生资源对于村庄体制层面的正式治理和日常生活层面的非正式治理具有不可替代的补充作用，是基层治理中的重要资本。张载开创的平民化的宗法思想和自下而上的乡约实践，对宋以后中国乡村组织整合和社会秩序重建，起到了重要的推动作用。在当前社会转型的关键时期，张载思想作为地方社会中流动的传统，对基层治理亦有重要的维系与稳定功能，其概化影响则是文化治理显功能的表达。

（一）宗族思想重视互助合作，凝聚家族组织

宗族重构是张载思想实践影响最为深远的方面。张载生活在北宋中期，是中国历史上的变革时代。宋朝以来，中央集权高度集中，允许土地自由买卖，承认土地私有，造成地权高度分散和流转，社会贫富差距不断拉大。在此之前，从汉至唐的门阀士族走向衰落，地方社会结构松散，呈现一盘散沙似的无组织样态。基于北宋积贫积弱的社会现状，加之张载幼年丧父，自身经历使其萌生了同宗同族互相扶持的强烈愿望，于是张载从

调适社会秩序、缩小贫富差距的视角,从完善社会组织入手,提出了重建宗族的主张。他是北宋历史上第一个提出乡村组织重建的思想家。①

在张载的制度设计中,重建宗族,首先要立宗子法,确立宗子权威,从而保障宗族繁荣昌盛;其次要建立宗庙和祭祀制度,以加强宗族成员之间的团结与情感归属。他认为,如果没有以血缘关系为基础的宗法制,将会导致"骨肉无统,虽至亲,恩亦薄",人际关系的疏薄是不利于社会协调的,而实行宗法制则可以收到"管摄天下人心,收宗族,厚风俗,使人不忘本"的社会效益。②张载把西周的世袭贵族宗法制转型为民间的家族宗法制,使宗法制表现出了平民化的特征,这是其宗法制的新特点。在张载看来,宗族生活最重要的就是培养"爱必兼爱"的情操,培养个人、小家庭对家族、社区的责任意识,在宗族中养成仁爱的精神和互助合作的传统,以此达至地方社会的团结与稳定。张载平民化的宗法思想对基层社会影响很大,推动了地方家族体系和家族保护机制的形成。

在当前市场经济和现代化的冲击下,我国基层社区的个体理性崛起,社会结构越趋松散,核心家庭本位凸显,家族缺乏一致行动的能力。但在关中地区,户族仍然是村民重要的认同和行动单位。W村共有三个自然村,武堡、任堡和于堡,6个村民小组,武、张、郭、任、于五大户族,其中武堡以武、张、郭三大姓氏为主,对应1—3村民小组,任堡以任和张姓为主,是4、5村民小组,于堡以于姓为主,对应6组。大户族下又以五服为界分小户族,村民习惯把从太爷爷始延续下来的血缘关系称为一个门子(小户族),村庄中五服认同的门子结构具有很强的功能性,家族内部的互帮互助多以此为单位。在日常生活的层面上,红白事是重要的家族互动和关系识别机制,同一门子的人是其间的帮工主体,且红事随礼搭情的多少与白事中的披麻戴孝是关系亲疏远近的重要外显标志,都必须按照户族结构中的角色位置来行动,否则就会出现村民语中的"乱子"。在村庄治理的层面上,村组干部的搭配也与户族结构密切相关,二者存在高度的均衡与契合。每个自然村都有主要村干部,每个门子都有村民小组长或村民代表。他们在村庄治理中代表各自户族的利益,且有责任和义务保

---

① 曹锦清:《历史视角下的新农村建设——重温北宋以来的乡村组织建设》,《探索与争鸣》2006年第10期。

② 王处辉:《中国社会思想史》,中国人民大学出版社2009年版,第369页。

护本户族成员的权益。在村庄公共建设的层面上，修路、打井等公共设施的建设都具体落实到村民小组内部，并在小组内部成立相关的理财委员会、监督委员会等，以保证工程顺利完成。可见，当地村庄户族内部的互助合作不管是在日常生活层面，还是在政治生活层面、村庄公共建设层面都有较强的实质内涵。此外，当地村庄非常重视白事，丧葬仪式完整，白事互助帮工范围涉及超出五服的整个同姓大家族。老人去世后要在家中正堂停尸七天，期间各层亲属分时间段、按次序来上香礼拜。祭祀和祖先崇拜是维系宗法制的重要纽带，祭祀祖先的仪式参与能唤起同宗同族的集体意识和情感能量，增加家族成员的"自己人"意识。同时，白事仪式也是家族内部纠纷化解的平台，家长里短的矛盾摩擦往往会因为白事的集体互动而消解，从而增强家族的合作力和凝聚力。

由上述情况可以看出，张载开创的平民化宗法思想，在历史流变中与村民生活互构共生。虽然宗子继承制随着封建制的退场早已失效，家族宗庙也随着文革"破四旧"的政治运动而没落消失，张载宗法制的形式外壳在当前村庄已支离破碎，但互助合作依然是村庄户族的主要功能，"爱必兼爱"的伦理温情依然为村民所重视，即张载宗法思想的内核一直绵延不绝。对户族的强认同使村民能够组织聚合起来，具有抵御日常社会风险和参与村庄公共建设的一致行动能力，是当前村庄组织建设的重要根基。

（二）乡约实践重视道德教化，营造良好村风

在北宋的儒学复兴运动中，张载是最为重视礼的实践者之一。"以礼化俗"是儒家的一贯传统，所谓"儒者在本朝则美其政，在下位则美其俗"①。而在北宋社会，张载将"礼"作为移风易俗、重塑伦理的重要手段，"以礼化俗"则是其重建地方社会秩序的乡治方略。他在任云岩县令时，身体力行，"政事以敦本善俗为先，每月吉，具酒食召乡人高年会县庭，亲为劝酬，使人知养老事长之义，因问民疾苦，及告诉以训诫子弟之意"②。由于张载竭力推行符合时宜的古礼，引起地方精英的大力仿效，使"关中风俗一变而至于古"，"学者用礼渐成俗"。后来张载的弟子吕大

---

① 《荀子·儒效》，商务印书馆1984年版，第116页。
② 《宋史·张载传》，载《张载集》，中华书局1978年版，第386页。

钧撰写了《吕氏乡约》，在其家乡推行，其主要精神是"德业相劝，过失相规，礼俗相交，患难相恤"，直接延续继承了张载以礼化俗、重视道德教化的思想主旨。《吕氏乡约》开启了宋朝的乡约实践，以自愿原则推行乡里教化，推动基层社会的自我管理。从明代始，乡约受到国家力量的导引，在基层社会治理中，承担起义学、义仓、社学、社仓、里社祭祀、水利设施维护与水权分配、民间纠纷调解、危机处理等多项职能。[1] 无论是张载亲自设计的井田、封建和宗法制，还是延续发展的乡约、社学、社仓和保甲，道德教化功能始终居于首要地位。到了现代，梁漱溟在乡村建设运动中，以宋代乡约中的自治精神重组社会基层组织。重视道德教化、用儒学营造民间新礼俗、建立乡村新的组织结构是梁漱溟乡建的核心，也是宋代乡约思想在近代的再呈现。

至今，关中地区依然保留了浓厚的先贤遗风。乡约实践在当地生根成长，张载思想的道德教化理念与时下村庄质朴的村风民俗不无关联。在杨开道看来，乡约思想可以树立共同的道德和礼俗标准，使个体行为有可遵守的规矩准绳。[2] 海外汉学家莫尼卡·于贝勒（Monika Ubelhor）则认为，乡约具有道德唤醒的功能，可以唤醒乡约成员的道德潜能。[3] 正是乡约实践孕育的这些德化思想积淀形成了关中民风的底色。田野调研呈现，在张载故里 W 村中，对教育的重视和孝道的推崇是其德化思想的突出表现。

当前，在 W 村家庭内部，子女教育是首要事项，教育支出也是日常生活中的最大消费项。W 村老房子的大门门楣上仍印有"耕读"字样，且每值中考、高考之际，村民习惯性地都去张载祠和张载的墓地上香祭拜，祈求子女金榜题名。村内几乎每户都有大学生，一户 2—3 个子女读大学是常事。子女顺利考入大学、完成学业已成为当地村民重要的人生任务和生活内容，且被浓厚的社区教育文化赋予了超验层面的价值意涵，这种文化追求甚或不次于传宗接代的血缘延续传统，已然成为农民生命的意义依托和价值依托。在村庄政策层面对教育也提供多种支持，对于子女上学困难的家庭有各种资金补助。2013 年 W 村春节困难补助款的发放中有

---

[1] 宣朝庆：《近代乡村危机的制度反应》，《人文杂志》2014 年第 2 期。
[2] 杨开道：《中国乡约制度》，山东省乡村服务人员训练处，1937 年，第 51—54 页。转引自李蕉《张载政治思想论述》，中华书局 2011 年版，第 140 页。
[3] Monika Ubelhor, "Community Compact in Song Dynasty", in W. T. deBary and J. Chaffee ed., *Neo-Confucian Education*, Berkeley: University of California Press, 1989, p. 380.

一项就是"子女就学困难"。同时，对于因子女就学导致的暂时性贫困的家庭，即使不符合低保政策的刚性标准，小组一般也会考虑给其家庭低保照顾，待到其子女毕业再将名额退出，在村庄重视教育的传统影响下社区居民对这种弹性处理多持认可态度。

在村庄重视教育的同时，也非常注重孝道的舆论宣传，对村民进行尊老敬老的思想引导。村内宣传壁画以二十四孝图为主、突出孝道传承；村庄年底会表彰敬老标兵，村干部给其颁发奖状并给予适当物质奖励。同时，村庄日常实践中对孝与不孝的行为存在共同认可的奖惩机制，发挥着传统乡约制恶扬善的社会控制功能。村民对践行孝道的行为赋予高度的价值评价，认为孝敬父母、敬重祖先是立足村庄生活的底线，社区公认的孝子可以获得极大的社区荣誉；村庄对不孝村民则存在自动的边缘化机制，村民多不愿参与不守孝道的村民家庭的人情往来和日常帮工，相关理事会成员也不愿参与协调。此外，老年人在村庄和家庭内部有一定的权威，可以较为有效地调解家庭、邻里纠纷，以维系家族和村庄和睦。当地村民对老年人有一种传统延续下来的天然的敬重，老年人当中间人出面调解纠纷时，村民都会有所顾忌而彼此让步。总之，在良好的孝道文化影响下，村庄老人的社会地位相对较高，生活简朴却不低劣。

当地村庄对教育和孝道的重视已经成为村落的文化传统和惯常习俗，重视教育的传统使普通村民的生活充满意义和价值期待，重视孝道的文化则使社区充满积极向上的社会风气。张载思想的道德教化功能与村民的生活需求相结合，对村民的行为起到潜移默化的影响，形塑了村民日用而不知的行为习惯和富有意义的生活世界。在此基础上，推动形成了和谐稳定的村庄社会秩序，为村庄治理奠定了厚重的社会基础。

四 张载思想的延展：文化治理潜功能的表达

张载思想的延展效应并非文化自身封闭发酵的结果，而是其与地方社会结构和民生需求紧密结合，在社区实践中达至的沉淀、超越与创新。在当前的张载故里，张载思想作为一种符号象征，是社区村民共同的历史记忆，这种思想层面的文化认同形塑了强大的集体意识。在此文化氛围与底蕴中，张载思想结合村庄情境生发成长、发挥其延展效应，展现出了文化治理的潜在功能，即张载思想的延展影响使得当地社会呈现出良好的社会运行秩序和以德治为核心的"简约治理"样态。在韦森看来，一个社会的秩序化过程与该社会的文化氛围和文化遗产有着根本性或内生性的关系。① 正是超越张载思想内容本身的文化延展与思想濡化形塑了当地社会具有强规范的社会结构与村落传统。

（一）共享的地方性规范与自主的价值生产能力

当地村庄在张载思想文化和厚重的社会基础之上，熟人社会内部的长期互动形成了不成文的地方规范，它是村民在长期共同生产生活中"习"出来的礼俗，不同于正式文本型和制度型的村规民约，发挥着带有弹性的社会控制功能，使村社成员能够获得"从心所欲而不逾矩的自由"。这种社区成员共同认可的地方性规范一方面可以规约村民日常行为，抑制村庄生活中的"搭便车"现象；另一方面搭建了国家与社会沟通的桥梁，推动实现带有普遍性特征的国家政策与富有特殊性色彩的地方实践的有效衔接。在具有强规范的村落社区，地方社会内生秩序较强，能够对自上而下的国家政策进行切合具体实际的地方性"转译"，经过地方规范再解释了的"国家政策"能更好地下接地气，遵循村落社区公平公正的逻辑，达至甚至超出政策的初衷效果。调查发现，当地村庄具备共守规范的同时，还具有较强的自主价值生产能力。村民生活和生产的重心主要在村庄内部，村庄能够满足村民基本物质生活资料的需求，村里35岁以下的年轻人大多进城务工，但中年时多选择返回村庄，可见，村庄对外出务工者有吸附能力。"生于斯，死于斯"生活面向在村内，子孙后代在此地生活，对村庄有长远的预期和期待，村庄有意义和归属，村民彼此之间的互动要面子、讲人情。简言之，村庄内部完整的价值生产体系使得村庄富有活力和吸引力，绵延的历史记忆与当下和未来可以互相影响，从而规约村民行为和村落秩序。

共享的地方性规范与规则是社区良性治理的基础条件，是实现村民自治的根基要素；地方社会价值自主生产能力的强弱则是决定村庄治理状况的一个重要指标，② 二者相辅相成。在我国现代化的进程中，国家层面的政权建设打碎了传统的村落共识，宗族、家族组织在基层管理中的逐渐退

---

① 韦森：《文化与秩序》，上海人民出版社2003年版，第71页。
② 贺雪峰：《现代化进程中的村庄自主生产价值能力》，《探索与争鸣》2005年第7期。

场,国家公权力向乡村社会全面渗透,"地方性知识"被法治话语取代、丧失权利的合法性与施展空间。地方性规范与价值生产能力的缺失使得村庄社会丧失结构性的力量骨架,在此背景下,地方社会难以与国家权力对接,当国家公权力难以在乡村场域有效实践时,就出现了治理真空现象。当下我国中东部分裂型的原子化村庄皆面临"去公共性"的治理困境:无公德的村民与钉子户层出不穷,无理上访和谋利上访产生示范效应,村庄公共品供给遭遇村民不出一分钱的难题等,村民以个体利益为中心形成松散的原子,毫无一致行动的能力,村落社区更无内聚和归属可言。

在社会急剧变迁背景下,当地村庄之所以保持完整和内聚,很大程度上得益于传统思想文化的积淀与熟人社会的底蕴,二者的合力使得村庄共享的规范一直处于在场状态,加之村内部有较强的价值生产能力,使得地方社会的基层治理有"规矩"可依,有"章法"可循,可以有序运作。同时,在现代化大潮的冲击下,村落共享的规范与价值生产能力为村庄提供了适应社会变迁的缓冲机制,使得村庄有生产公共性的能力,能够自我调适、创造出新的认同规范和规则适应变迁并达至自治。

(二) 以德治为核心的"简约治理"

"民胞物与"是张载为解决社会贫困而建构的新型理想社会,该理想的产生与张载传统的儒学熏陶有着直接的关系,儒家知识分子的家国意识、平天下的宏愿是张载理想社会的精神出发点。在此指引下,张载继承了儒家的仁政德治思想,主张为政应当实行仁政,以德服民,[①] 即"为政不以德,人不附且劳"[②]。在张载看来,德治是实现其"民胞物与"理想的关键,只有实行德治,方能治国安民。德治就其实质而言,则是指通过领导者的道德表率以及道德教化的外缘辐射作用产生全社会的向慕归化效应,这种儒家民本主义的德治思想对士绅自治有重要推动的作用。[③] 因此,"简约治理"在很长一段时期内一直是中国传统社会基层治理的常态。

从调查来看,传统儒家士绅的家国情怀和勇于奉献的精神境界是村庄

---

① 姜国柱:《张载关学的历史贡献》,《唐都学刊》2006年第1期。
② (宋)张载:《正蒙·有司》,载《张载集》,中华书局1978年版,第47页。
③ 杨光秋:《儒家民本主义与古代士绅自治》,《湖南师范大学社会科学学报》1997年第3期。

精英的思想源泉。当地的村庄精英生活面向在村内，有建设好、保护好村庄的乡土情怀和维系村庄公共秩序的良好意愿，并以参与村庄公益为荣，以此来获得村民积极、正面的评价，从而在村内树立良好的口碑。正如杜赞奇在研究华北农村时指出的出任村庄领袖的精英的主要动机"是出于提高社会地位、威望、荣耀并向大众负责的考虑，而并不是为了追求物质利益"①。当地的退休老干部武 SY 表示，"为官一任，富民一方，哪里的草扎着哪里的楞，当干部都是为了村庄和群众办点事。生这儿，爱这儿，这是人的本性"②。同时，熟人社会内部的道德评价对精英行为产生约束与激励。由于整个村落的社会成员都是"不会消失的见证人"③，"这家祖上怎么样、这家父辈怎么样"的村庄长久的社会评价对精英行为有约束作用，同时激励精英以集体利益为行为取向以在村庄和子孙后代中长久留名。村庄 6 组小组长于 G 为高标准农田打井事宜忙得焦头烂额，他依然表示，"我们都是半截身子入土的人了，做事都是为子孙后代考虑，以后孙子们提起这是俺爷爷打的井，咱活的也算留了点价值"④。

村庄实现德治的重要条件是精英成为村庄治理的主体。通过精英治村，村庄对上可以争取资源输入，使国家项目对接农民需求切实发挥惠农效果；对下可以自我消解纠纷维系村落正常运转，做到"小事不出组，大事不出村"，从而实现村庄社区的"简约治理"。黄宗智教授基于对清代民事司法档案的考察提出了"集权的简约治理"的分析概念，⑤ 认为在中国地方行政中长期存在着半正式的行政方式，依赖地方自身提名的"准官员"来进行县级以下、有较大弹性空间的自我治理。"简约治理"的内在逻辑是"利用当地农民精英治理当地民众"，其实质是借用地方社会私域里的资源来完成国家公域层面的治理。⑥ 当地村庄村委会任职的政治精英兼具国家授权的合法性和农民自发的认同感的双重权力属性，在治

---

① 参见杜赞奇《文化、权力与国家——1900 年—1942 年的华北农村》，王福明译，江苏人民出版社 2004 年版。
② 武 SY，退休老干部，2014 年 7 月 20 日上午访。
③ [英]齐格蒙特·鲍曼：《共同体》，欧阳景根译，江苏人民出版社 2007 年版，第 52 页。
④ 于 G，6 组小组长，2014 年 8 月 5 日上午访。
⑤ 黄宗智：《集权的简约治理：中国以准官员和纠纷解决为主的半正式基层行政》，《开放时代》2008 年第 2 期。
⑥ 赵晓峰：《公私定律：村庄视域中的国家政权建设》，社会科学文献出版社 2013 年版，第 324 页。

村实践中对内担当"当家人"的角色,对外则是村庄"保护人"的角色,使得新时代乡土社会的"简约治理"得以有效运行。

在当地村民视野中,才德兼备的人才能当村干部,"才"是指"能人",有治理能力、在村民中有威信的群体;"德"是指"贤人",是公共利益的代表,品德突出,德高望重的人。而单纯的"能人"或"贤人"都不是村民眼中理想的村干部类型,才德兼备方可。"能人"加"贤人"的治理结构中村干部承担"准官员"角色,秉公办事、服务基层,使得村庄视域中的"简约治理"不是空行空转。但在市场经济的背景下,我国许多村庄社区缺乏地方共识和文化积淀,村民行事的利益导向越来越强,"贤人"在村庄治理中处处碰壁,道德说教难以在实践中发挥实质作用,竞选村干部对"贤"的要求丧失,逐渐转变成"富"和"狠"的标准,"简约治理"往往是以富人和狠人的私人利益和意愿的达成为实践目的,其形神分离,实质异变,基层治理陷入了新困境。简言之,张载思想作为地方社会的内生文化传统,在其概化影响形塑的良好村庄社会基础之上,其延展效应推动了国家与社会的良性互动与形神合一的"简约治理"。

五 结语

在村民急速向城市流动的城镇化背景下,村庄面临去意义化和去伦理性的危机,学界也相应出现了多种从不同视角探讨农村社区共同体瓦解的研究路向,对乡村社会的建设与治理多持消极和负面的看法。笔者通过田野调查,却发现张载思想的概化与延展在当地展现出了巨大的文化治理功能,塑造了地方社会厚重的社会基础与稳定的社会秩序,村庄在当前市场经济的冲击下依然是充满伦理温情和互助合作的共同体。具体而言,张载思想的文化内核在当地发生概化影响,其思想本身展现出文化治理的显在功能。张载平民化的宗族思想和自下而上的乡约实践在适应社会历史的变迁中,剥离了种种不合时宜的旧外形,呈现出了新的形式和功能,但是万变不离其宗,其互助合作与道德教化的思想要旨从未变异,展现出了马克斯·韦伯所言的中国文化对社会世界的强适应性,为基层治理打下了良好的社会基础。同时,张载思想的延展则超越张载思想的文化本体,在与村民的日常互动中形塑了一个具有强规范性的文化场域,赋予了地方社会有较强的内生秩序的能力，引导村庄共同体在现代化变迁中平稳转型。并且，张载德治的传统与理想使得村庄精英秉承儒家士绅的家国情怀，推动当地村庄形成了以德治为主的"简约治理"，当地社会较其他地区呈现出了良好的治理结果。

在具体的村庄生活场域中，村民基于生活经验展开其社会实践，村庄社会生活与治理的良性样态是各种结构性因素共同互动与牵制的结果，张载社会思想在具体的社会实践中不一定如本研究所示的如此抽离和单项，而更可能与乡村场域中的其他文化传统互构杂糅，共同组建了可供村民日用的文化系统。这一文化系统源远流长、千流百汇，内部构成是非常复杂的。本文在实证调研的基础上，从张载思想的一个脉络出发，建构了一种研究文化治理功能的理想型，若从源于实践的理论建构回归具体治理现实，则应注意体察研究的需要和村庄具体实践之间的差距。总之，张载思想作为一种社区内生文化，文化治理功能的地方性实践给乡村乃至我国现代化建设提供了重要启示。我们在坚持中国特色的现代化建设道路的进程中，应进一步重视优秀传统思想文化的现代性价值，使之服务于当下我国的社会治理，以缓解社会转型的精神阵痛。

乡村庙会的社会整合功能及其实践特征
——基于关中金村庙会的考察

李永萍　杜　鹏[*]

摘要：基于关中金村庙会的调研表明：庙会是关中农村最为重要的公共性活动，它嵌入地方社会之中，通过其宗教整合、交往整合、文化整合以及市场整合机制，建构了以特定村庄为焦点的集体欢腾场面；庙会"圣凡一体"的实践特征决定着其社会秩序整合功能的实现，即庙会作为神圣与世俗之间的中介，从时间的合理安排、空间的有效配置和主体合作三方面，将神圣内容与凡俗内容合理地容纳在其共同架构之中，为地方秩序再生产注入了强大而持久的能量，从而有利于强化乡村社区认同，凝聚村民集体力量，促进地方社会的整合。

关键词：乡村庙会；整合；乡村社区认同

一　问题的提出

作为中国传统民间社会活动，庙会有着悠久的历史。新中国成立前庙会就很兴盛，而新中国成立后，随着破"四旧"观念的兴起，民间庙会一度沉寂。20 世纪 80 年代中期以后，全国各地的庙会活动迅速恢复，并从 90 年代开始逐渐达到兴盛的局面。随着庙会活动的复兴，学界相关研究也开始增多。

对庙会的既有研究主要基于两个视角：一是"国家—社会"关系的

---

[*] 李永萍，武汉大学社会学系博士生、华中科技大学中国乡村治理研究中心研究员；杜鹏，华中科技大学中国乡村治理研究中心博士生。本文曾发表于《湖南农业大学学报》（社会科学版）2016 年第 4 期。

视角，二是功能主义视角。"国家—社会"关系视角主要是对庙会活动进行历史梳理，并分别阐释历史上不同时期政府对于民间庙会活动的态度以及民间各种社会力量在庙会活动中的权力角逐。华智亚通过对冀中南地区在新中国成立前后乡村庙会的考察，认为地方政府对乡村庙会表现出双重态度：一方面认可庙会活动带来的经济功能；另一方面又打压庙会中"敬神拜神、铺张浪费的现象"[①]。岳永逸通过对赵县范庄龙牌会的分析，认为庙会是乡村社会各种力量角逐和表现的场所。[②] 而赵旭东通过对河北两个庙会活动的分析，认为华北乡村庙会文化的复兴与转变体现了现代民族国家对乡村社会的改造。[③] 从"国家—社会"关系视角分析庙会的学者普遍认为，传统庙会在当前之所以如此兴盛，主要源于国家"高压政治的松绑"[④]。虽然"国家—社会"视角能够揭示出庙会中不同参与主体之间的权力关系，但更多是将庙会活动作为考察"国家—社会"关系的一种工具或载体，从而忽视了对于庙会本身的研究。

从功能主义视角对庙会活动进行考察的学者，主要关注由庙会衍生出来的经济、文化、娱乐等功能。秦燕以陕北地区的庙会为个案，指出恢复后的庙会之所以受到人们青睐，在于其"满足了人们宗教、娱乐、交往的需求"[⑤]。赵世瑜指出，庙会除了满足人们"求神拜佛"的需求以外，还具有文化娱乐和商业贸易等功能，虽然庙会的首要目的是满足人们的宗教信仰需求，但由其衍生出来的各种"外功能"逐渐有后来居上之势。[⑥] 然而，无论是偏重于其经济功能还是文化功能，各地试图以有特色且历史悠久的庙会带动旅游和发展经济，顺势进行文化建设始终是精英俯就庙会的核心目的。[⑦] 因此，基于功能主义视角对庙会进行研究，主要着重于由

[①] 华智亚：《地方政府与乡村庙会——以河北省为中心的考察》，《民俗研究》2012年第5期。

[②] 岳永逸：《乡村庙会的政治学：对华北范庄龙牌会的研究及对"民俗"认知的反思》，载黄宗智《中国乡村研究》（第5辑），福建教育出版社2007年版，第203—241页。

[③] 赵旭东：《以国家的名义重新书写乡村文化：以河北两庙会为例》，《河南社会科学》2009年第6期。

[④] 岳永逸：《宗教、文化与功利主义：中国乡村庙会的学界图景》，《云南师范大学学报》（哲学社会科学版）2015年第2期。

[⑤] 秦燕：《20世纪八九十年代西北农村的庙会文化——以陕北地区为个案》，《当代中国史研究》2006年第4期。

[⑥] 赵世瑜：《狂欢与日常：明清以来的庙会与民间社会》，上海三联书店2002年版，第190页。

[⑦] 岳永逸：《宗教、文化与功利主义：中国乡村庙会的学界图景》，《云南师范大学学报》（哲学社会科学版）2015年第2期。

庙会衍生出来的"外价值"①,而对庙会本身的"内价值"②重视不够。正如功能主义者所言,"庙会是一个花里胡哨、你方唱罢我登场的'社会剧场'",然而,"虽然信仰活动被浓妆艳抹地展示,活跃其中的主角却并非底层信众,而是不同程度居上位的利益群体"。③

无论是"国家—社会"关系视角还是功能主义视角,其研究的共同不足在于忽视了庙会与地方社会的嵌入性关系,因而未能深入揭示庙会内在的社会整合运行机制和丰富内涵。鉴此,笔者拟以关中庙会活动作为主要考察对象,分析庙会的社会整合机制,揭示庙会之于地方秩序再生产的意义。2014年,笔者在陕西关中武功县金村进行了为期25天的社会调研,④ 重点关注了金村第三小组的庙和庙会活动。本研究主要以金村三组的庙会活动为素材,以此来分析庙会之于地方社会的整合功能。

二 关中农村的庙与庙会

金村位于陕西省武功县西北部,距县城25公里,属于典型的农业型村庄。全村共有四个村民小组,320户1400人,耕地面积1400亩左右。该村产业结构单一,经济分化不明显;依托于血缘与地缘的结合,村庄仍然具有一定的价值生产能力;代际关系相对和谐,"家本位"思想仍然较为浓厚。

金村及其周围村庄一直以来都有办庙会的传统,形成了"村各有庙、庙各有会"的形态,有的村庄甚至有很多个庙。如笔者所调研的金村,每个村民小组就都有自己的庙。其中,一组的叫"五神庙",五神分别指土地爷、菩萨、牛王、马王、药王,庙会时间是农历三月初三;二组的叫

---

① 外价值是指作为局外人的学者、社会活动家、文化产业人士等附加给这些文化的观念、评论,或者商品化包装所获得的经济效益等价值。参见刘铁梁《民俗文化的内价值与外价值》,《民俗研究》2011年第4期,第36页。
② 内价值是指民俗文化在其存在的社会与历史的时空中所发生的作用,也就是局内的民众所认可和在生活中实际使用的价值。参见刘铁梁《民俗文化的内价值与外价值》,《民俗研究》2011年第4期。
③ 岳永逸:《宗教、文化与功利主义:中国乡村庙会的学界图景》,《云南师范大学学报》(哲学社会科学版)2015年第2期。
④ 参与本次调研的还有陈辉博士、刘磊博士,本文的问题意识来自集体讨论的启发,特此表示感谢。

"太白庙",供奉有三太白,庙会时间是农历七月十三;三组的叫"菩萨庙",里面供奉有一个佛爷,两个菩萨,庙会时间是农历七月初三;四组的叫"老爷庙",里面供奉的是关老爷,庙会时间是农历九月十三。三组每年的庙会办得最热闹,吸引了不少其他村民小组以及邻近村庄的村民前来参观。

金村三组在新中国成立前就有庙,也一直有办庙会的传统。1949年新中国成立后,随着新中国国家政权建设以及破"四旧"观念的兴起,庙会被当作封建迷信活动遭到严重打压,作为庙会载体的"庙"也受到不同程度的损毁。三组原来的庙在"文革"之前被拆除,"当时发展劳动,把庙里的和尚也拉去劳动"了。庙被拆了后,村民将庙里的佛像藏在村委会旁边的窑洞里,一些信徒会在晚上到窑洞里"偷偷拜佛"。"文革"时期窑洞里的佛像也被捣毁,但这也不能完全消除村民的信仰活动,原来的庙宇所在地以及曾经藏放过佛像的窑洞,成为信徒新的祭拜地点。在一些信佛村民的强烈要求下,2006年开始重建村庙,前后持续近7年时间。重建庙宇前后共花费五六万元(包括建神堂和塑佛像),其中,小组集体出资2000多元,其余资金来自群众的自发捐赠。三组的村庙除了一个神堂以外,还专门在旁边建了一个厨房,以方便庙会期间招待香客。

在关中地区,庙会是很隆重的乡村公共性活动,它能够将村庄内部所有的力量都调动起来,每个人在其中都能各安其位。一般而言,中老年妇女是各种祭拜仪式的组织者,而中老年男子则是"戏"的组织者,年轻人以及小孩更多的是作为欣赏者、参与者而融入其中。金村三组每年过庙会时,都有明确的组织与分工,由理事会专门负责,理事会分为"庙管"和"庙委会"。而庙会的组织运作除了需要相应的人力以外,还需要一定的财力作为支撑。

第一,庙管。"庙管"由四个中老年妇女组成,由小组内信佛的妇女推选产生,属于义务服务。"庙管"平常主要负责给庙里的菩萨早晚上香以及庙宇周围的卫生打扫。庙会期间,"庙管"主要有以下职责:一是庙会前负责到本组每家每户筹米、筹面、筹油,用于庙会期间招待香客;二是每年过庙会前要负责给庙里的佛爷换上新衣服(俗称"穿金");三是庙会期间负责接待外来香客的饮食,以前是安排几个人专门做饭,2014年开始请服务队。此外,"庙管"每年还要代表本组去其余小组或村庄过庙会,这是村庄之间在庙会上的"礼尚往来"。如果别人参加了本组或本村的庙会,而"庙管"没有去"还情",那么下次别人也就不会再来了。因此,这也可以看作"庙管"之间的相互捧场。

第二,庙委会。庙委会的成员是经村民代表选举产生,一般是选那些在小组内具有一定威望的人担任。庙委会共 5 个人,均为男性,年龄都在 60 岁以上。庙委会主要负责请戏班子、筹集办庙会所需资金、购买庙会所需物品等,这些都是需要与外界打交道的事务,村民说,"女的只能主内,对外面不了解",因此,联系外界的事情一定要男性来做。

第三,资金的筹集。金村三组之所以能够把庙会办得红红火火,除了村民齐心、重视庙会以外,还有一个原因是该组有一个自己的砖厂,因而有一定的集体收入用于庙会的经费。每办一次庙会至少需花费 1 万多元,资金一部分是村集体出,一部分是村民自愿捐助。2014 年办庙会请戏班花了 1.2 万元,其余是一些零星开销。其中,村集体(自然村)出资 5000 元,小组长说,"先把砖厂的钱用了,过年时大家就少分一点,给大家讲一下,大家都能理解",其余几千元为村民自愿捐助。庙会当天会在村庙前设一个募捐箱,村民自愿捐赠,由庙委会成员记下姓名并张榜公示。很多在外工作的年轻人,都会让自己父母帮忙捐赠,多少都会捐一点。

三 乡村庙会的社会整合功能

赵晓峰基于对关中庙会的考察,提出了"庙(会)是关中农村区域社会整合的中心"[1] 的理论观点,并将其与施坚雅的基层市场体系理论[2]和弗里德曼的宗族范式[3]进行对比分析,以达到认识非均衡的中国农村社会全貌的目标。然而,赵晓峰只提出解释关中农村区域社会秩序形成机制的理想模型,并没有对这种社会秩序形成机制进行相应分析。庙会活动作为当地农村的重要事件,不仅动员了村庄内部所有的力量,还对周边村镇具有一定的辐射作用。关中金村庙会所呈现出的具体经验充分表明:庙会

---

[1] 赵晓峰、张红:《庙与庙会:作为关中农村区域社会秩序整合的中心——兼与川西农村、华南农村区域经济社会性质的对比分析》,《民俗研究》2012 年第 6 期。
[2] 施坚雅:《中国农村的市场和社会结构》,史建云、徐秀丽译,中国社会科学出版社 1998 年版,第 89 页。
[3] [英] 莫里斯·弗里德曼:《中国东南的宗族组织》,刘晓春译,上海人民出版社 2000 年版,第 45 页。

也是一种社会秩序生产机制，村庄成员共同组织参与庙会，通过庙会宗教整合、交往整合、文化整合与市场整合等机制实现了当地社会秩序的整合。

（一）宗教整合

庙会作为一种渊源于神灵崇拜的宗教集会活动，其核心内容是一整套具有象征意义的仪式活动，包括焚香点烛、摆设贡品、磕头祈祷、许愿还愿等。庙会期间，善男信女们怀着虔诚的态度来到庙里祭拜（主要是拜佛）。其中，给佛爷"献饭"是一项核心仪式。献饭其实就是给佛爷献一些贡品，包括水果、面食（白馍和油炸的面食）。当地人把这些贡品做得特别精美，将面食做出各种工艺品的形状。村民说，"就像小孩过生日要蛋糕一样，佛爷过生日就献饭"。"请佛吃饭，消灾免难。佛爷吃完了，大家再分享，东西上有佛爷的仙气，吃了保平安。娃吃了都会听话，读书也行。"然而，与西方宗教以个人救赎为核心不同的是，中国的民间宗教信仰具有很强的现实性。这使得庙会中的宗教整合成为可能。

在关中地区，信仰主要是女人的事，且以中老年妇女为主，男人一般不参与。当地人认为，如果一个男人成天跑到庙里去，那就是懒汉，会被人瞧不起。而妇女去庙里拜佛在村庄舆论中则合情合理，"女的思想比较狭隘，遇到事情，用神来解决。有的问题想不开，没人交流，来庙里坐一下，就好了。因为家里事情一般不与人说，怕人笑话。庙里有劝话人会进行劝导。（或者）旁人说点别的事，也把她的事缓解了"。事实上，妇女信佛并不是为了达到"人神"之间的交流，而是为了解决现实生活中遇到的问题。当地妇女的信仰具有以下几个特征：其一，家庭本位。女性拜佛并不仅仅是为了保个人平安，而更多的是在为家庭祈福，为家庭成员祈福。其二，现实性。信仰一般指向现世生活中的具体事情，是为了解决现实生活中的困难，而超越性色彩并不浓厚。其三，道德性。村民说，"佛都是教人向善"。在信仰的过程中，信仰者学会了如何更好地处理现世生活中的各种关系，为其解决现实问题提供了一些"指示"。其四，神圣性。虽然说中国人的信仰不具有超越性，但仍然具有一定的神圣性，给信仰者提供一种精神寄托，使其脆弱的生命有所依靠。

因此，可以从两个层面来理解庙会的宗教整合：第一，信众之间的相互扶持。当地信佛的妇女之间形成了一个交往圈，因而更能在村庄日常生活中相互帮助。此外，当地有一个习俗，一个村子办庙会时外村信佛的人会派一些代表前来"献饭"，并送上一些礼物和贡品；而作为回礼，本村信佛的人也要在外村办庙会时派代表参加。因此，在不同的村庄之间，以"信佛者"为主形成了一个相互交往的"庙会圈"。第二，通过"人—神"之间的交流维系和修复"人—人"之间的关系。在调研中笔者注意到，那些经常去庙里拜佛的人，除了祈祷来年一切顺利以外，还有相当一部分是由于在现实的人际交往中遇到困境，如婆媳矛盾、妯娌矛盾、邻里矛盾等。这些矛盾使得当事人在生活中倍感焦虑、压抑，而通过去庙里与神灵交流，当事人的情绪可得到释放，从而缓解现实社会中的人际矛盾。可见，"献祭与祈祷体现了人对神的敬畏之感和虔诚信仰之情。它强化了人对神的依赖和驯服，固定了人—神关系，从而也固定了人—神关系所表现的人—人关系"[①]。因此，对神灵的信仰能在信众之间形成"我们感"，促进村庄秩序的和谐。正如当地村民所言，"人总要有个信仰，要是没个信仰，就会天不怕地不怕，会很可怕"。

（二）交往整合

在关中地区，庙会是村庄的大事件，因而能够动员村庄内所有人参与其中。对于信众而言，庙会无疑是一个重大的节日，他们可以公开地祭拜神灵，向神灵祈祷来年一切安好；对于非信众而言，庙会则提供了一个与他人交往的平台。一年一度的庙会为社会关系的确认、维系和再生产提供了交往整合的平台。

第一，庙会提供了地缘关系互动的平台。对于当地农民而言，庙会是不可或缺的，尤其是那些长年生活在村庄的中老年人对于庙会有着更大的期待。农民之所以盼望庙会，一方面是因为庙会热闹，"没有庙会，就没有热闹，就平平淡淡的。已经形成习惯了，年年盼着七月初三，家家都准备好吃的，就盼着这一天的到来"。另一方面则是因为庙会为村民提供了一个相互交流的空间，人与人之间的距离在此时空背景下不断拉近，正如当地人所言，"现在的社会，人都忙，见面不容易。庙会时大家都回来，还能见个面。见见面，说说话，热闹，人不走动，就不了解"。因此，庙会满足了村庄成员之间相互交流的需求。

[①] 吕大吉：《宗教学通论》，中国社会科学出版社1989年版，第297页。

第二，庙会提供了血缘关系强化的平台。关中地区有在庙会期间"待客"（即请客）的习俗。对于当地人而言，庙会是仅次于春节的重要节日，因而在庙会当天各家各户都要接待自己的亲戚朋友，"女儿回娘家，外甥看舅舅，朋友也会来"。据当地农民介绍，以前办庙会时并没有"待客"的传统，大约从20世纪八九十年代开始兴起。刚开始时，因为庙会期间要"唱大戏"，很是热闹，因此本村很多人都会邀请自己在别村的亲戚前来观看。随着来往次数的增多，当地人对于周边村庄或亲戚所在村庄举办庙会的时间都记得很清楚。在庙会期间相互走亲戚也就成为一个习俗慢慢固定下来。

第三，庙会提供了社会动员的平台。作为村庄和村民内部的事情，庙会的资金很大一部分来自于群众的自愿集资和捐赠。通过集资的方式，庙会操办的过程也是群众动员的过程，在这个过程中建构了以自然村为单位的"我们感"，更新了村民的集体意识和社区意识。

（三）文化整合

庙会具有丰富的文化内涵，这些文化内涵既具有公共文化的内容，从而服务于村庄的公共休闲，并激发了村庄生活的公共性；又具有教化的色彩和功能，从而再生产出村庄的地方性规范。

第一，作为公共文化的庙会服务着村庄的公共休闲生活。对于缺少公共文化的乡村社会来说，庙会无疑是一场集体欢腾。[①] 如果说庙会中的祭拜仪式只能吸引信众的参与，那么"唱戏"则是庙会中最能将全体村民集中起来的有效方式。当地男性一般不拜佛，因而祭拜佛爷与他们没有多大关系，而唱戏则是他们大显身手的地方，联系戏班、安排戏班吃住、筹集唱戏所需经费等，都是村里中老年男子热衷的事情。而为了吸引更多的年轻人参与其中，近年来金村三组也会在庙会期间不定时地请来歌舞队助兴。三组每年庙会期间都要连唱三天大戏，戏台一般搭建在庙宇旁的开阔地方，音乐一响，村民就自发带着小板凳坐在戏台边等候。在此期间，村民们相互拉着家常，并不时对将要听的戏进行一番评论，孩子们则围坐在父母和长辈身边嬉戏打闹，邻村的人也前来凑热闹，他们坐在自己骑来的

---

① ［法］爱弥尔·涂尔干：《宗教生活的基本形式》，渠东、汲喆译，上海人民出版社1999年版，第109页。

三轮车上，等候戏剧的开场。

第二，作为道德教化的庙会生产着村庄的地方性规范。当地人之所以喜欢在庙会期间唱戏，其一是认为可以让传统文化发扬光大，其二则是认为通过唱戏可以实现对人的教化。而后者在当地人看来更为重要。关中人喜欢听秦腔，诸如《三娘教子》《斩秦英》等都是村民熟悉的曲目，戏曲的内容一般都积极向上，"拿故事教育人，教人忠、孝、贤"，"宣善处恶，（教人）恶有恶报，善有善报"。事实上，由于每年庙会期间都会请人唱戏，当地村民对于秦腔的很多曲目都相当熟悉，很多戏曲爱好者更是能够把戏本背得滚瓜烂熟。然而，村民还是百听不厌，他们认为"自己看戏本没有什么印象，唱戏能给人留下深刻的印象"。留下深刻印象的并不是戏剧内容本身，而是对人的教化。村规民约通过戏曲这种当地群众喜闻乐见的方式而深入人心，有利于村庄良好社会秩序的形成。

此外，庙会对人的教化意义还体现在对村庄内部的先进人物和行为进行表彰。金村三组近年来有一个新颖的创举，即利用庙会这个节日，表彰小组内村民公认的好媳妇、好婆婆以及"五好家庭"。每年庙会前夕，由庙委会成员组织村民进行摸底、评选，每项一年各评选七八个。利用唱戏的间隙进行表彰，并发放牌匾以及纪念品。当地农民认为，"利用大会的场合表彰，也是为了宣传。以点带面，别人想作恶都不敢"。

总之，庙会不仅仅为村民提供了文化娱乐的机会，更为重要的是，它还提供了一个对全体村民进行教化的空间。在所有人都在场的情况下，教化所产生的力量能够渗透到农民的日常生活中，从而有利于现实中人与人之间社会关系的改善和村庄秩序的维系与再生产。

（四）市场整合

庙会的内容不仅涉及宗教、交往、文化等方面，而且庙会也建构了一个临时性的商业中心，在活跃乡村经济中扮演着很重要的角色。特别是在偏僻山区，庙会是当地商品流通的重要渠道。庙会中集市的兴起，"说明民间信仰不但渗透到民间文化中去，而且还在促进当地商品流通、活跃乡村经济方面起积极作用"[1]。庙会具有开放性，由于庙会具有人流的集聚

---

[1] 林国平：《论闽台民间信仰的社会历史作用》，《福建师范大学学报》（哲学社会科学版）2002年第2期。

效应，也吸引了大量的流动小贩、手艺人的参与和加入。因此，庙会期间的百货市场构成了一道亮丽的风景。由于各村每年举办庙会时间相对固定，这些小贩、手艺人基于各村庙会的时间分布，形成了富有规律的流动方式。

施坚雅基于川西平原的经验，讨论了当地基层市场之于当地社会秩序的重要意义。① 关中平原同样存在基层市场，依托各地乡村庙会而建构的公共场所就是样态有所差异的基层市场。如果说川西平原的基层市场主要是以特定的乡镇为中心形成市场聚集，那么关中地区的庙会则建构了一个深入村庄的流动的基层市场网络。

庙会的经济功能虽超越了村庄范围，但它同样服务于村民的需求。在庙会的市场上，零食、餐饮、工艺品以及锅碗瓢盆等生活用品应有尽有。它将村庄与更为广泛的流动性基层市场关联，农民通过参与本村以及附近周边村子的庙会，可以就近满足日常生产生活中的需求。如此，依托庙会的市场较好地优化了基层市场内部的资源分布，在满足农民需求的同时，减少了外部市场对村庄社会的冲击。在这个意义上说，庙会所建构的地方性市场是一种共赢的商贸体系。市场活跃了庙会，而庙会也进一步激活了基层市场的活力。

四　庙会社会整合的实践特征

大部分学者沿用涂尔干②"神圣—世俗"对立的框架展开对庙会的研究，将庙会与人们的日常生活对立起来，强调庙会期间"神圣""非常"和"狂欢"③ 等属性。不可否认，"神圣、狂欢、非常确实是庙会等群体性敬拜活动的一个面相，但这仅仅是庙会丰富内涵的一个面相。如果过分强调庙会的信仰特征，中国民众信仰生活化的特质也就被人为地从民众的生活世界、生活层面剥离开来"④。无论是从宗教信仰、社会交往，还是

---

① 施坚雅：《中国农村的市场和社会结构》，史建云、徐秀丽译，中国社会科学出版社1998年版，第89页。
② [法]爱弥尔·涂尔干：《宗教生活的基本形式》，渠东、汲喆译，上海人民出版社1999年版，第109页。
③ 赵世瑜：《狂欢与日常——明清以来的庙会与民间社会》，上海三联书店2002年版，第101页。
④ 岳永逸：《家中过会：中国民众信仰的生活化特质》，《开放时代》2008年第1期。

从文化教化和基层市场等维度审视庙会之于地方社会秩序的整合功能，庙会的地方性实践都没有脱离农民的日常生活，相反，庙会具有浓烈的生活气息。庙会固然具有神圣性，但庙会也为凡俗的活动内容提供了空间、平台与契机，凡俗的社会交往、文化教化和市场网络作为庙会的外围活动内容，虽具有独立的运行逻辑，但同时也服务于庙会的宗教性表达。因此，庙会实际上是神圣与世俗的交融，具有"圣凡一体"的实践特征。庙会"圣凡一体"的实践特征体现在其时间安排、空间配置和主体合作三方面，从而将神圣内容与凡俗内容合理而无龃龉地容纳在庙会的共同架构之中，神圣要素与凡俗要素各得其所是庙会能够有序开展和有效整合的基础。

第一，神圣与世俗时间的合理安排。一般而言，上午是祭拜神灵的时间，而下午和晚上则是唱戏等世俗活动的时间。在神圣的时间里，信众们带着虔诚、敬畏的心情求助于神，通过焚香点烛、磕头叩拜、请愿等形式完成与神灵的交流。因此，"神圣时间是慰藉性的、迷狂性的，永恒并通向永生的"[①]。在世俗的时间里，人们以看戏或相互交流的方式达到身心放松和情感交流的目的。

第二，神圣与世俗空间的有效配置。庙宇内部属于神圣空间，庙宇外部则属于凡俗空间，包括市场、戏台等均布置在庙宇附近的周边地带。庙既是游行的起点，也是游行的终点，庙会中的游行将神圣空间与凡俗空间进行了有效的勾连。在整个庙会期间，庙宇内部香烟弥漫，显得庄严肃穆，信众们带着各种目的前来求助于神灵，与"庙管"一起看着香的燃势，并迫不及待地追问"运势如何"。与之相对，庙宇之外则是另一番热闹欢腾的景象。香客之间、村民之间拉着家常、相互问候；戏班子也开始进行筹备工作，引来不少村民围观。平常寂寥的村庄一下子热闹起来，每个人脸上都洋溢着欢笑。

第三，神圣与世俗的主体合作。不同群体在庙会中对神圣与世俗的体验也不尽相同。从性别角度而言，女性尤其是中老年女性在庙会中体验到的更多是神圣的一面，她们怀着虔诚的心，簇拥在以"佛爷"为核心的神灵面前；而男性基本不信佛，但这并不妨碍他们参与庙会，对

[①] 岳永逸：《传说、庙会与地方社会的互构——对河北C村娘娘庙会的民俗志研究》，《思想战线》2005年第3期。

于男性而言，庙会是一个村庄公共事件、是老祖宗留下来的传统，因而应该传承发扬。因此，他们在庙会中更多是体验到了其世俗的一面。从年龄角度而言，闲散的老者对于庙会中神圣的一面体验更强，而年轻人则更在意庙会中的交往、热闹与新奇。因此庙会提供了一个具有包容性的公共空间和公共生活方式，使得男女老少都能在其中满足其自身需求。

因此，庙宇的神圣性和宗教性借助庙会而社会化和弥散化，并转化为兼顾地方社会中各个群体的整合机制。庙会为村庄日常生活注入了神圣性，由此，不仅农民家庭具有"圣凡一体"的属性，[①] 关中平原的村庄依托于庙会也具有了"圣凡一体"的特性，这是村庄公共秩序的内核。庙会的神圣性是其活力之所在，也是其秩序建构的正当性根源。庙会神圣与凡俗交融的特性赋予了庙会全方位、总体性的再生产地方秩序的力量。通过对地方社会内部各个主体的调动，从而凝聚了地方社会的资源，更新了村庄社会的活力，强化了地方性共识的能量。

涂尔干在对澳洲土著定期举行的集体庆典进行分析后指出，任何集体膜拜仪式"作为一个事实，它们表面上的功能是强化信徒与神之间的归附关系。但既然神不过是对社会的形象表达，那么与此同时，实际上强化的就是作为社会成员的个体对其社会的归附关系"[②]。庙是庙会活动的内核，庙的宗教功能和宗教意义是庙会活动的基础。中国农民的信仰既非建立在孤独个体冥想的基础上，也非完全超脱于日常生活。作为人与神之间的中介，庙会既向凡俗的日常生活注入了一定的神圣内容，同时也稀释了人与神之间的神秘氛围与紧张关系。庙会既不是信奉者所独享，也非某一自然村所独享，它并无明确的边界，人人均能参与。在向更为广阔的地方社会开放的过程中，自然村之间以庙会为焦点的竞争由此形成。这进一步调动了村民支持庙会的积极性，形成庙会运行的持久动力和良性循环。

庙会虽由民间信仰发展而来，但其已远远超越了信仰问题，成为了关中农村地方秩序再生产之不可或缺的要素。作为关中农村一项重要的村庄

---

① 桂华：《圣凡一体：礼与生命价值——家庭生活中的道德、宗教与法律》，博士学位论文，华中科技大学，2013年。
② [法] 爱弥尔·涂尔干：《宗教生活的基本形式》，渠东、汲喆译，上海人民出版社1999年版，第109页。

公共性活动，通过宗教整合、交往整合、文化整合以及市场整合等功能，庙会建构了以特定村庄为焦点的集体欢腾局面，它既是神圣的，也是世俗的，为地方秩序再生产注入了强大而持久的能量，从而有利于强化社区认同，凝聚集体力量，促进地方社会的整合。

民间信仰、社会整合与地方秩序的生成
——以关中风池村庙会为考察中心*

孙 敏**

摘要：关中地区以"庙"与"会"为物质载体的民间信仰具有浓厚的地域气息，其核心特质表现为宗教信仰与世俗生活具有高度的互嵌性。通过对关中农村庙会的历史性考察和过程性分析发现，互嵌性的民间信仰在"建庙""过会"的过程中，一方面在宗教层面展现人与神的互构，从而实现社区内的资源再整合和价值再生产；另一方面在世俗层面展开人与人的互动，从而实现村庄内的社区精英内整合和社会关联正强化。以庙会为中心所产生的"四位一体"的社会整合不断地生产着具有内生性和主体性的地方秩序，从而为地域社会的持续稳定提供了有力保障。

关键词：关中庙会；民间信仰；互嵌性；社会整合；内生秩序

一 地方秩序之源

在"皇权不下县"的传统政治格局中，地方基层社会秩序是如何生成的一直是研究地域社会的学者试图回答的基本问题。总体来讲，地方秩序的生成无外乎来自两股力量：一种是来自地方社会之外的力量，主要包括来自行政、政治、法律等具有一定强制力的制度性力量，由该力量形塑的地方秩序称之为"外输秩序"。另一种是来自地方社会内部的力量，这种力量往往与地缘、血缘、信仰等高度相关，该力量是基于某种地方性认

---

* 哲学社会科学研究重大课题攻关项目"完善基层社会治理机制研究"（14JID030）。本文曾发表于《北京社会科学》2017年第1期。

** 孙敏，武汉大学历史学院博士研究生。

同而产生的公共规则、地方规范、社会伦理等,其中由地缘认同、血缘认同和信仰认同形塑的地方秩序可称为"内生秩序"。外输秩序与内生秩序成为地方秩序的两大组成部分,而在不同层级的基层社会,两种秩序的相对地位存在一定差异,一个基本特点是:离政治权力中心越远的基层社会,其内生秩序越容易占据主导地位。

当下中国,行政村、自然村或村民小组是距离权力中心最远的基层社会,贺雪峰以农民行动单位为切入点,发现形塑乡村秩序的关键变量存在南中北差异,其中北方以小亲族为单位、中部地区以原子化家庭为单位、南方以宗族为单位分别采取集体或个体的行动。[1] 在此基础上产生了不同类型的地方秩序:北方地区分裂型村庄、中部地区分散型村庄和南方地区团结型村庄。[2] 陕西关中地区在南中北的参照体系下属于北方,在东中西的参照体系下属于西部,本次调研的眉县横渠镇凤池村,南依秦岭太白山、北临渭河,距离县城约23千米,是一个以猕猴桃种植业为主的农业型村庄。

该村庄内生秩序集中反映在三个层面:一是村民基于地缘、血缘所形成的"双层认同":小组认同和村落认同;二是村民对社区伦理的"理性坚守",在村庄内部实现了对"弱伦理化个体"的行为产生约束;三是村民对公共规则的"自觉遵守",促使绝大部分村民在公共事务中达成一致行动。这种内生秩序是如何形成的?为期20天的驻村访谈和田野调查发现,村庄内生秩序与村庄庙会有着高度关联,庙会作为一件具有宗教色彩的重大公共事件,它承载的是民间信仰,同时在实践中展现出不同人群之间最基础也是最深刻的社会互动。本文以村落庙会为切入点,试图理解关中农村内生地方秩序在"人神互构"和"人人互动"过程中的形成机制。

二 文献综述

庙会在中国具有悠久的历史,也是中国民众最为熟悉的民间信仰活动之一。自20世纪以来,陕西关中庙会经历了大起大落的历史沉浮:20世

---

[1] 贺雪峰:《村治的逻辑——农民行动单位的视角》,中国社会科学出版社2009年版,第167—170页。

[2] 桂华、贺雪峰:《再论中国农村区域差异——一个农村研究的中层理论建构》,《开放时代》2013年第4期。

纪20—30年代是庙会的兴盛期；新中国成立后50—70年代，庙会活动被禁止、庙宇被拆毁，庙会陷入低谷期；自80年代以来，国家逐步放松对民间信仰活动的控制，庙会遂在民间逐渐复兴，至今方兴未艾。庙会的历史沉浮体现了"通过拆庙与建庙的循环来展示现代性国家的政治权力与庙会事务中民间权威的斗争"[①]。而这正是庙会引起学界持续关注的重要原因。关于庙会研究的学术谱系，拟以"历史—学科"的交叉维度进行简要述评。

20世纪30年代，顾颉刚等古史研究专家最早关注北京的妙峰山庙会，当时正值庙会兴盛期，庙会场面之壮观、内容之丰富引起了这批学者的关注。[②] 随后，相关学术研究随现实中庙会陷入低谷而进入低潮，直到20世纪90年代庙会才再次进入学界视野，席军、王兴亚、樊光春、吴效群等人对庙会的文化功能进行了初步整理。[③] 与此同时，历史学界将传统庙会纳入社会史的研究范畴，吉发涵梳理庙会的由来及其演变，阐明当下庙会与明清以来的庙会具有形式与内容的高度一致性，但与上古时代的"(宗)庙会(同)"存在重大的差别，这种差别经东汉至唐宋佛教、道教的改造而逐步弥合，使得"后世庙会最明显的特点是群众性和商贸气息"。[④] 赵世瑜对传统社会庙会中狂欢精神进行考察，认为"庙会狂欢具有心理调节器、社会控制安全阀、维系社会组织、增进群体凝聚力的良性功能"[⑤]。对传统庙会的关注主要集中于庙会的由来、仪式与文化功能，以描述事实为主，并未深入庙会内部细节。

进入21世纪，庙会逐步成为学界研究热点，大批学者从不同学科、不同理论视角出发开展区域化、学科化的研究，在20世纪研究基础上有重大推进的主要在庙会市场、庙会文化、庙会组织三方面。

---

① Stephan Feuchtwang & Wang Mingming, *Grassroots Charisma: Four Leaders in China*, London: Routledge, 2001, p. 140.
② 顾颉刚：《妙峰山》，1928年，载叶春生主编《典藏民俗学丛书》中卷，黑龙江人民出版社2003年版。
③ 席军：《神与庙会文化》，《延安大学学报》（社会科学版）1992年第1期；王兴亚、马怀云：《明清河南庙会研究（一）》，《天中学刊》（驻马店师专学报）1995年第1期；樊光春：《当代陕北庙会考察与透视》，《延安大学学报》（社会科学版）1997年第1期；吴效群：《北京碧霞元君信仰与妙峰山庙会》，《民间文化论坛》1998年第1期。
④ 吉发涵：《庙会的由来及其发展演变》，《民俗研究》1994年第1期。
⑤ 赵世瑜：《中国传统庙会中的狂欢精神》，《中国社会科学》1996年第1期。

围绕庙会市场功能，张萍和陆益龙分别以明清庙会和当代庙会为考察对象，展现庙会市场功能在不同时代的地位，展示其历史变迁[1]。而庙会文化研究的代表人物主要有岳永逸、赵旭东等人。岳永逸以华北梨区不同庙会解释文本的演化为切入点，提出"庙会是以官、民为主体的多个异质性群体'共谋'的结果"[2]，而赵旭东认为当下庙会文化的复兴与转变与现代民族国家观念高度关联。[3] 两者共同之处在于，他们都是在"国家—社会"的理论框架讨论庙会文化中的民间象征与政府之间的复杂关系，其出发点是探讨新农村文化建设中传统庙会可能发挥的作用。秦燕、王建光则从"社区本位"的视角来理解庙会文化，他们认为庙会文化具有综合性，能够体现地方性品格、是社区文化共同体的载体。[4]

相比而言，从组织社会学的视角研究庙会组织的成果最为丰富。秦燕等将民间庙会组织作为农村自组织资源的一种，探讨其对地方自治的影响，[5] 赵旭东认为庙会组织坚持一种平等以及责任分担的原则从而实现对等级和中心的消解。[6] 与两位学者关注庙会组织性质不同，王立阳与周玉茹则把庙会组织的合法性作为关注点。王立阳以北京妙峰山庙会组织为个案，"从地方性个体横向联结的角度，研究庙会组织中社会和个体及其在当下社会中的合法性诉求以及实现方式"[7]。周玉茹对关中青山庙会的实践策略及其社会文化基础进行分析，认为庙会主要采取"血

---

[1] 张萍：《明清陕西庙会市场研究》，《中国史研究》2004年第3期；陆益龙：《从乡村及时变迁透视农村市场发展——以河北定州庙会为例》，《江海学刊》2012年第3期。

[2] 岳永逸：《传统民间文化与新农村建设——以华北梨区庙会为例》，《社会》2008年第6期。

[3] 赵旭东：《以国家名义重新书写乡村文化：以河北两庙会为例》，《河南社会科学》2009年第6期。

[4] 王建光：《张力与裂变：地方性视野中的庙会文化以及转型》，《华南农业大学学报》（社会科学版）2011年第3期；秦燕、刘慧：《20世纪八九十年代西部农村的庙会文化——以陕北地区为个案》，《当代中国史研究》2006年第6期。

[5] 秦燕、郝保权：《社会转型时期西部农村的庙会组织——以陕北地区为例》，《北方民族大学学报》（哲学社会科学版）2009年第2期。

[6] 赵旭东：《中心的消解：一个华北乡村庙会中的平权与等级》，《社会科学》2006年第6期。

[7] 王立阳：《庙会组织与民族国家的地方社会——妙峰山庙会的公民结社》，《民俗研究》2011年第1期。

缘关系""政治权力"和"政策文本"三大策略来强化自身的正统性和认同感。①

值得注意的是,庙会的各种功能因庙会规模的大小存在重大的差异。以岳永逸、赵旭东等人为代表,他们主要以超越村落边界的大型庙会为研究对象,大型庙会与普通村落举办的小型庙会相比,其最大困境在于大型群体性活动的合法性。在国家治理能力不断强化的背景下,大型民间社会组织是否获得官方认可是其能否长期存在的关键,因而围绕大型庙会的研究主要回应的是"国家—社会"的互动问题,其关注的重点在庙会的外价值而非庙会的内价值。内价值是指民俗文化在其存在的社会与历史的时空中所发生的作用,也就是局内的民众所认可和在生活中实际使用的价值。②

关注庙会内价值必然要求从社会内部的微观层面入手,以最为普遍的中小型庙会为研究对象,以庙会为中心的地域社会即"庙会社会"为落脚点。赵晓峰、李永萍等人便以关中地区的村级庙会为原型,探讨"庙会社会是如何可能的"。赵晓峰通过与施坚雅、弗里德曼的对话,将"庙会"作为地域社会整合力量的一种"理想类型",提出"庙会是关中农村区域社会秩序整合的中心"的理论观点。③ 李永萍认为"庙会从时间的合理安排、空间的有效配置和主体合作三方面,将神圣内容与凡俗内容合理地容纳在其共同架构中,为地方秩序再生产注入了强大而持久的能量"④。本文所考察的对象是边界清晰的村庙与组庙,属于典型的中小型庙会,因而沿袭"内价值"的研究路径。在前人研究基础上,将庙会进一步细分为"建庙"与"过会"两个环节,通过对"庙宇重建"和"庙会重现"的历史性考察和过程性分析,阐述"庙会"内价值的产生机制及其效果,试图揭示庙会与村庄内生地方秩序的内在联系。

---

① 周玉茹:《血亲关系和国家权威:民间信仰组织争取正统性的社会文化基础——对陕西关中Z县青山庙会的考察》,《宗教研究》2012年第3期。
② 刘铁梁:《民俗文化的内价值与外价值》,《民俗研究》2011年第4期。
③ 赵晓峰、张红:《庙与庙会:作为关中农村区域社会秩序整合的中心——兼与川西农村、华南农村区域经济社会性质的对比分析》,《民俗研究》2012年第6期。
④ 李永萍、杜鹏:《乡村庙会的社会整合功能及其实践特征——基于关中金村庙会的考察》,《湖南农业大学学报》(社会科学版)2016年第4期。

三 民间信仰的复兴:"庙"的重建与"会"的重现

(一)"庙"的重建

新中国成立后,当地政府将以庙宇为依托的民间信仰活动视为封建迷信,逐渐取缔。"文革"期间"破四旧",农村中大大小小的庙宇成为"四旧"的象征与标志,寺庙遭到破坏。改革开放后,随着村民生活水平的改善,民间信仰开始复兴,庙宇的重建也随之兴起。以凤池村关帝庙为例,该庙经历了1987年的第一次重建、2004年的第二次重建、2016年的第三次修缮。另外该村第5村民小组的娘娘庙于2001年第一次重建、2016年第二次修建。关帝庙由于在地方宗教局有注册、有授牌,成为该村唯一一座获得政府认可的合法庙宇。但在"一村一庙合法化"的政策下,娘娘庙并未得到官方的承认,为此,5组的会长在庙门前挂上"凤池村第五村民小组文化活动中心"的牌子,他坦言这样做的目的是为了"不让政府把它拆掉"。而原村落中的菩提寺和三清宫并未重建。在此简单梳理两座庙宇重建的概况。

1. 村庙:关帝庙的重建

1987年第一次重建:1987年,由4组村民朱宏昌主动出头组织重建关帝庙,另外从每个组挑选一个有一定威望的人组成庙宇重建小组,小组成员都是对关老爷持有敬畏之心的50—60岁的中年男性。"文革"时期虽然庙宇被破坏,但当地流传"神住的地方人不能住"的说法,关帝庙得以在原址上重建而不需另找庙址,重建的关键在于资金。集资建庙、集资过会在当地有着深厚的历史传统,当时6位会员便秉着自愿的原则在本组范围内挨家挨户地去筹集资金。当年筹集的数额村民已记不清楚,据村民反映:"当时重建非常简单,庙的建筑材料是村小学的废料,收上来的钱主要用于塑像、建筑工程、木匠等方面的开支,其他的就是靠村民出义务工,谁有时间谁就过来帮忙,不需要安排人。"从集资到庙宇落成,在村民主动配合下,前后大约花了半个月建成了一座占地面积不到50平方米的土木砖混结构的关帝庙,里面仅供奉一座关羽塑像。

2004年第二次重建:到2004年,由于第一次重建时材料简陋,经历十多年"风吹日晒雨淋"的庙宇变成危房,该村善男信女提议再次集资重建。当时牵头人是王临钱,另有4位会员,由他们集体组织捐钱捐物、购买材料、安排工程等。这次从村民手中共集资 1 万元,其中最大开支为建筑材料和塑像。二次重建庙宇前后大约花了 1 个月,最后建成一个面积为 80 平方米的青砖水泥瓦房,内有 3 座塑像:关老爷和他的 2 个副将。此后,关帝庙的相关事务由朱勤索、朱勤生和解全生 3 人负责,其中朱勤索担任会长,他每年用"庙余钱"对关帝庙进行日常管理,如塑像上釉、安装电扇、添置供香器具等。

2016 年第三次修缮:据朱勤索介绍,最近 2—3 年关帝庙积累了 1.8 万元"庙余钱",数额较大,可对庙宇进行较大幅度的集中修缮,修缮内容主要有两项:一是请人对三座塑像进行彩釉和修复;二是在关老爷台前的两根柱子上附两条飞龙。其修缮具体过程如下:第一,由会长请来一位民间工匠负责"附龙",其他 2 名会员负责监督。"附龙"看起来简单,实际上是细致活。飞龙的材料主要是混有稻草的黏土,拖泥、拖草和和泥,这由朱勤索负责。他开着自家三轮车从邻村"讨来"免费的黏性泥土和麦草,然后按照工匠的要求和泥,为了保持泥土黏性,和泥过程中水、泥土、麦草的比例要适中。第二,塑像修复由村内一名漆工手艺人负责,主要有两道程序:上泥和上色。为了尽可能保证塑像表面平滑以便二道彩画程序顺利完成,需要用颗粒极小的"泥粉"与棉花混合而成的"优质泥"来上泥,这个工程由 4 位上了年纪的老人来完成:一位 70 多岁的老头负责筛泥,3 位老妇人负责和泥,一边放棉花一边加水,不断搅拌。据现场观察,参与塑像修缮的主要有七八位上年纪的老人和三四位庙会组织者,每位参与者都不需要过多安排而能恰当地"各司其职",做工认真且负责,大家同心协力赶在农历七月初一之前完成了此次修缮。

2. 组庙:娘娘庙的重建

第 5 组的娘娘庙是 2001 年 3 月由朱振毅等人组织重建的。它原址在 5 组东西巷道交汇处,为了不影响村民的出行,他们另外选址将娘娘庙建在本组西北角的一处空地上。据现任小组长介绍:"当时主要是群众有需求,善男信女有的捐钱、有的捐木头、有的捐面,都靠大家出义工建起来的。"2016 年 5 月,本组组长再次组织善男信女进行第二次修建,当时具体的重建情形,可以通过张贴在外墙上的红榜《修建庙宇公布单》窥之一二,其内容如下:

人敬神　诚有感

神佑人　万福无疆

（修建庙宇公布单）①

做贡台 2 天 200 元　油布 20 元　合 220 元

水泥 2 吨 440 元　沙子 1 车 550 元　砖 6 千（块）1650 元　合 2640 元

修神头　烟茶西瓜　合 254 元

烟茶 63 元　电表、电卡 250 元　彩钢瓦 2000 元　合 2313 元

做砖工 4 人 1 天（1 人 1 天 120 元）、6 人 2 天　合 1870 元

风地、火门、扫帚 99 元　盘灶大工 5 天、小工 2 天 950 元　合 1040 元

西瓜、烟 91 元　窗纱、灯、开关、插座 85 元　水泥 10 袋 125 元　发子　合 253 元

念经用品 100 元

以上共投资 8690 元

上年庙余钱（毛玉梅手）5253 元　念关经（王喜峰手）余 1347 元

朱随联、朱军仓 2 人水泥 25　225 元　朱根池买宅树载 193 元余 920 元

功德名单

###1000 元　朱锦利、朱宽 1000 元　朱长安 100 元　青化张福全 200 元

###300 元　朱江江 100 元　###500 元　###500 元

###500 元　王林生 500 元　朱可可 100 元　毛玉梅 100 元

朱建兵 100 元　杨华华 100 元

朱荣：门窗　王永卫：大白粉 4 袋　彩叶：水泥 2 袋

青化商品公司袁化功：换气扇 1 台

---

① 笔者详细考察原榜，发现若干项应支数额与张榜数额不匹配的现象，如做砖工，按照每人每天工费 120 元计算，应支数额为 120×1×4+120×2×6=1920 元，但实际张榜数为 1870 元，少了 50 元。又如风地等开支 99 元，盘灶开支 950 元，合计开支应该为 1049 元，实际张榜数为 1040 元，少了 9 元。这些细节数据的出入，其原因具有偶然性，如极个别出工者以义工身份做工故不收或少收工费，或者是庙会出于方便计算的考虑舍去小额零头等。

朱军太灶瓷砖1箱、4袋白粉、电线

义工：朱存让1天1下午　朱俊贤1天　王润生、朱灵安、良娃各1下午

朱建兵1天　朱勤学1下午　王余仑整线1上午　电线30米

朱建军安电1上午

《公布单》显示，第二次重建娘娘庙的资金来源主要有两部分：一是往年积攒下来的"庙余钱"，由专人负责；二是本次建庙临时筹集的捐款，即功德名单内的资金。除此之外，还有部分村民的物质捐赠和义务劳动。重建的主要开支为材料费和人工费。

通过对风池村两座普通庙宇重建过程的历史性考察，可以归纳为以下几个特征：第一，庙宇从无到有、从简陋到完善，是一个经过多次重建的渐进过程，并非一蹴而就。第二，庙宇重建主要是在本村善男信女的支持下进行的，具有一定的群众基础和民间合法性。第三，重建的领头人多为村庄内具有一定威望的中年男性，他们往往是村庄文化精英的代表。第四，重建庙宇的资金主要来自本村村民的自愿捐赠而非强制集资。第五，重建庙宇的劳动力主要来自于本村村民的义工，以中老年人为主。

（二）"会"的重现

重建的庙宇为民间信仰提供了一个固定的物理空间，围绕这一物理空间每年定期进行群体性活动称之为"会"，庙会即"是一种以'庙'为中心而形成的具有宗教、文化、民俗和经济等内涵的具有区域性特点的群体活动"。[①] 因而，民间信仰在庙会中主要表现为两大内容：其一"娱神"，其二"娱人"。风池村民众主要以信仰关公为主，关帝庙会便是本村最为重要的庙会，但该庙会的重现过程同样历经波折。

1. "娱人"先行：从"戏会"到庙会

关帝庙的庙会是以关老爷的生日即每年农历七月初一为会期，这一天为了庆祝关老爷过寿，善男信女都会来到关帝庙烧香、布施、敬神、还愿等。这种信仰活动具有强大的历史惯性而难以被短期性的政策消解。因

---

① 王建光：《张力与裂变：地方性视野中的庙会文化及其转型》，《华南农业大学学报》（社会科学版）2011年第3期。

而，集体时代每年的七月初一总会有些老太太在关帝庙的空地上烧香拜神，在她们看来"庙不在但是神还在，不拜是不行的"。当时住在庙宇对面的4户村民，看在眼里、记在心里。分田到户后的第二年即1984年，这四户人家便商量每家拿出20元在关帝庙的空地上搭个台子唱回戏，"别人能唱戏，我们也能唱，也算是给这些老人一个欢乐"。村民对这场"没有庙宇的戏会"至今记忆犹新："我们村请了一场皮影戏、放了4场电影，从农历六月三十晚开始一直到七月初一晚上结束。周边村民都没见过电影长啥样，所以来的人特别多，当时方圆五六里外村人都跑来看戏了，至少五六千人，院子里、道路上都坐满人，非常热闹！"村民经历了这场"没有庙宇的戏会"后，对关帝庙的重建愈加期待，便有了前文所述的1987年第一次重建，"戏会"有了庙宇作为依托，庙会在风池村正式恢复。

在当地，庙会有"大会"和"小会"之分。"大会"一般是在重大节庆日才会操办，其戏曲表演的专业性、参会人数的规模、持续的时间往往是"小会"的2—3倍，其开支比较大，往年办小会积累的"庙余钱"难以承担，一般需要临时向村民集资，村民将这样的庙会称之为"唱大戏"。如此"大会"，该村关帝庙不会轻易举办，在会长看来"年年唱大戏，耗资耗财耗人力，是一种浪费"，关帝庙仅在2005年办了一场"唱大戏"的庙会，其他年份都以"小会"为主。关帝庙的"小会"一般从农历六月三十晚开始、七月初一下午结束，晚上请民间自乐班表演地方戏曲，白天主要招呼香客，其来往香客在2000人左右，涉及周边5—6个村庄。该村办一场常规"小会"大约需要20人帮忙，他们分工如下：

联络员：1—2人，主要负责召集、联系相关人员，如给其他庙会发请帖、组织联系民间自乐班等。

灶头：每小组派2人到场，共12人，主要负责庙会当天中午的一顿便饭，一般是面条、馒头、豆腐黄花木耳配菜。这顿便饭是给所有来参与庙会的香客免费提供的。如果农历六月三十日晚上请来唱戏的，还需另做饭菜招待戏班人员。

礼桌：2人，1人负责记账1人负责公布账。所谓礼桌就是摆在神台前收礼的桌子，礼金即香客们所给的"布施"。

财务：2人，其中出纳1人拿钱，会计1人拿账。庙会结束后，出纳和会计需要把"过会"前后详细的收入、支出张榜公布，给群众一笔明白账。

2. "娱神"式微:"过会"如过年

传统庙会主要以祭祀神灵、驱逐鬼怪为主,服务于农业生产。据村民介绍,新中国成立前的关帝庙会,主要是求神降雨,农历的六月、七月正值当地少雨易旱的时间,在"靠天吃饭"的农耕社会里,求神降雨成为村民唯一可以解决困难的途径。当下,随着水利条件的改善,尤其是2005年石头河水库将灌溉水渠直铺地头,全村耕地灌溉得以全覆盖,庙会因服务于农业生产而产生的"娱神"活动逐渐减少,普通村民对庙会的期待更多是一种基于个体性的困境求助于神灵,或者是为了改变生活节奏而借助于神灵,不同人群在庙会中获得不同的精神慰藉和物质满足:

第一,老年人的俱乐部。该村关帝庙会前一个月即农历六月,需要每天有人过来开门看香,保证香火不断,这是当地的习俗,一般由固定的老妇人来做。这段时间关帝庙便成为村里老人,尤其是没有劳动能力的高龄老太太聚集的场所。在这个相对独立的空间里,老人可以聊聊家长里短而不用担心被儿媳妇听到产生误会。第二,中年妇女逛庙会。所谓逛庙会,就是农村妇女的逛街,她们也不一定买东西,就是到处走走看看,有些妇女顺便回娘家看看父母,走走亲戚朋友。这些留守在农村的中年妇女,平常要么照顾生病的公婆、要么抚养幼小的子孙,庙会给她们提供了一个放松自己、调剂生活的机会。第三,年轻人的约会场所。对于年轻人来说,赶庙会是一次理想的交朋友、处对象的机会;对于媒人来说,庙会也是婚姻信息交流、交换的场所,因而,当地的婚姻圈与村民的庙会圈基本一致。第四,商贩的流动市场。"过会"当天,周边的小商小贩会过来摆地摊,卖小吃的、卖衣服鞋子的、卖农具的、卖水果的,等等。庙会越隆重、商贩就越多,庙会组织者就需要提前给他们划好位置、备好水电等,而这摊位并不收费。第五,主家招待贵客之机。唱大戏的时候,办会的"主家"村民都会以庙会唱戏为名邀请亲戚尤其是舅家人来村看戏、来家做客,因而每家每户都会提前2—3天到集镇添置一些食材,买肉、买烟、买酒、买菜等来招待所请的贵客。

可见,当下的"过会",除庙宇空间之内的善男信女在关老爷面前磕头、上香、布施还具有一定的"娱神"仪式外,庙宇空间之外的形形色色的人群与活动,更多的是个体性的"娱人"活动,不同的人在"过会"中都能获得巨大的满足和快感,村民"过会"如过年,"娱神"式微。

四 庙会社会整合的机制分析

(一) 捐资与义工: 有限社会资源再整合

在"建庙宇""过庙会"的过程中,社会资源的再整合主要表现为资金与劳力的整合。重建庙宇的资金主要来自于村民的捐资,正如5组娘娘庙《功德榜》所显示的,村民在自愿基础上根据个人的经济实力进行捐赠,其中最高额度为1000元,最低额度100元,其捐款总额即达到5100元,占二次重建支出比例的58%,村民的捐资为庙宇重建奠定了必要的物质基础。此张《功德榜》同时显示匿名捐赠额度往往比记名捐赠额度略高,为何高额捐赠者要采取匿名的登记方式?据村民反映,这些人往往是比较虔诚的信众,但因个人拥有公职在身,尤其是作为一名共产党员,按规定是不能参与这类民间信仰活动的,所以匿名。"建庙"的资金来源于捐赠,而"过会"的资金主要来源于一年一度由广大信众"布施"所结余下来的"庙余钱"。但如果举办唱大戏的"大会",就需向村民集资,这种集资要么按户或按人口均摊,带有强制性,要么坚持自愿原则,视具体风土民情和时任组织者而定。

劳力整合集中体现为"建庙""过会"前后的各种义工,其中有些义工是"为神灵做事",而有些义工是"为村(组)集体做事"。对真诚的信徒而言,两种义工是自己对神灵应尽的义务;但对于普通民众来讲则是一种"强制劳动",这种强制力并非来源于人为的行政强制或政治强制而是来自于"畏神"的心理强制,正如5组的小组长所言:"平时组里的一些公益事业,共产党派活的时候他要讲报酬,给包烟、给点钱,还讨价还价,小组长叫不动的时候最多批评教育,但庙会的时候他就不敢了,庙会前三天叫他干啥就干啥,把路面修修,把路灯换换,把卫生打扫一下等,他都不敢跟你讨价还价,因为他怕神给他带来祸事,他干活就老实了。"

从宗教信仰的角度来看,信仰中人神关系可分为三个层次:一是功利主义色彩居主导地位的"人有求于神",在这种情况下捐资出力便是一种人与神之间的利益交换。这类信众用有形的物质利益换取无形的精神利益,如求子孙、求姻缘、求富贵等。二是宗教主义色彩居主导地位的"人敬仰于神",这种人往往被当地人称为"信徒",信徒捐资出力"不为什么",正如关帝庙第三次修缮中那几位每天来庙里做事的老人,对他们来说"给神做点事就会觉得心安和舒坦"。三是强制力量居主导地位的"人敬畏于神",他们"不求神"但依然认可"神能降祸",这种情况下的出资出力实质上是一种趋利避害的理性选择。因而,不管是"人有求于神""人敬仰于神"还是"人敬畏于神",从现实层面来看,三者通过超自然的"神力"来实现公共事件中有限社会资源的再整合,为内生秩序的生成奠定了必要的物质性条件。

(二) 公正与硬气:正面社会价值再生产

村庄的社会价值总体分为两种类型:以传宗接代为典型代表的本体性价值和以村庄舆论为载体的社会性价值。所谓社会性价值,就是农民可以从邻里、朋友和人际关系中获得的社会承认与社会评价,及他们对这种承认和评价的自我感受。[①] 该村不同参与主体在"建庙""过会"过程中,根据个人体验不断生产着村庄内部一般性、一致性的社会评价和自我感受。

以关帝庙会长朱勤索为例,他对"庙余钱"有着清晰的认识:"这些钱是信众送给关老爷的,但关老爷是神,神管不了钱,还需人来管,这时候做会长的就要懂得节约,不能乱花钱。"5 组娘娘庙会长同样表达说:"给神的钱只能用在神身上,不能够挪作他用,用在神身上的每一笔开支都要向信众公布,接受大家的监督。"从组织者对庙产的认识可以推断,一方面组织者通过帮助神灵管理相关事务而保持一种"神圣的责任感",尤其是对庙产的处理上,坚持公正公开的使用原则在庙会组织者中达成一致的地方性知识;另一方面,他们又能通过这种公正、公开的管理获得村民的信赖而成为村庄中有威望、有面子的精英人物。精英与民众在有关庙会的价值互动中不断地再生产村庄的"公正观"。

随着现代科学不断渗透农村,关公"镇邪驱鬼"的迷信色彩逐步消失,即他作为神的形象被现代科学瓦解,但他依旧为广大群众所推崇,其关键在于村民对关公的"当下解读":"关公是红脸,代表忠诚,是忠义之士。我们这里讲做人要硬气,这个硬气就是像关公那样做人要讲正义、要正直。关羽是人不是神,所以,我们是敬他身上的这股精神。"另一位信众提及"布施"说道:"我们这些人来庙里求神拜佛,还吃了一碗关老

[①] 贺雪峰:《乡村社会关键词》,山东人民出版社 2010 年版,第 120 页。

爷的面，多少都要上点香钱，怎么能白吃面呢?! 那是不厚道，会被别人唾弃的!"经过祛魅的关公被当地民众建构成符合地方性共同规范的"圣人"形象，比如做人要硬气、厚道，做子女要孝顺等。

可见，在大部分群众依然还保持着对神灵的敬意之下，民间依旧维持着适应当下的"人神互构"，通过"神降祸"和"人自律"的方式，不断生产出正面性社会价值，从而在社区共同体内塑造"讲公心的组织者、讲伦理的家庭成员、讲道义的社区成员"，为地方内生秩序不断生产出具有公德的个体。

（三）公共空间与自组织：社区精英内整合

在一个相对封闭且相对完整的村庄内，社区精英之间的权力互动往往成为村庄权力结构是否稳定的关键变量，从而影响村庄内生秩序的平衡。在村庄内部一般存在三种类型精英：以村组干部为代表的政治精英、以村庄富农为代表的经济精英和以传统文化继承者为代表的文化精英。在凤池村，经济精英主要产生于每次种植结构转型期的带头人，他们往往是村庄敢于冒险的种植大户；文化精英主要是一批地方戏曲爱好者和红白喜事的主持者，他们对传统礼仪和伦理有着较普通村民更为深刻的体验；政治精英在很大程度上与经济精英和文化精英重合。而村庄内部是否有多元的公共空间作为各类社区精英自我价值和社会价值的实现平台，成为村庄能否保持相对稳定的一个关键变量。

在"各村有庙、庙各有会"的地方传统下，当地文化精英往往成为庙会管理人员，而经济精英则通过捐资捐物上功德榜来彰显自己的实力和地位。正如娘娘庙会的会长所言："庙会主持人一定是村庄里有威信的人，办一次庙会前前后后其实有很多细小的事情要做到位，安排要到点到人，这些知识都是从丰富的经验中来的，普通老百姓是很难全面掌握的。"可见，庙会成为一个与村委会平行的政治化公共空间，庙会组织者则成为与村干部地位平等的公众人物，"会长们通过组织庙会活动来展示其能力和人格力量，并从人民的赞扬中获得精神上的满足"[①]。

关中农村，由于外出务工人员少、依托小农经济，保留着相对完整的

---

① 秦燕：《20世纪八九十年代西部农村的庙会文化——以陕北地区为个案》，《当代中国史研究》2006年第4期。

熟人社会，由此在村庄内部塑造出三大公共空间：一是村委会；二是红白喜事；三是庙会。三类精英分别凭借自身的政治资源、个人财富和地方性知识在村庄内部三大公共空间中实现精英角逐的动态的平衡。与之相反，在东部发达地区的利益密集型农村，多元化的公共空间被单一的政治空间压缩，当社会精英只能通过政治权力来展现其能力、实现其价值时，精英在村级政治中表现出来的派性斗争成为村庄内部分裂的关键因素。由此导致村庄内部资源的无效消耗、基层组织合法性的无限消解，这种政治生态下的村庄内生秩序表现为动态的不平衡，具有脆弱性。

凤池村关帝庙和娘娘庙从无到有、从简陋到完善，其主要依靠少数文化精英牵头、部分信徒深度参与、绝大多数普通村民主动支持而实现。围绕"建庙过会"不同群体采取有组织、有目标的集体行动，通过具有"自组织"特征的庙委会以庙会为依托再造乡村公共空间，村庄中一部分被挤出政治空间的村庄精英在此公共空间内可以找到自身价值的实现途径。不同类型的社区精英通过不同场所的公共空间实现了精英的分流，从而实现社区精英的在村庄内部的有效整合，降低因精英竞争而产生的村庄失序的概率。

（四）结点与网络：社会关联正强化

村庄社会关联是指"村庄内部人与人之间具体关系的性质、程度和广泛性，它是村民在村庄社会内部结成的各种具体关系的总称"[①]。关中地区的庙会作为村庄内重大的公共事件，其对村庄内部的各种具体关系进行再整合：其一，家庭内部的成员关系整合。比如，"老年人俱乐部"一说，老人在家里受了儿子或儿媳的"气"，就可以在适当的时候来庙里坐坐，跟其他的老人说说话、聊聊天，聊以慰藉，心中的"气"散去之后老人便可以再次回家，婆媳矛盾通过庙会这个窗口得以转化。其二，家庭与家庭之间的亲属关系整合。如外嫁女儿借着庙会回娘家，外甥借着定期的庙会与舅家保持经常性的联络等。其三，社区内部邻里关系整合。对于中年妇女来说，兴趣相投的邻里可以相约赶庙会，可以相互学习唱经，可以聚集一起折叠金元宝等上香用品，等等，这成为当地妇女休闲娱乐的一

[①] 贺雪峰、仝志辉：《论村庄社会关联——兼论村庄秩序的社会基础》，《中国社会科学》2002年第3期。

项重要内容，庙会成为村庄内部邻里关系得以维系与修复的润滑剂。其四，村庄与村庄之间的关系整合。每一次庙会，主办方都会亲自上门给邻村庙会会长送请帖，请对方来参加本村的庙会，而被邀请方届时过来送礼，正如朱勤索所言"庙与庙的关系就是人与人的关系，大家礼尚往来，既有互助也含捧场的意思"。

可见，以庙会为中心的人与人之间编织的社会关系构成一个由近到远、由个体到集体的庙会网络，其中家庭、亲属、邻里、小组、村庄就是不同层级的节点，通过这些节点将村庄内部"有公德的个体"或是"弱伦理化的个体"进行有效的社会关联。在当地，"过会"尤其是"唱大戏"的庙会，主办方的村民首先请的一定是娘家人或者舅家人，因为姻亲关系是当地"孝道"得以保持的重要因素，所谓"男凭舅家、女凭娘家"是指外甥或者外嫁的女儿遇到大事需要帮忙时，他们调用的社会关系就是姻亲关系，比如外甥结婚需要经济支持，当舅舅的是必须支持的；外嫁女在婆家遭人欺负或者人老后子女不孝，娘家人便会替她出头。一村接一村的庙会就为这种姻亲关系提供了定期的、稳定的交往平台，强化主家与舅家（娘家）的社会关联。

社会关联强弱直接影响个体在村庄内部应对突发性事件的能力，"当一个村民被种种强有力的关系挂在村庄社会这个网上面，他就具备了有效降低生存风险，经济地获得公共物品，通过谈判达成妥协，以及建立对未来生活预期的能力，他就可以从容地面对生产生活中的事件"[①]，村庄通过庙会不断勾连社会关系中重要的节点并形成社会网络，通过这种正强化的社会关联来维持村庄基本秩序。

五 结论：互嵌的民间信仰与内生的地方秩序

综上所述，通过对关中凤池村"建庙"的历史性考察和对"过会"的过程性分析，发现关中地区普通老百姓的信仰呈现出"人神互构和人人互动"的总体特征：第一，民间信仰的神灵是多元的，这种多元取决于民众的日常需求，"不同的神执不同的政，不同的人有不同的需求"。

---

① 贺雪峰、仝志辉：《论村庄社会关联——兼论村庄秩序的社会基础》，《中国社会科学》2002年第3期。

第二,民间信仰中"娱神"的宗教性和仪式性已经式微,而带有世俗性和生活性的"娱人"更为重要。第三,民间信仰中的人神关系是一种"人敬重神、神庇护人"的拟人化的互动关系,人与神的交流在日常化的庙会活动中随时随地地展开。不管是"人神互构"还是"人人互动",其本质是"反常"的民间信仰与"日常"的世俗生活高度互嵌,两者通过庙会糅合在一起,形成一个相互影响、相互支持的统一体。正是在这种互嵌性中,实现了社会资源的再整合、社会价值的再生产、社会精英的内整合、社会关联的正强化,从而在村庄内部为地方秩序再造奠定了坚实的社会基础。

黄土高坡托起的圣仪：陕北左村祭仪变迁研究[*]

徐嘉鸿[**]

摘要：从时间、空间、仪式、信仰、宗教权威、参与人员六要素考察左村祭祖仪式的变迁。在黄土高坡这一古老地域文化的浸染下，左村的祭祖仪式虽然在流动性愈加强烈的社会中有一些形式上的适应性调整，但是仪式中所强调的血缘关系以及对祖先的崇敬始终在族人心中占据重要位置。以家族为主办单位的祭祖以形式之变为主，在信仰观念上仍以尊崇祖先为主导。同时，祭祖强调人伦道德，恢复的是做人的底线，这也是在道德相对失范的社会背景之下进行的"补救"措施。

关键词：黄土高坡；左村；圣仪；祭祖；仪式变迁

处于陕甘宁蒙四省交界的左村，是隶属于陕西省榆林市定边县姬塬镇李团庄行政村的一个自然村落。左村所在的定边县属黄河流域旧石器时代"河套文化"及新石器时代"仰韶文化"范畴。南部白于山区出土的新石器时代的石器和居住遗址，说明早在4000年以前，该地域内已有人类活动，并从事狩猎和农业生产，开始饲养牲畜，还有大片茂密的灌木林。左村共有84户，人口达384人（包括在外工作或务工人员）。该村左姓人口占80%，李姓人口占15%，杂姓人口占5%。[①] 其中左姓始祖自明朝中

---

[*] 基金项目：国家社科基金重点项目"民族地区宗教文化现代化调查研究"（项目编号：11ASH007）；国家社科基金青年项目"知青与民族社会互动关系研究"（项目编号：13CSH083）。本文曾发表于《广西民族大学学报》（哲学社会科学版）2015年第3期。

[**] 徐嘉鸿，武汉大学马克思主义学院讲师，中国社会科学院当代中国研究所访问学者，武汉大学社会学系人类学研究所研究人员。

[①] 数据来源于当地村民左廷栋所撰写的家族志（未刊稿）以及与左村会计、村主任的访谈。

后期在左村定居，距今已有四百余年家史。①

当地有着浓厚的家族文化，村民持有强烈的嗣系观念，行为、规范都以家族为核心，在生育观念上表现为较为典型的男性偏好，比如村庙中供奉的"三肖娘娘"，说明种的延续观念甚强。麻国庆认为，汉族传统社会结构得以延续的重要基础是祖先观念与祖先崇拜，其祭祖传统古已有之，祖先被奉为神明可追溯到殷周时代。"上以事祖先""下以继后世"，汉族社会有着浓厚的宗法血缘观念，其中最普遍也是最强烈的信仰即为祖先崇拜；在面临因近亲死亡而可能发生的情感崩溃和社群瓦解的状况时，也可将祖先崇拜作为应对这种情况的一种生存策略。所以，一方面强调要承担对老人的赡养责任，另一方面强调要继承对祖先的祭祀义务。②

杨庆堃认为，中国家庭生活中最重要的宗教内容还是祭祖，正是相信死者继续以灵魂的形式存在，以及进一步假设灵魂和生者相互依存，才导致了祖先崇拜中的崇拜行为。"死亡并没有终止子女对父母的责任，而只是改变责任的形式而已。一个人的存在是由于他的祖先，反过来祖先的存在也是由于他的子孙。阴界祖先的生活，必须靠阳界子孙的供奉。这就形成了祖先崇拜。"③它在培养家系观念中起决定性作用，是血缘集团维持与结合的重要纽带。汉族的尊祖观念以孝为核心，目的是在祖先的庇佑下接续香火。

一 祭祖的时空转换

在市场经济与打工潮影响之下，当地人口大规模流动，打破了近宗相聚而居的传统村落生活模式。近些年因为石油开发，很多外出打工的村民又开始回到村子从事与石油开发相关的业务工作，笔者在村落中考察时发现，与其他地方出现空心村的趋势相反，当地大多数村民在村。当然，这并不是说当地没有流动，只是因为内部资源开发而使当地呈现出隐藏的流动之特点。在这样的背景之下，祭祖的形式也发生了一些变化，首先表现在祭祖的时空转换上。

---

① 本文的田野材料与观点主要来自笔者对陕北左村自2012年末开始的为期半年的田野调查与研究后期的集体讨论。

② 麻国庆：《家与中国社会结构》，文物出版社1999年版，第8页。

③ 郭于华主编：《仪式与社会变迁》，社会科学文献出版社2000年版，第97页。

在当地，祭祀祖先的时间主要是在过年、清明和十月初一这三个点上。在这三个时间点上，家门人纷纷到坟茔上扫墓、烧纸、送食。"清代的祭祖活动按时间、性质及祭祀对象的不同分为不同的种类。一般有常祭、专祭、特祭、大祭等。常祭为日常祭祀，每月两次，时间分别定在朔日与望日。专祭是对特定祖先的祭祀，如创始祖等。现世子孙有喜事也要进入祠堂祭祀，这类祭祀称为特祭。一年之中要进行几次大祭，时间多选择在节令，其中以春秋两次大祭最为隆重。"[①] 祭祖的时间不是祖宗之法不可变，它可以为社会、风水等具体情况所变。从时间上来说，祭祖最大的变化就是出现了社会流动下的补祭。外出打工的人的工作闲暇的安排依照现代时间，过年期间或清明，有些在外地的村民赶不回村与家人团聚，不能按照传统民俗时间安排祭祀祖先，所以由家门人代替他们进行扫墓、烧纸等祭祀活动，待工作之余回老家再到坟地等处拜祭；当然，代祭所花费用等必须由被代祭者自己承担，因为心意不能代替。但是补祭毕竟是较小的方面，大部分村民还是能够遵循当地传统的三个祭祀时间祭奠祖先的。

除了每年固定的祭祀时间以外，还有因过事情而必须进行的祭祀，比如红事中的毛女儿拜祖和白事中的穿神点主等仪式，都是必须由家门人共同参与才能完成的仪式，其祭祖时间就要根据红白喜事的日子而定。这种情况下祭祖时间的变化与风水有关。家族举行大规模的祭祖活动特别是新建祠堂时也要根据风水定时空。在当地，风水观念影响着人们的日常生活。麻国庆反对弗里德曼关于对风水的重视主要是子孙为了自己得到恩惠的观点，认为这一单向受惠论的观点只把祖先当作一种物质的媒介加以利用，忽略了子孙对祖先的敬孝以及祈盼祖先在他世生活幸福的情感意涵，也即忽略了中国的家所存在的"反馈模式"这一基本运行机制。[②]

祭祖的空间在不同的宗族有不同的形式。作为答谢祖先并向祖先祈福消灾的民间信仰仪式，祭祖礼仪繁杂。根据祭祀地点的不同，祭祖可以分为祠祭、家祭、墓祭。"祠祭是在宗族祠堂内举行的祭祖仪式"，宗族成员通过这一仪式"将具有父系血缘关系的族人凝聚在一起，形成严密的

---

① 麻国庆：《永远的家：传统惯性与社会结合》，北京大学出版社2009年版，第236—237页。

② 常建华：《中华文化通志·宗族志》，上海人民出版社1998年版，第153页。

家族组织"。祖先崇拜这一信仰体系最明显的物化祭祀空间是祠堂。作为祖先象征之一的祠堂,是宗族团结的一种表征。祭祖始盛于汉代的墓祠,现代意义上的宗祠主要出现在南宋时期。元代祠堂有两个特征:一是仪式由接触祖先的纪念性专祠转化为宗祠,二是建于祖先故居的宗祠。"明代以前,法令只允许贵族品官设祠堂追祀祖先,明朝中期正式准许庶民修建祠堂祭祀先祖,于是民间修葺祠堂兴盛起来。"[①] 清代以后,宗祠体系日趋完善。祠堂的规模与宗族规模成正比,其规制视家族人口的多寡和族产族田的多少而定。祠堂因为祖先的神圣性成为家族传统和道德氛围的象征。家祭"就是在自家屋中正厅,通过祖先牌位或画像(现有的加以照片等),在一定的节日对祖先进行祭祀的方式"[②];是民间最普遍的祭祖方式,一般供奉与活着的人有密切关系的较近的祖先,进行上香、鞠躬、摆放食物果品等日常供奉。"在为诸如死亡周年纪念日、重要节日、农历每月初一和十五以及结婚、生子等特殊日子举行的家庭聚会中,祭祀仪式更加复杂、精细,包括磕头(头要接触地面,磕3—9次)和行礼。"[③] 人们认为坟地的好坏与家业兴衰密切关联,"在中国人的观念中,祠则祖宗神灵所依,墓乃祖宗体魄所藏。子孙思祖宗不得见,见其所依所藏之处,如见祖宗焉"[④];所以选择墓地时会请阴阳先生勘察地形的风水,选定之后甚至不惜废掉良田。

上述三种祭祖方式层次不同规模各异,共同"组成了家族内部严密而又交错的祭祖文化网络"。随着时代的发展变迁,宗族复兴、民俗新起,祭祖也随之恢复。坟墓,是活着的人的归宿,包括家族的远坟(祖坟)和近坟。活着的家族成员是家坟中祖先的延续;一旦子嗣绵延中断,死者在阴间的生活就没有了着落,活着的人将愧对祖先、也愧对后人,所以生者会有一种"绝后的恐惧",断了香火就是最大的不孝。从空间上的变化来说,祭祀祖先不再局限于坟墓、家堂、祠堂,也出现了一些新的形式,如在清明时节远在异乡赶不回家里祭祀的人会在路边画一个圈就地祭祀,给祖先捎些纸钱;以后回到家乡再到坟地上祭祀祖先。当然,基本的

---

① 常建华:《中华文化通志·宗族志》,上海人民出版社1998年版,第87—94页。
② 麻国庆:《永远的家:传统惯性与社会结合》,北京大学出版社2009年版,第141页。
③ 杨庆堃:《中国社会中的宗教——宗教的现代社会功能与其历史因素之研究》,上海人民出版社2007年版,第50页。
④ 麻国庆:《永远的家:传统惯性与社会结合》,北京大学出版社2009年版,第151页。

祭祀空间没有大的变化，只是因为不同时代阶段而有一些适应性改变。关于祭祖在历史上虽有诸多礼制，但在民间各地不同宗族的祭祖时间、仪式以及对参加者的限制并不完全相同。

与周边社会环境具有紧密互动关联的祭祖也密切关联着家族的命运。新中国成立前，宗族是国家政权与基层农村社会的中介，承担着政治、经济、宗教等一系列辅助国家进行基层治理的社会功能。在这样的社会环境当中，宗族的合法性受到承认，"祖先崇拜也呈现出强劲态势；完整而发达的祖先崇拜体系反过来也强化了宗族组织在社会中的地位，表现出中国传统社会长老统治、礼俗社会的乡土特性"。但是，这种状况在20世纪50年代画上了句号，族权与神权成为革命的对象，组织严密、结构完整的中国宗族组织，其"合法性被取缔"，族产被没收、族谱被焚烧，祠堂被拆毁，坟山墓地被破坏；同时，国家取缔了地方的乡绅和族长、成立了生产队和人民公社、破除封建迷信思想，禁止隆丧和集体性崇祖活动等，这些外界因素的冲击，使祭祖的物质基础、组织基础、思想基础等大为削弱，祭祖活动成为破四旧的对象而被轰轰烈烈的革命运动打压。但是制度化宗族的消失并不意味着基于血缘和文化机制的宗族关系的解体，后者以一种特有的文化基调在政治舞台背后延续下来。一系列家祭、扫墓、七月半、丧葬等祖先崇拜行为依然在私下进行。所以祭祖虽一度衰落，却也始终存在。"70年代末，随着中国农村政策的转型与体制的突破，家庭联产承包责任制的推行，以家为中心的经济单位的确立，以地缘为基础的村落功能的相对弱化，村民自治委员会的成立等，使得农村的宗族组织又以其固有的文化传统而复兴"①，社会环境的大变革为祖先崇拜的复苏与公开化提供了重要条件，祭祖活动随之兴起。一位村民介绍所在家族新中国成立后的祭祖情况时说，1964年到1979年间没有祭祖，其他时间一直在老坟院祭祖，2012年开始在祠堂祭祖。特别是在最近几年，石油开发带来的红利使当地家族更有财力举办祭祖活动。

二 仪式变迁与祖先崇拜

"不孝有三，无后为大。"儒家思想在中国的传统文化中占统治地位，

---

① 朱雄君：《乡风民俗变迁动力的理想类型分析——基于"结构—行动"的视角》，《社会学评论》2013年第3期。

其中"仁"是核心,"孝"是根本。"在古人看来,阴界祖先的生活必须靠阳界子孙的供奉,如果无人照料祖先阴间的生活,阳界的子孙也就不能在祖先的荫护下接续香火"[①];死去的祖先会保佑家庭或家族人口的繁衍、生存、安宁和兴盛。所以家族伦理中的宗教性和礼教性集中体现在祖先崇拜上。笔者所考察的左村的祭祖仪式主要表现为红事中的毛女儿拜祖、白事中的穿神点主以及日常的家门祭祖三种仪式。本文重点分析家门祭祖仪式。

家门祭祖是祭祖的主要构成,平时所说的祭祖一般就是指这一内容,即在四大鬼节等正式的祭祀时间进行的由家族人集体参与的祭祖活动。在当地主要是指清明、十月一和过年期间的上坟扫墓、家堂祭拜以及个别家族的祠堂祭祖。除了空间上的区别,墓祭与祠祭还有一些细节上的区别,比如在坟地祭拜祖先时只烧纸不烧裱,而在家堂祠堂祭祀祖先时则既要烧纸又要烧裱。"上坟时那都是纸,只烧纸不烧裱。家堂那纸也烧了裱也烧。还要上香。"(访谈记录 XJH20130606LMF)

(一) 家谱

作为仪式中祖先的核心象征,家谱的地位至关重要。在当地,家谱(族谱)有 3 种类型:茔子、族谱、裔谱。前二者只记录已逝者,裔谱则将在世子孙的名字也记录在内。随着社会变迁家谱也有诸多变化。最老的家谱称"茔",现在多已遗失或被焚毁。"茔,就像咱们那个大画一样,在墙上挂着供着尼,底子它是香炉,过去人他画的神像。那画大尼,可能有一米五长,宽就有一米。这就是老家谱。"(访谈记录 XJH20130606LMF)后来的族谱由专人画上祖先牌位并经穿神点主仪式编成册子;近些年的家谱则为精美的印刷品,有些家谱后面还附上较大一辈人的简介和照片。

关于家谱的记载非常慎重,主持家谱修建工作的长辈们一致认为写在家谱上的内容必须有事实根据,不能凭空猜测,只有在有确凿证据说明是本家族人且明确亲属关系之后才能写在家谱上。"祠堂那里头有三四个四五个家谱。共有一个家谱是按照一茔共祖来的。那可要真的记载,能说清我连谁是一门头。我的爷爷我的太爷我的祖爷哪个谁谁谁。谁的祖祖爷都是亲弟兄能说清才能一茔共祖,说不清那就不敢。"(访谈记录 XJH20130606LMF)笔者

---

① 麻国庆:《永远的家:传统惯性与社会结合》,北京大学出版社 2009 年版,第 139 页。

参加的左村某户婚礼第一天下午，几位家族的长者就因为是否要将某位老者写入族谱的问题进行了讨论。那种严肃认真的态度和义正词严的讨论让笔者对他们的家族事务顿生敬畏之心。老百姓的日常生活也有严整的规范。比如宗会不能乱，这在当地老百姓心目中是理所应当的事情，是底线原则。"现在跟以前大的原则没有变化，这个民族风俗习惯上它大的原则没有变化。现在这个社会上有些人思想上或者多少有点变化，大的原则它不敢变化。过去这个民族风俗，他继续控制着。大的原则这个，咱们过去人说是有大有小，你的爷爷必然是爷爷，你不能说是没有；你儿子开口骂老子孙子骂先人也是没有大小。辈分不能叫乱。它连国家这个国法一样，有一定的规章制度。国有国法，家有家规。"（访谈记录 XJH20130606LMF）

在说到家门人时村民常提到"一茔共祖"一词，表面上表达的是同一家族的人，但是关于该词有其地方解释：一茔共祖在说法上或文字形式上与埋坟的实际情况不一样，尽管家谱上说是一个姓的都是一茔共祖，但是在坟地上则是看具体的门头，一个门的才是一茔共祖。"他一茔共祖只能在这个文字形式上，在这个茔上，就是我给说这个茔和这个账本他能记清一茔共祖，他在这个埋坟上他不敢说不是一茔共祖。家谱上的一茔共祖和坟地上的一茔共祖那不一样着。家谱这是一本账么，你想我们这个家谱保留下去，好比保留到一百年二百年五百年以后，人家还认为我们是一个家谱。坟地上那都分开了，坟地那都不一定埋了多少处了。"（访谈记录 XJH20130606LMF）"这一门人，不是几代的问题，这三门朝朝代代都是一茔共祖。二门和三门那以前肯定是一个茔，一茔共祖，最后那就把茔分了，那就各祭各的茔。"（访谈记录 XJH20130609ZYX）根据当地村民的介绍，本文认为其日常生活中提到的一茔共祖表达的是在一个坟上敬祖先的门头单位，具体也要看人多少，一般有六到八代人的规模；具体表现为清明、过年、过白事时的祭拜祖先仪式。

另外，正如当地毛女儿拜祖仪式本身的变化之一是不要求家族人全部到场一样；家门祭祖仪式也有类似的变化，传统的义务性越来越不明显，虽然这种义务性在过去也是隐形的；现在都要遵循自愿原则。不过村民认为仪式本来就有很多变化，但是大的原则还是不会变化，这个大原则不变在当地指的是辈分不变。

（二）家堂庙与祠堂

2005年，由村民LZR牵头、左塬全部L姓的家户出资修建了一个"家神窑窑"，这个家神窑窑就是我们通常所称的家神庙（家堂庙）。村民说家神就是"清古时期戴顶的、沾了皇恩"的老祖先，而且必须经过穿神点主仪式之后才能放进家神窑窑里。L姓的家神庙位置在左村南边塬畔之上，1立方米，由于是一个很小的砖窑，不知道的人就很难注意到。其表面刻有"公元二零零五年五月三十日修造""L记家堂之府"的字样，内置玻璃牌位写着"L姓家堂之位"。据村民讲，当地在清朝到民国初期都有家堂，他们认为家族祖先可能在明代就到这个地方了，"根据是我们以前住的那个旧院子和我们祖先埋过的那个坟院，现在都过二三十代人了。但是这个东西现在没有存根了。"文化大革命"时间人家就把这个家堂挂些的档案什么册子全部烧毁了。烧毁了以后老百姓还讲迷信呢，说是这人都不安静，家堂要重新建起。在这改革开放以后我们又把这建修起来。不知道先人名字，只能弄那么个牌位，在玻璃前头放个香炉炉，遇着节令，像着清明节、十月一，还有年三十，就这三个时间，聚起在一搭烧点纸烧点裱上个香，只能起那么个作用"。（访谈记录XJH20130606LMF）

村民说，过去修建家神窑窑是为了供"茔"，就是印有画像的老家谱；现在L家的这个家神庙也是为了祭拜祖先；即使2012年L姓族人在另外一个乡镇盖了祠堂，这座小窑也依然在用，清明、十月一和年三十时本村L姓人都会去拜。一般是周围居住方便的人拜。"记得那会儿我们在山里住着呢，家堂庙也在山里，打的土窑。窑窑不大，能敬个佛像。估计那会儿有个3米宽，怕就是个4米深左右，高怕就有个一米八几吧。直接茔就在那里头，窑就是家堂，没有那么多设置，过去那个条件么。它就是一本先人死人账本，都是记哪一代弟兄几个，多少姑娘，多少男的，家里哪里。除了放这个册子，再就是放个香炉炉，烧裱。其他啥也没有了。"（访谈记录XJH20130606LMF）当地很多家族以前都有家神窑窑，一般随住地安置在沟畔；"文革"期间很多家堂庙被毁掉了，后来部分又重新建起。以没有新建家堂的左姓为例，其家神则是谁家过事情（主要是红白事）在谁家。

坟地自不必说，除此之外，左村L姓的家户从2012年新建祠堂以后每年的清明节至少要拜两处：一处是新建的同家门但异村的西墇塬祠堂，一处是本村自己人的家堂庙。在这之前只要祭拜2005年建起的家堂庙就可以了。盖家堂庙的时间和地方的选择是经过抬爷爷问神仪式而定的，先一个月一个月地问，然后再一天一天地问。"那时间选这个地方我们还抬神神了，要问神呢，神给我们打的地方。从庙上抬起身，人（家）给我们指（路）呢，指到哪搭盖到哪搭。我们庙上不是有个九天娘娘、九天圣母，再就抬个三肖娘娘。那时间都是爷爷指的，问着那会卦往出伸，爷爷他全凭问卦呢。先定月份，都是人家定的。月份一定才定日子呢。一天一天往下问呢，五月从一号一直到三十一号，问到三十号才成。问到哪儿，哪能盖呢，人就给你放卦放到了。"（访谈记录XJH20130606LMF）

家堂以庄为单位，同姓人来拜，内置"家堂神祖"，表示老先人。L姓重盖小家堂的原因是想继续保留老先人。村民解释说，盖家堂的目的是为了让家族团结，"和国家每年进黄帝陵一模一样"。每年年三十晚上和初一早上到家堂庙祭拜祖先，在世的族人年纪大的就不去了，由儿子代为祭拜。据当地人介绍，所谓的家神窑窑就是家堂，和祠堂的性质是一样的。区别在于范围的大小：一个是以村庄里的小户族为界，一个是以大户族为界。家堂可以看作是祠堂的前身，在不同的时代有不同的样态。以前的庙堂和现在的庙堂区别在于形式上的内容，比如以前的家堂庙是窑洞，靠土窑挖的窑洞；现在则用砖头建起。有条件的时候形式多样，搞得花哨一些；没条件的时候就不搞那么多讲究。正如村民所说，"有那么个意思就对了"。不管有没有物化的丰富多彩的形式表达，心意一直都在。"几乎像我们盖那个庙、盖神宫尼，这些事情那就是有神冇神人都为了敬人家心思。你说究竟有神冇神谁也不知道呢，那因为是古代已经留下来的，保持那个民族的风俗，一般都冇人反对。"（访谈记录XJH20130606LMF）另外，家堂中祭拜的对象与村庙中祭拜的对象虽然在口头上都被称为神，但是村民认为二者的性质是不同的：村庙里供奉的是"国家承认的神"，但是家堂庙里供奉的是家神，属于"半鬼半神"。

（三）左村家门祭祖

在传统时期，乃至民国，只要条件允许，每年的清明、过年等祭祀时间都会举行祭祖仪式，全体家户选派男丁为代表到祖先坟茔参加仪式，每一家户在一般的年节或先人的忌日也会举行家祭仪式。现在多为祭扫墓地和举行家祭仪式，大规模的全族祭祖仪式则不定期举行。左村村民回忆的本家门的三次祭祖情况如下：

（1）2003年左姓族人祭祖，地点为左姓祠堂所在的左嵝岘，左村本姓选出5位代表参加：二门人3个，三门人2个。算上一个司机一共有6个左村村民参与了此次祭祖。由于参与人员记忆模糊，无法清晰地呈现当时的具体情况。

（2）2004年清明左姓二门人在老坟地祭祖点主。组织者主要是主持人、组织协调管事者、会计3人，都为本门人，参与人数40人左右，祭祖时间为2小时，花费1000元，由每家人筹40元。（本次情况涉及穿神点主，见下节内容。）

（3）2011年农历四月左姓族人祭祖。主要内容是立左氏家谱，目的宗会（字辈）不能变。地点为左村村庙，参加人数达500余人，既有各地的本姓族人，也有本村外姓看热闹的人。主办人为外村的本姓族人，主持人为本村三门人，经费主要涉及烧纸、杀羊、爆竹和招待吃饭等项目，由本村人按户均摊，每户大概120元。祭祖的主要流程如下：第一，祭老坟、烧纸和花圈；第二，举办仪式，本族人各个门头代表发言，讲鼓励家门团结之类的言辞；第三，各个辈分的人拍照，共有6—7代人；第四，招待外村的100人左右的本姓族人，地点为本村三门某户家院。

由此可见，家族举行的祭祖仪式需要在家门组织者的领导下才能有序进行，还必须有一定的资金做经济保障，否则祭祖先的仪式就难以有效维持。

（四）仪式权威与受众

祖先崇拜作为一种血缘崇拜，参与祭祀者必须有血缘联系、必须是本族成员，对于子孙们来说，参加祖先的祭祀活动既是权利也是义务。祖先崇拜与宗族制度严密结合，将精神的信仰与行为的规范结合起来。但是，女子在比较正规肃穆的祭祖仪式中不具备祭祀资格。女性被排除在祠祭之外，穿神点主、清明祭祖等仪式参与者皆为男丁，但是女性可以参加家祭。虽然女性在祭祀中不处于中心地位，但是并不代表祭祀祖先的仪式中她们不扮演任何角色，比如家祭或大型祠祭活动期间，女性都是很重要的后勤保障，负责做饭等相关招待。

祭祖仪式中参与人员的最大变化表现在仪式权威的职业化趋势以及个别仪式如何进行开始遵循主家意愿，形式上不再做严格限制，比如家祭。

随着社会的发展变化，现在的祭祖仪式权威主要是阴阳先生和红白事总管，还有鼓乐班子中的某些能人，阴阳先生在20世纪80年代后重操旧业，一直以来多以此职业谋生；红白事总管在近些年开始出现职业化趋势，管事者也有了货币收入；但是担任总管的人多以此为副业，只是在过事情较为集中的年节时期以管事为主并赚取收入，在一年的大部分时间中，他们还是与村民一样种地打工等。另外，总管可谓宗教活动的经纪人，一旦负责相关活动，就可以利用自己的人际网络请阴阳、乐队等。在活动结束后，主家会在管事者的协调下发"工资"给每位相关人员。鼓乐班子中的一些成员在过去因为经常与管事者合作，对相关仪礼比较熟知，所以也成为仪式中比较关键的人物，特别是在班子成员为村落内部或周边村落的村民时；在过去，一些民间艺人往往既是管事者也会吹拉弹唱。但是现在鼓乐吹手分工越来越细，职业化也更为明显，所以在仪式中的地位有所下降；当然，这并不是说鼓乐班子不重要，每一场仪式都需要鼓乐的助兴。

除了宗教权威的变动，受众本身也有变化。祭祖仪式中的受众主要是指家门人，但是由于一些大型的祭祖活动是在村落内部举行且具有仪式表演性质，在当地多姓同村的背景下，很多本村外姓的村民甚至周边村落的外姓村民都会来旁观，无形中对他们的家族观念和祖先崇拜观念起到了强化作用。

在对祭祀祖先的仪式看待上，老年人与中青年人有差异，观念上有一些改变，但是整体上还是遵从长辈的安排。笔者在与左村某户人家访谈祭祖的相关风俗时，户主27岁的儿子（现已大学毕业并在定边县城工作）也很有自己的看法。"风俗习惯历来就是传统的观念、概念而已，它还跟人的生活习惯、物质条件有关，跟社会发展而变化。那在过去生产力不发达的情况下，你拿啥去搞这些东西？人的衣食住行温饱这些大问题不解决，哪有心思去搞这些东西。好多风俗习惯它跟咱们生活都贴近，跟咱们的生活一模一样，它只不过变个说法而已，任何素材它本身就是来源于生活。你如果对这个人共事的话你对这个神也共事，只不过你跟神共事的时候你更加尊重对方。"（访谈记录 XJH20130609ZHW）这些话语也反映了当地部分年轻人的一些观念。在他们看来，传统仪式的举办不必拘泥于老规范，可以有很多形式上的变通；而且这些变通并不会影响到老的风俗习惯所强调的内容。对于祖先的情感与敬畏没有大的差异，只不过不同时代的人其表达的方式有了变化。无论是否受过教育,当地村民都很重视祭祖,将其认作家族成员不可回避的义务与责任,特别是受过教育的村民,更是将祭祖活动看作是理应参加的公共事务。由此,祭祖仪式本身就是再生产机制,完成尊宗敬祖观念上的代际传递。

三 结语:远离背后的血缘回归

传统时期,一旦举办祭祖仪式,"所有家庭成员必须到场参加仪式。在外地谋生的人如果离家不是太远,就必须回来;如果实在是由于距离太远而不能参加,他们也时刻记着这一祭祀场合实际上是家庭团聚的机会。在父母的周年祭日和每年春、秋季的祭奠场合,更是如此"①。城镇化现代化工业化过程中,社会分工越来越细、社会分化越来越明显的现实情况难免对传统乡村生活产生影响,传统的整体生活不再可能。冯友兰就曾通过区分生产家庭化和生产社会化分析和解释不同生活方式的差异问题:"在生产家庭化的社会里,不但一个人的家是一个人的一切,而且一个社会内所有的家,即是一个社会的一切。若没有了家,即没有了生产,没有了社会。……在生产社会化的社会中,人对于其社会之关系,是密切的。他的生活的一切都须靠社会。就这一方面说,无论任何社会,其中的人的生活的一切,都须靠社会,离开社会,都不能生存。……生产社会化的社会里,社会化的生产方法打破了家的范围。人之所直接依靠以生存者,并不是家而是社会。"② 人口的地域流动对原有的血缘、地缘高度重叠聚族而居的家族有冲击,社会关系的多元化格局某种程度上淡化了传统的宗族血缘关系;随着村民见识的增多,文化程度的提高,祖先崇拜的神圣外衣逐渐剥除,而日显世俗化的特性。尽管如此,生活方式上的变化并不一定立即引起人们观念的变化,二者往往是不同步的。据当地村民介绍,即便是有重要事情不能及时赶回来上坟,也必须找人把纸捎回来让家门人代烧,当问及能否不烧纸时,对方快速并很肯定地回答"不行","一定得回来上坟"。村民直接的话语让笔者感受到对方强烈的血缘认同。

---

① 杨庆堃:《中国社会中的宗教——宗教的现代社会功能与其历史因素之研究》,上海人民出版社2007年版,第51页。
② 冯友兰:《新事论:中国到自由之路》,北京大学出版社2014年版,第69—78页。

参加某户白事烧灵仪式过程中，笔者在去坟地的路上和过世者的重孙女（19 岁，在定边县城打工）谈到对家族的看法，她觉得"我们这边人心特别齐"，每次过事情都会强化这种感觉。同是主家亲属的另一个女孩（22 岁，在西安财经学院读财会专业的三年级本科）也说毕业后找工作不想去别的地方，还想回定边。可见这些调动全家族每一成员的仪式确实有很重要的影响，其中的礼仪亦起到很大的教化作用。由此，常听人说起的"陕北人恋家"不是没有缘由的，一方地域总有其地方特色，当地人多少总带有一些共通的性格特征；而陕北人的性格特征就与其家族结构及强烈的家族观念有关。家族的力量在当地社会很突出，历经集体时代政治影响、改革开放市场冲击依然保持当前的社会结构。

20 世纪 80 年代后期，祖先崇拜风俗又重新在农村盛行，特别表现为坟墓、祠堂等物质层面相关要素的恢复与重建。"这固然是有其外部原因，但是更重要的是扎根于农民心中的祖先崇拜观念要素、村民聚族而居的居住形态，以及幸存于世且通晓和热心祖先崇拜事物的宗族人物构成的组织要素，还有幸存的宗祠、坟墓、族谱、祖先灵位等物质要素。"[①] 现代器物如新式鼓乐队、礼炮、音响、摄像机等的应用为祖先的祭祀仪式添加了现代化的时代气息。祭祖仪式还可作为团结族人、和睦乡邻的现实手段以及一种休闲、娱乐、社交渠道。在当地社会近些年举行的各种祭祖仪式中，参与者更多的是怀着对祖先的尊敬和感激之情。所以祭祖既有社会功能，又承载着地方村民的情感表达。

血缘关系的明确是一个家族存在的前提。而家谱就是为防止异姓乱宗、紊乱血缘关系的重要工具，所以家谱的建立和撰写不可含糊。"家谱不能靠个人崇拜。有家谱，咱们都是李家人，工作以后还可以攀亲情。家谱上写什么，后人都以为是真的。所以记载内容应有依据，不能含糊，没依据的不记载。这是门情，不是生得近生得远的问题。"（访谈记录 XJH20130601LMH）通过对以族谱为核心象征的祖先的崇拜，家族内部唤起同族团结的力量，加强了同族群体的凝聚力。血缘的强调、门情的讲究是家族社会不变的主题。在这种社会文化氛围中，"人们认为一个人的存在是由于他的祖先，反过来祖先的存在也是由于他的子孙。阴界祖

[①] 朱雄君：《乡风民俗变迁动力的理想类型分析——基于"结构—行动"的视角》，《社会学评论》2013 年第 3 期。

先的生活必须靠阳界子孙的供奉,阳界子孙的福祉则靠阴界祖先的庇护,而他们联系的纽带即是祭祀。如果这种祭祀停止,则祖先和子孙将两败俱伤。祖先既无人照料其阴间的生活,阳界的子孙也将不能得到祖先的荫护"[1]。如果说赡养父母的观念基础是儒家所提倡的"孝",那么祭祀义务则可以说是基于父子一体的观念。

以家族为主办单位的祭祖仪式方面的变化与以家庭为主办单位的人生礼仪变化趋同,主要也是形式上的变化;但是较之后者,祭祖仪式在内容上的变化更少,信仰观念上虽有淡化但是整体而言还占情感中的主导地位。祭祖强调人伦道德,恢复的是做人的底线,这也是在相对失范的社会背景之下进行的"补救"措施。所谓传统复兴,复兴的不是家族形式,而是通过家族组织等所要表达和强调的精神,即为前文村民所说的大原则。

> 致谢:文稿于 2014 年 9 月在"人类学与黄土文明·第十三届人类学高级论坛"上宣读,感谢王明珂、赵旭东、徐杰舜、张小军等参会老师的评点和指正。

---

[1] 麻国庆:《永远的家:传统惯性与社会结合》,北京大学出版社 2009 年版,第 9 页。

中国乡村传统文化活动及其治理功能
——基于陕西 D 村的个案研究

刘 超 刘 明[*]

摘要：基于陕西 D 村的个案研究表明：以自然村为单位的传统文化活动，包括庙事、社火、红白事等活动，这些活动不仅能培养村庄集体认同和行动能力，凝聚村庄社会资本，充实村庄治理资源，而且能构建乡村精英生产机制，满足村民精神文化需求，有效推动乡村文化建设和治理结构优化。D 村传统文化活动及治理经验具有以下重要启示：乡村文化建设必须适应当地的社会结构；乡村文化的持续发展需要一定的民间组织和本土人才保障；现代乡村文化的培育必须根植于当地历史文化传统。

关键词：传统文化活动；庙事；社火；红白事；治理功能

吴理财在研究公共文化服务的运作逻辑时率先提出"文化治理"概念，认为文化治理是一种现代治理范式，指"通过公共文化服务，达到'文化引导社会、教育人民、推动发展'的功能"，即透过公共文化服务培育公民精神、建构文化认同，在认同、协商的基础上达成治理。[①] 在当下中国的村庄治理中，文化治理规范乡村秩序的功能并未得到足够的重视。[②] 2014 年暑假，笔者在陕西关中进行了为期 20 天的驻村调研，发现当地以自然村为基本的认同和行动单位，自然村内部虽然存在户族意识，但整体上社会结构比较松散，呈现出一种"弱结构、强关联"的状态。这种"强关联"状态

---

[*] 刘超，武汉大学政治与公共管理学院硕士研究生；刘明，中国社会科学院近代史所博士研究生。本文曾发表于《湖南农业大学学报》（社会科学版）2015 年第 4 期。

① 吴理财：《公共文化服务的运作逻辑及后果》，《江淮论坛》2011 年第 4 期。

② 陈楚洁、袁梦倩：《文化传播与农村文化治理：问题与路径——基于江苏省 J 市农村文化建设的实证分析》，《中国农村观察》2011 年第 3 期。

的形成，与其以自然村为单位的文化活动密切相关。正是这些文化活动构筑了比较稳定的社会秩序，从而为村庄治理秩序的形成创造了基础性条件。特别是 D 村①，从村庄治理的实际效果来看，该村先后被省、市、县评为村务公开先进村、"五个好"先进党支部、敬老模范村、省级生态村、先进基层党组织、平安村、示范村、"5A"村、美丽乡村，呈现出和谐稳定的良好局面。由于村庄的文化活动比较复杂多样，笔者拟结合调研所得相关材料，② 对 D 村有代表性的庙事活动、社火活动、红白事活动三种文化活动形式进行梳理的基础上，探讨在村庄场域下文化活动的治理功能及其经验。

一 D 村传统文化活动的基本形式

陕西 D 村文化活动主要包括庙事活动、社火活动、红白喜事活动三种文化活动形式。它们依托其组织性活动，塑造了村庄最为重要的公共生活，对村庄结构及治理皆产生了重要的影响。

（一）庙事活动

关中庙宇的重要特点即自然村皆有村庙，庙宇的修建、日常管理、庙会活动都依赖于全村的参与，且每个村民家庭都有参与庙事活动的义务。D 村庙事活动分为庙宇的修建与日常管理、日常参拜、庙会活动、正月初一的敬香活动四类。D 村庙宇基本情况如表 1 所示。

表 1　　　　　　　　　　D 村庙宇概况

	重修时间	开光时间	花费	规格	供奉	庙会日期（农历）	性质
清凉寺	1998 年	2000 年	2000 元 村民捐资捐料、出工	三间	如来 文殊 普贤	二月十五日	曹家村村庙

---

① D 村位于秦岭山麓，渭河以南，全村共 710 户，2800 余人，距离镇中心二千米，位于 301 省道两侧，全村 5500 亩土地，种植结构上以猕猴桃为主，兼有李子、大棚油桃、苗木等，共五个自然村，曹家村、苏家村、于家园、齐家堡、豆家堡，分为八个村民小组。

② 本次调研由西北农林科技大学农村社会研究中心及华中科技大学中国乡村治理研究中心联合组织，感谢调研期间赵晓峰、李宽、魏小换、李婷等师友的指导帮助。文中数据与事例，来自笔者的实地调研。遵循学术惯例，对文中涉及的关键地名、人名做了技术处理。

续表

	重修时间	开光时间	花费	规格	供奉	庙会日期（农历）	性质
三宵娘娘庙	2013年	尚未开光	8万元 村民集资1万、苏家村捐资1万，其余信众捐资	三间	地母 三宵娘娘 龙王	二月十八日	曹家村村庙
救世祠（小）	1998年	2002年	未知 信众捐资	三间	三宵娘娘	六月二十三日	私庙
救世祠（大）	2010年	尚未开光	70万 信众捐资	五间	碧霄 琼霄 送子观音	未定	私庙
观音菩萨庙	90年代初年移至现址	2004年从外地请像	未知	三间	如来佛 药师佛 阿弥陀佛	二月十八日	苏家村村庙
五瘟神庙	原址改为村仓库，1979年塑像供奉	未知	未知	三间	五瘟神	正月初五	苏家村村庙
灵官庙	2002年	2007年	1000元 村民捐资捐料、出工	一间	财神	二月十二日	于家园村庙
天地庙	2002年	2007年	10000元 村民捐资捐料、出工	三间	玉皇大帝 关公 药王	正月初九	于家园村庙
太白庙	1980年开始修建，后两次加修	1999年	未知 村民捐资捐料、出工	三间	伯夷 叔齐 周贲	七月十三日	豆家堡村庙
万佛寺	1988年重建三间小庙、1999年拆除新建县庙	2002年	13万（村民、信众捐资捐料、出工）	五间	如来佛 药师佛 阿弥陀佛 地藏菩萨 观音菩萨 十八罗汉	二月十九日 六月十九日	齐家堡村庙
地母庙	2013年	像未塑齐尚未开光	两万元以上（村民捐资捐料、出工）	三间	地母 关公	待定	齐家堡村庙

D村庙宇或为私庙，或为村庙。私庙的修建基本上都是基于自己及家人的个人信仰。私庙的修建作为信众之事，村组会基本上不闻不问，仅提供简单的配合，如土地的使用，水电的接入等。私庙修建的资金来源主要有日常活动中积累的香火钱以及修庙时信众的捐资，修建过程中信众也会出工出力。庙宇财产在归属上并不明确，一般认为属信众所有，由庙管会负责管理。修建村庙宗旨则在于保佑全自然村及全体村民。村庙的修建一般是重修村庄历史中早已存在而年久失修或被毁坏的旧庙，村庙的修建为本自然村的重大的集体事业，每家每户的村民不论信奉与否，都有义务参与，或出工出力、或捐资捐料。如太白庙在重修时，修建委员会预算费用，需要8000元左右，修建委员会决定按户来摊派费用，每户50元起步，全自然村中的150户，只有25户因为是基督徒、家庭困难等原因未交钱，一共收了6000多元，全部用于庙宇修建。村庙财产属于全村所有，其日常管理亦有庙管会负责。

村庙的重修有着大体相似的程序。第一步重修发起者联络村中有威望的老人在一起商量，意见一致后在村庄成立一个有广泛代表性的修建委员会，成员要求门户大、有威望且热心爱庙；第二步通过发通知书或者街谈巷议的方式广而告之，争取村民的支持并号召村民捐资捐料、出工出力；第三步召开村民会议，邀请小组干部、村民代表、各个门户的代表以及有威望、能力的村民参与，商量并决定具体实施方案，之后由委员会负责具体的修建过程。庙宇修建好之后，会在修建委员会的基础上产生管理委员会，具体成员包括庙长（主要负责庙的日常管理）、会长（负责庙会活动）、会计（管理账目）、出纳（管理香火钱）、灶长（庙会时负责灶上采购、做饭等）。这些职务都没有任何报酬。庙宇在日常管理过程中有一整套约定俗成的规则，如财务报销制度，任何庙上的花费必须保留单据，由庙长签字认可后在会计处报账，会计开具证明再依据此证明于出纳处领钱。

日常参拜活动主要是每月初一、十五，庙长开庙门，信众前来上香，平常上香者多为中年妇女，或在庙中念经，或拉家常，庙成为家庭妇女重要的公共空间。庙会活动则是村庄的大型聚会，庙宇一年之中会确定一到两个固定日期（一般是供奉神佛的生日）做庙会，庙会主要有清理打扫庙宇、祭祀仪式、念经、文化娱乐、开灶做饭等活动，庙会组织工作由庙管会承担，由村民协助，如端茶倒水、清理打扫等。庙会是整个自然村的节日，村中老少成群结队前来祭拜，供奉香火钱并观看文化娱乐表演。而最能体现庙宇村庄属性的莫过于正月初一的敬香活动，此时村中外出务工、经商、求学者大多回家团聚，初一早上吉时，庙上响起鞭炮声及锣鼓声，村民以家庭为单位到庙中上香并捐香火钱，举行宗教、祭拜仪式和聚餐活动，沟通信息与感情。

（二）社火活动

社火是中国西北地区古老的民间艺术形式，指在祭祀或节日里迎神赛会上的各种杂戏、杂耍的表演。社火活动主要包括芯子、高跷、跑旱船、锣鼓队表演等形式。所谓芯子即在一个专用桌子上，固定一根形状各异的约两米高拇指粗的钢筋，用色纸在上面根据形态做出各种造型的东西，如棉花、果树、纺车、布机、龙、虎等世间百物，然后按其内容把男女小孩装扮成戏剧人物，站立顶端，少则1人，多者10余人，或并立或叠置或横卧或倒立。社火中的高跷往往成群结队而行。跑旱船则是由女演员扮驾船姑娘，男演员扮引船舶公，二人载歌载舞，紧密配合，表演各种戏剧性的情节。此外还有锣鼓队在社火表演开场，前举大旗，上书各自然村庄名。社火表演者皆着古装戏服，男女老少皆可参与，且规模很大。规模最小的社火表演也必须50人以上（其中需小孩30人左右），一般都在150人左右，全自然村基本每家每户都有人参加社火表演。

社火表演主要分为两类。一类是县里正月十五组织的社火表演，名曰"开正"，全县有社火队的村庄皆被邀请参与，时间为一天，社火表演所需大约两万元，费用由县政府支付。另一类是周边村庄唱大戏时会请社火。这一类社火表演规模更大，而且时间长，一般为三天。费用根据车芯子数量确定，不管是哪一类的社火表演都不以营利为目的，如有结余，也大多会用来买道具，如服装、锣鼓等，偶尔也会将结余平分，但数目很小。

社火表演的组织领导机构即社火会，由8个人组成，分别负责对外接洽、车芯子设计制作、人物设计及角色安排、道具、化妆以及相关的财务工作。社火会中有一整套约定俗成的决策机制及财务制度。D村的社火表演源自新中国成立初，村中几位长期在外务工的人接触到了社火表演这种艺术形式，回到村中后便一起商定开始耍社火，自此之后基本上从未间断，逐渐成为村庄重要历史记忆及公共活动。之所以能一直坚持下来的主要原因在于：全村村民都爱耍，耍起来热闹；耍社火关系着一个堡子的名誉。

（三）红白事活动

关中农村素有厚葬的传统，丧葬务求奢侈，竞相靡华的风俗特点，在唐代即已有之。① 厚葬在 D 村体现在几个方面。一是丧事时间长，最短也需三到五天，长则十余天，一般都得七天左右。丧事时间的长短主要取决于主家的经济能力，也受到气候时令的影响。二是丧事程序复杂。主要分为看日子（请阴阳先生计算下葬日期、看墓地）、报丧（门户的年轻人亲自上对方门报丧）、入殓（将死者更衣放入冰棺）、挖墓室、吊唁、下葬等程序。这些程序中有些非常复杂。如挖墓室，不仅需要挖出墓穴形状，还需要上混凝土、贴瓷砖、粉刷涂白等，最起码得七八个人挖三日才能完成。三是丧事规模大，逝者入殓之时，五服以内宗亲及姻亲到齐，而至吊唁及下葬之时，则全村每家每户皆须派人参与赶礼。主家不仅延请法师念经，一般为一天两晚或两天三晚，还需请来乐队、戏班子或者歌舞队，或唱秦腔或表演现代歌舞，一般为三日，尤其是下葬前一日晚上，必须有大规模的表演活动。

相对于白事来说，红事则更加复杂，传统关中乡俗包括说媒（提亲）、背见（临时见面）、见面（正式见面）、请媒人、道喜、下财、看屋、扯衣服、择吉日、下帖、抬箱子、祭祖、迎亲、抬轿、压轿、拜堂、入洞房、婚礼、婚宴、闹洞房、回门等程序。D 村婚姻也大致遵守着这些程序。红事的复杂在于各个环节都很有讲究，比如谁办合适、什么时间最好、什么环境、什么地方恰当等都有着严格规范。在办婚礼的时候，本自然村每家每户都要有人参与赶礼，主家亦要请乐队、戏班或者歌舞队。

在 D 村，红白事一般各家各户都得卷入其中，因而成为了全村一项重要的公共活动。由于红白事比较复杂，主家一般离不开村民协助。另外，由于主家经验、能力等方面的欠缺，不一定能将红白事操办好。因而在举办红白事的过程中，渐渐产生了一批比较稳定的帮助村民操办的精英人物，称为红白理事。这些精英人物不仅要具备一定的文化水平，懂得红

---

① 张晓虹：《文化区域的分异与整合——陕西历史地理文化研究》，上海书店出版社 2004 年版，第 265—266 页。

白事的礼节，而且要能说会道，能力出众。一般红白理事都是由老一辈红白理事培养出来。红白事的操办虽然由红白理事与主家共同商量决定，但红白事的礼节、程序安排、具体工作及人员的安排等都由红白理事来负责，红白理事并不收取报酬，属于无偿服务。

二 D村传统文化活动的治理功能

在D村，每一次庙事活动、社会活动及红白事活动都是一次集体行动。这三类活动有着明确的领导组织即庙管会、社火会及红白理事会，有着明确的规则，对村民有着一定的约束能力和领导能力，能培养村民的规则意识、团结协作的能力、纪律意识和责任意识，从而对凝聚社会资源和乡村治理秩序的形成起着重要作用。

（一）培养村庄集体认同及行动能力

D村这三种文化活动无一例外都有着明确的参与群体，即全体村民，因而在参与活动的同时无形之中加深了对自然村的认同。由于村庄的集体认同与集体行动能力的存在，村庄公共规则及公共利益不仅存在且有着明确指向，而且有着明确的守护者即村民及乡村精英，同时公共舆论依旧存在且发挥作用，村庄也就形成了有价值和意义的生产能力。换句话来说，即公共性超越个体和家庭层面，能够动员村民参与公共事务的组织性力量、凝聚性权利、权威性认同也就被生产出来，从而为村庄治理秩序的形成提供基础性条件。[①] 如从村庄决策的产生来看，任何涉及整个村的重大决策都需要召开扩大会议，成员包括村两委、村监督委员会、党支部书记、各村民小组组长、会计、出纳以及老资格的村民代表，共70余人，且会风严肃，必须关手机、不准抽烟、不准说话，迟到半小时以上者罚款100元。而任何村民小组层面的决策亦是由组长、会计、出纳和村民代表集体讨论决策。从实际效果来看，这种集体决策机制能有效保证村民的民主权利和决策质量，也有利于决策的顺利执行。又如D村在大规模种植经济作物的条件下，现在依旧实施着五年一调的土地调整制度，从而保证

---

① 张良：《村庄公共性生长与国家权力介入》，《中国农业大学学报》（社会科学版）2014年第1期，第1页。

了土地资源配置的公平公正,由此可见村庄公共性的强大。

(二) 凝聚村庄社会资源

由于村庄治理资源的有限性及村民自治制度的实施,村庄治理很大程度上依旧是黄宗智所说的"集权的简约治理",即治理行为不是以科层化、文本化的形式通过输送财政资源与身份来实现,而是"集权的简约治理",即依靠无须支付薪水的非正式官员,以一种低成本、低负担、高效率的方式来实现纠纷的调解、公共事业建设等治理和行政目标。[1] 而治理者实现治理目标,很大程度上依赖于其自身所拥有的社会资本,即村庄中的社会关系和社会结构以及治理者在这种社会关系和结构中的位置[2],即权威和面子。在 D 村,庙事活动、社火活动及红白事活动,为不同类型村民之间的交流提供了有效的交往空间,使村民超出血缘型的户族关系,通过集体的参与合作和时间纪律的控制,培养了村民的规则意识,有效地完成了对村民的组织化,从而建立了村庄层面稳定的社会关系与社会结构。作为非正式组织的庙管会、红白理事会及社火会要想开展活动,组织者必须有领导村民的能力,同时又有能力解决活动举办中的各种困难,而且组织领导这些活动没有报酬。乡村精英通过在这些文化活动发挥组织领导作用,有效地积聚了自身所拥有的社会资本,一旦这些乡村精英参与村庄治理,这些社会资本便成为其治理行为所依赖的基础性条件。

(三) 构建乡村精英生产机制

D 村通过传统文化活动成功培养了一批乡村精英,为村庄治理提供了源源不断的后备力量。从人数上来看,D 村共有村庙九间,每间需要庙长、会长、会计、出纳等4—5 人,这样算来全村大概40 人左右。而红白理事每个自然村一般都是 5 人左右,五个自然村即 25 人。再加上社火会的 8 人,不排除重合者,在一定时间内,担任庙管会、红白理事会及社火会领导职务的村民不下 70 人。这些乡村精英的产生遵循的是培养制的逻辑,"老一辈的人看你能干,就把你带进来,锻炼几年,老人就退下去",

---

[1] 黄宗智:《集权的简约治理:中国以准官员和纠纷解决为主的半正式基层行政》,《开放时代》2008 年第 2 期。
[2] 张文宏:《社会资本:理论争辩与经验研究》,《社会学研究》2003 年第 4 期。

通过培养而产生的这类乡村精英有着相同的特点即有权威、有能力、有公心。在当下的选举体制之下，乡村精英能够有效地转换身份，成为村组干部或者村民代表，参与到乡村治理过程中去。在 D 村，共 8 个村民小组组长无一例外皆是本自然村的红白理事，而在行政村层面除妇女主任外，其他 4 名村干部无一例外皆是红白理事，由此可见一斑。庙管会、社火会、红白理事会这三类非正式组织与村民自治组织这种正式组织之间，在规则上有着极大的亲缘性，如决策机制上的集体决策，会计、出纳的财务报销制度等，这一套制度规则上的亲缘性使得乡村精英的身份转换更加便利。而这一套生产乡村精英的机制，同时也对越轨者即违反村庄的公共规范、侵害村庄公共利益的村民产生了排斥作用。如在 D 村，红白理事齐某因事而被村民认为侵害了全村人的利益，在其主持某家丧事之时，村民看到其在便皆不来参加葬礼，主家无奈只好将该红白理事请走，村民才陆续赶过来。

（四）满足村民精神文化需求

在当代中国的很多村庄，现代农业技术使农民有了更多脱离劳动的闲暇时间，农民的闲暇极易成为个人性的闲暇，缺乏公共性和社会性的作用，村庄公共文化活动越来越少，农民的精神文化需求难以得到满足，[①]而在 D 村，通过庙事活动、社火活动、红白事活动，村民文化生活得以丰富多彩，而且这些活动不知不觉中影响着村民的思维方式和行为方式，实现着"以文化人"的作用。从庙事活动中的祭拜神佛，虽然可能出于功能性的需要，但在此过程中儒家的忠孝仁义观念、佛教的因果报应观念以及道家的承负报应等观念亦为村民所认同，并成为村民的人格榜样，"神就是人，供奉起来，做个表率，做个榜样"。而社火活动之中通过对古代英雄人物及德行人物的扮演，也无形之中传播着善恶之别、行善积德的观念。红白事活动亦同时将慎终追远、忠孝、家庭观念传播给村民，这些活动皆在无形之中起到了引导教化村民的作用。

---

① 陈柏峰：《后税费时代的乡村治理》，《文化纵横》2012 年第 5 期。

三 D村传统文化活动的治理经验

陕西D村的庙事、社火及红白事活动，生产了非正式组织及非正式的乡村精英、公共活动及公共舆论的机制、集体行动的运作逻辑，形成了稳定有序的村庄社会关系网络及社会结构等。这些都成为村庄形成善治局面的基础性条件。

改革开放以来，很多地方政府的乡村文化建设思路要么是"文化搭台、经济唱戏"，即通过文化建设来发展乡村旅游，招商引资等，要么是简单地强调文化基础设施建设及文化下乡，为农民提供文化娱乐设施及文化产品。[1] 这虽然在一定程度上可拉动经济发展，丰富村民的精神文化生活，但都属于脱离乡村社会关系与社会结构的"城市中心主义"思路，因而对乡村治理改善的效用十分有限。

有效的乡村文化建设或乡村文化治理必须满足四个条件：一是个体农民能够参与其中，切身感受到村庄文化的魅力；二是村落文化倡导的核心价值观能够被普通村民所接受，并得到村民发自内心的认同；三是村落文化规范要有公共性，能够对社区边缘者产生一定的心理威慑压力；四是村落文化要有利于再造权威，并为权威发挥治理功能营造良好的社会舆论环境。[2] D村传统文化活动及其治理功能的实现对于当下中国有效推进乡村文化建设或乡村文化治理具有以下重要启示。

（1）乡村文化建设必须适应当地的社会结构。中国乡村社会普遍以自然村为基本的认同和行动单位，D村的庙事、社火及红白事活动主要以自然村为基本单位，体现了对乡村基本社会结构的遵循。这是其传统文化活动长盛不衰的重要原因。同时，这些活动进一步强化了村民对自然村落及其传统文化的认同。其实D村的庙事、红白事活动本就是中国历史上文化治理的延续。就庙事而论，自唐代以来，寺庙兴盛本就是国家力量推动的结果。"国家立寺，本欲安宁社稷"，即国家通过宗教信仰活动来教化人心。传统红白事活动中的婚丧嫁娶礼仪则一直以来都是儒家教化人心

---

[1] 吴淼：《论农村文化建设的模式选择》，《华中科技大学学报》（社会科学版）2007年版，第6页。

[2] 赵晓峰、付少平：《通过组织的农村社区文化治理：何以可能，何以可为——以农村老年人协会为考察对象》，《华中农业大学学报》（社会科学版）2013年第5期。

的基本手段。红白事活动在新中国成立前的基本单位是户族，新中国成立后主要以自然村为单位，并逐渐稳定而延续至今。总之，乡村文化建设必须适应乡村社会结构，有利于强化村民对村落及国家传统文化的认同，进而促进乡村社会治理结构的改进和优化。

（2）乡村文化的持续发展需要一定的民间组织和本土人才保障。D村庙事、社火及红白事活动的非正式组织，无论是庙管会、社火会还是红白理事会，不仅成员稳定而且具有约定俗成的运行规则，这些民间组织的存在是保障其相关传统文化活动不断延续的重要前提。有效的文化建设和治理必须在村庄内寻找能够热心参与此项文化活动的积极分子，并逐渐建立起正式或者非正式的社会组织，确立组织运行的基本规则。只有如此，文化活动及其社会组织才能融入村庄社会结构中，成为村民之间的一种重要的社会关联，进而为当地文化发展和乡村治理积累社会资本、培养更多乡村精英。

（3）现代乡村文化的培育必须根植于当地历史文化传统。这种历史文化传统包括当地的宗教、艺术传统及价值观念等多个维度。存在于村民历史记忆的地方特色文化活动很容易复活及延续。以D村的庙宇为例予以阐释，D村所在的关中地区作为儒、释、道三教交融的文化区域，孝道观念、道德观念、因果观念一直都比较浓厚并成为乡村社会的普遍心理。虽然在"文革"中D村的庙宇几乎全部被毁，神像被推倒砸毁，庙宇被毁坏改建，但随着1978年国家政治局面转变，庙宇便又兴盛起来。D村自1979年至今已经复建11座庙宇，由此可见村民历史记忆的深刻。因此，有效的文化建设及治理必须接续村庄的历史记忆，充分扎根当地的历史文化传统，无论是艺术形式创新还是新文化的输入都必须尊重当地价值观念，才能为村民所喜闻乐见而长盛不衰。

当下中国有效推进乡村文化建设及其治理依旧任重道远，认真总结和推广包括D村在内的乡村文化治理实践或许是一条比较好的路径。

第三部分
农村社会治理研究

精准扶贫中的国家治理能力分析
——以陕西 M 县精准扶贫实践为例[*]

贺海波[**]

摘要： 社会中心论的国家治理能力是指代表统治阶级履行社会管理职能的能力；国家中心论的国家治理能力是指国家贯彻和实现自身意志的能力。当前的精准扶贫实践中，国家治理能力更多是指国家管理内部、渗透社会，自主贯彻和实现自身目标和意志的能力，具体表现为国家内部的统领能力、国家对社会的认证能力与规管能力、国家的再分配能力与整合能力等。陕西 M 县的精准扶贫，在政治动员与检查考核中增强了国家的统领能力；在制定市县劳动收入的统一标准、严格村庄民主评议、建构县乡两级干部双重交叉协作机制中，增强了国家的认证能力与规管能力；在资源再分配中，回应了贫困群体的利益偏好，增强了国家的再分配能力和整合能力。整体而言，在精准扶贫中，国家治理能力呈现不断增强的趋势。但要想实现国家治理能力的健康持续增长，就要进一步处理好政治与行政的关系，提高对社会的规管能力和增强对农民的教育能力等。只有如此，才能不断推动国家治理能力的现代化。

关键词： 精准扶贫；国家治理能力；实践机制

一 问题意识与相关研究梳理

党的十八大报告提出到 2020 年要全面建成小康社会。"小康不小康，

---

[*] 基金项目：2016 年教育部人文社会科学研究青年基金项目"精准扶贫中的国家治理现代化实践机制研究"（16YJC710010）。本文曾发表于《社会主义研究》2016 年第 6 期。

[**] 贺海波，湖北工程学院政治与法律学院副教授，武汉大学中国乡村治理研究中心兼职研究成员。

关键看老乡。"习近平总书记多次强调，要加大对困难群众精准帮扶力度，在 2020 年前实现 5700 多万农村贫困人口全部脱贫。早在 2013 年底，国家出台《关于创新机制扎实推进农村扶贫开发工作的意见》指出，要"进一步完善中央统筹、省负总责、县抓落实的管理体制"，"切实做到扶真贫、真扶贫，确保在规定时间内达到稳定脱贫目标"。随着精准扶贫从政策文件向县乡村的具体实践铺开，精准扶贫工作展现了丰富的实践样态，成为一种重要的国家治理现象。

学术界对此展开了大量研究，包含了以下几个重要方面：一是从扶贫历程来研究贫困治理的转型。农村贫困治理体系结构从农村经济体制改革到瞄准贫困县再到瞄准贫困村，当前的精准扶贫是国家推动的新一轮扶贫攻坚，[1] 在扶贫目标、扶贫方式、扶贫主体和扶贫过程"四个转向"中创新政府、市场、社会协同推进扶贫机制。[2] 二是从精细社会理论视角来探讨精准扶贫的理论导向与实践逻辑。将精细社会"精、准、细、严"的核心思想内化为农村扶贫开发的实践，在制度设计、政策运行、扶贫靶向、职业意识与职业技能等方面实现精细化，[3] 最后达到扶贫治理的精准化。三是从理论预设的变迁来研究扶贫的突破点问题。以往对于扶贫的理论假设是"贫困是经济问题"，但是后来认识到扶贫要注意"资源基础上的可行能力形成与提升"，[4] 促进社会公平正义。四是从农民的主体性与组织化角度来研究扶贫路径。目前精准扶贫中市场主义的思维方式严重，但正是市场主义造成了经济社会、城乡东西的不均衡，为共同富裕设置了障碍，而当前的精准扶贫要应对造成贫困的市场主义，重塑乡村的主体性。[5] 五是从创新上来研究扶贫机制问题。精准扶贫机制创新分为内在机制创新与外在机制创新。内在机制创新包括精准识别机制、帮扶机制、动

---

[1] 黄承伟、覃志敏：《我国农村贫困治理体系演进与精准扶贫》，《开发研究》2015 年第 2 期。

[2] 莫光辉：《精准扶贫：中国扶贫开发模式的内生变革与治理突破》，《中国特色社会主义研究》2016 年第 2 期。

[3] 王宇、李博、左停：《精准扶贫的理论导向与实践逻辑——基于精细社会理论的视角》，《贵州社会科学》2016 年第 5 期。

[4] 郑瑞强：《精准扶贫政策的理论预设、逻辑推理与推进机制优化》，《宁夏社会科学》2016 年第 4 期。

[5] 邱建生、方伟：《乡村主体性视角下的精准扶贫问题研究》，《天府新论》2016 年第 4 期。

态管理机制与效果考核机制的创新。外在机制创新包括扶贫治理主体之间的协商机制、资源整合机制、市场机制、可持续发展支撑机制的创新。[①] 六是从农村贫困转型来研究扶贫转型。当前中国农村的贫困已转型为贫困主体的相对贫困性、贫困生成的结构性、贫困内涵的消费性和贫困治理的复杂性。为了应对这种转型，需要切实推进精准扶贫工作，同步实施"造血"与"输血"扶贫，做好贫困人口的社会保障并引导其消费，优化贫困治理结构。[②]

上述研究，从扶贫理论的变迁、扶贫阶段性特点、贫困本身的转型和扶贫的机制创新等方面来探索当前精准扶贫的种种经验与问题，对于学术理论与精准扶贫实践都有推进作用。但存在的缺憾是鲜有研究来揭示精准扶贫中的国家治理能力问题。我国正在推进国家治理体系和治理能力现代化，希望在不久的将来建立起一套完善的中国特色社会主义制度体系，而精准扶贫作为一项全国性的重要工作，以县为单位在体制机制方面不断推陈出新，这些体制机制是否有助于增强国家治理能力？有哪些需要注意的问题？这些都是极需要跟踪研究的。本论文将以陕西 M 县的实践为分析基础对此做出尝试性回答。

二 理论资源与分析框架

国家能力常常是不同学派研究的中心议题，其中社会中心论的国家能力观与国家中心论的国家能力观具有代表性。首先，社会中心论的国家能力观。马克思主义认为，社会决定国家，国家的存在与发展归根到底都应该从社会的经济生活条件中得到解释。后来新马克思主义也坚持，国家本质上是阶级或阶级斗争的体现，其职能只是维持和扩大特定的生产模式。集团理论、多元主义和结构功能主义理论都认为，政治现象是社会集团政治活动的总和，国家或政府并没有独立的自主性，而只是提供了一个社会各集团竞争的场所，拥有资源优势的集团是社会竞争中的获胜者，也是支

---

① 莫光辉、陈正文、王友俊：《新发展理念视域下的精准扶贫》，《中国发展观察》2016 年第 7 期。
② 邢成举、赵晓峰：《论中国农村贫困的转型及其对精准扶贫的挑战》，《学习与实践》2016 年第 7 期。

配政府政策的意向来源。① 马克思主义的国家理论从国家职能来论述国家能力，国家职能分为政治统治职能和社会管理职能。政治统治职能强调国家的阶级属性，强调国家是被公民社会中的某一集团从外部控制的消极机构，统治集团根据自身阶级利益导向来行使国家权力；社会管理职能则强调国家对社会的组织、管理等功能，强调化解社会矛盾与维持社会公益的国家能力，政府机构改革和公共政策要着眼于社会的长远发展和社会公共利益的最大化。② 国家职能与国家能力是辩证关系，国家职能是国家的职责与功能，是国家对社会承担的责任和法定的管理权限。国家能力是国家履行其职能的能力。③

其次，国家中心论的国家能力观。20世纪七八十年代，有些学者发现，以社会中心论来解释社会变革和政治现象，变得越来越不可靠。国家宏观调控作用越来越大，国家自主性越来越强，在某些政策方面，摆脱了作为统治阶级的控制。回归国家学派强调国家对社会的作用，在一定程度上继承了韦伯主义的国家观——理性国家是垄断合法暴力和强制机构的统治团体。在此基础上，斯考切波将国家能力概括为实施国家追求的一些并非仅仅是反映社会集团、阶级或社团之需求或利益的目标的能力。④ 米格达尔认为，国家能力是"国家领导人通过国家的计划、政策和行动来实现其改造社会的目标的能力。国家能力包括渗入社会的能力、调节社会关系、提取资源，以特定方式配置或运用资源四大能力"⑤。

后来，迈克尔·曼将国家权力区分为国家的专制权力与基础性权力，国家的专制权力，指国家精英可以在不必与市民社会各集团进行例行化、制度化讨价还价的前提下自行行动的范围；国家的基础性权力，即国家能力，指国家事实上渗透市民社会，在其统治的领域内有效贯彻其政治决策的能力。其中国家的基础性权力更多是指落实国家的社会管理职能的能

---

① 何俊志、杨季星：《社会中心论、国家中心论与制度中心论——当代西方政治科学的视角转换》，《天津社会科学》2003年第2期。
② 邓远萍、王刚：《自马克思国家理论的话语权论析》，《中共天津市委党校学报》2015年第5期。
③ 黄宝玖：《国家能力研究述评》，《三明学院学报》2006年第1期。
④ [美]彼得·埃文斯、迪特里希·鲁施迈耶、西达·斯考克波编著：《找回国家》，生活·读书·新知三联书店2009年版，第10页。
⑤ [美]乔尔·S.米格代尔：《强社会与弱国家：第三世界的国家社会关系及国家能力》，江苏人民出版社2012年版，第5页。

力。我国有学者在此基础上将国家能力分为八种：强制能力、汲取能力、濡化能力、认证能力、规管能力、统领能力、再分配能力、吸纳和整合能力。① 还有学者建构国家能力的"输入—转换—输出"结构，输入能力包括汲取能力、吸纳能力和认证能力；转换能力是制度与政策设计能力；输出能力包括强制能力、规管能力、宏观调控能力、再分配能力、公共服务能力和濡化能力。② 这些国家能力就是国家治理能力，其中包括国家执行政策制度的能力。

综上所述，社会中心论的国家治理能力是指代表统治阶级履行社会管理职能的能力；国家中心论的国家治理能力是指国家贯彻和实现自身意志的能力。就当前我国在贯彻落实精准扶贫等公共政策方面，国家治理能力更多是指国家管理内部、渗透社会，自主贯彻和实现自身目标和意志的能力，包含以下几项核心因素：一是国家内部的统领能力。统领能力是指国家管理自己的能力，即管理各级国家机构与国家工作人员履行各项国家职能和保持高效清廉的能力。③ 二是国家对社会的认证能力与规管能力。国家的认证能力是指收集、确认、识别有关人、财、物、行、事的基本事实，建立相应分类、规则、标准和规范的整个过程，还包括认证不同阶层、不同群体的参与诉求、利益诉求，以及认证国家意志渗透的结果和来自市场和社会的反馈。规管能力是指规管人们外部行为的能力，国家规管是为了构建良好的经济秩序和社会秩序，监管安全、规管市场外部性与民众各种违规行为等，④ 意义在于改变个人和团体的行为，使其行为符合国家制定的规则。三是国家的再分配能力与整合能力。再分配能力是指国家以特定方式在不同社会集团间对稀缺资源进行权威性调配的能力。再分配就是要缩小财富分配的不平等，保障社会中所有人的经济安全，让所有人都有尊严地活下去。整合能力是国家对不同社会群体表达出来的各种政策偏好的整合。⑤ 在全面建成小康社会和共同富裕的目标下，国家理应通过再分配来整合社会上的贫弱群体。本论文将进入陕西 M 县的精准扶贫实

---

① 王绍光：《国家治理与基础性国家能力》，《华中科技大学学报》2014 年第 3 期。
② 陶建武：《国家能力与治理发展：分析框架的构建与中国经验的例证分析》，《理论探讨》2016 年第 2 期。
③ 王绍光：《国家治理与基础性国家能力》，《华中科技大学学报》2014 年第 3 期。
④ 陶建武：《国家能力与治理发展：分析框架的构建与中国经验的例证分析》，《理论探讨》2016 年第 2 期。
⑤ 王绍光：《国家治理与基础性国家能力》，《华中科技大学学报》2014 年第 3 期。

践中，涉及镇村时将以 H 镇和 F 村为例，具体从县乡村三级内部的管理机制与管理效果的分析中，考察国家内部的统领能力，从精准识别过程机制分析中，检讨国家的认证能力与规管能力，从精准帮扶的施策机制分析中，观察国家的再分配能力与整合能力；然后再从整体上判断当前的精准扶贫的机制创新对于国家治理能力的影响，并且思考精准扶贫中国家治理能力发展需要注意的问题。

三 精准扶贫中国家治理能力的实践表达

精准扶贫是对公平正义的一种维护方式。实现社会的公平正义，既是国家治理的伦理目标，又是国家治理能力的具体体现。① 陕西 M 县通过精准扶贫来实现公平正义，其中国家治理能力主要展现于国家内部的统领能力、国家对社会的认证与规管能力和国家的再分配能力与整合能力。

（一）精准扶贫中国家内部的统领能力

国家内部各级党委政府，为调动下级党委政府或部门和各级党员干部工作的积极性，保证完成各项工作任务，常有两种方法：政治动员与检查考核。

1. 政治动员

政治动员是政治主体以其价值观、信仰诱导和说服政治客体②，贯彻落实自上而下的政治意图的途径和渠道③，其实质是集体行动者之间为了特定政治目标、依赖于一定的行动策略所形成的认同聚合。陕西 M 县的精准扶贫中的政治动员表现在三个方面：首先，意识形态的宣传鼓动。陕西 M 县在全县扶贫攻坚工作动员会上，县委书记、县长与各镇街签订了脱贫攻坚责任书。县委书记、县长强调：精准扶贫是全面建成小康社会、实现中华民族伟大复兴"中国梦"的重要保障；实现共同富裕，是社会主义的本质要求；打赢脱贫攻坚战，是中央省市交给我们的一场没有讨价还价余地、必须打赢的战役。H 镇分管扶贫的副镇长说，精准扶贫签军令

---

① 景枫：《国家治理能力现代化的伦理内涵》，《领导之友》2016 年第 5 期。
② 施雪华：《政治科学原理》，中山大学出版社 2001 年版，第 740 页。
③ 周雪光：《权威体制与有效治理：当代中国国家治理的制度逻辑》，《开放时代》2011 年第 10 期。

状后，感觉压力很大。陕西 M 县在层层政治动员后，实现了对各级干部的意识形态说服、灌输，从心理意识和价值观等方面获得动员客体的支持与服从。其次，人际工作关系网的建构。H 镇成立了以党委书记任组长，镇长、分管副镇长任副组长的扶贫开发领导小组，各村也成立了以村支部书记为组长，村委会主任为副组长，其他村两委班子成员为组员的扶贫工作小组，形成"横向分工、垂直领导"的工作关系网。此外，还建构起一套"单位包村，干部包户"的工作关系网络。最后，特定的集体行动。陕西 M 县参与扶贫的单位与个人要达至以下目标：实现从救济式扶贫向开发式扶贫转变，由"输血"式扶贫向"造血"式扶贫转变；贫困村农民人均纯收入达到全县农民人均纯收入的 90% 以上；转变有劳动能力贫困户的观念，提高致富能力。县乡村各级单位与干部就是围绕这些精准扶贫的具体要求来开展集体行动的。

2. 检查考核

县乡经常使用检查与考核来调动干部的工作积极性。检查考核后，县对乡的激励手段有物质奖励、财政收入分成、政策优惠和提拔重用。[①] 除了财政收入分成外，其余三项激励措施也是乡对村经常使用的激励方式。在精准扶贫工作中，检查具有直接性与针对性。在填报精准扶贫的国表与市表时，因工作任务非常紧，乡镇统一安排各村每晚都要加班加点工作。有一次，凌晨两点，H 镇镇长和一名副书记突然到 F 村检查，查看了统计表的填写情况，并问村干部不同表格中填写的原则要求及同一个贫困户的各种资料的内在逻辑性。此外，还有对阶段性工作完成情况的计划性检查。比如根据国家和省市要求，M 县组织各镇村开展建档立卡"回头看"，进一步挤出水分，查漏补缺。检查是对平时具体工作的一种灵活机动的督导行为，考核则是对于某项工作整体上的评价。比如，镇扶贫攻坚领导小组办公室对村的考核分为两种：一是每周每月定期考核阶段性的工作任务完成情况，并在全镇通报；二是年终对照扶贫方案细则进行总考核。镇党委政府将精准扶贫工作的定期考核与年终考核均纳入各村年终绩效考核，对于排名靠前的先进村给以经济、项目资助和主要领导提拔重用等奖励。

---

① 吕玉霞、刘明兴、徐志刚：《中国县乡政府的压力型体制：一个实证分析框架》，《南京农业大学学报》（社会科学版）2016 年第 3 期。

(二) 精准扶贫中国家对社会的认证能力与规管能力

认证是一项最为基本的国家基本制度,是一项政府应该提供的公共物品,其公共性体现在它几乎是所有国家制度的前提,是国家基础能力的基础。① 在某种意义上,现代国家的治理是一种通过数据库的治理,或者说,是一种通过认证的治理。② 在精准扶贫中,要想做到精准识别,还要对干部与村民采取有效措施进行规管。

1. 认证与规管的结果

目前仍有 7621 户、22782 人贫困群众。H 镇在册贫困人口 1312 户,3773 人。F 村去年评低保户就有 80 人,2016 年只有 25 户被评上了贫困户,其中低保户 12 户,五保户 5 户,一般贫困户 8 户。在调查中,村民反映往年有一些在村里算很富有的人,住着楼房,开着小汽车,还吃上了低保,但是 2016 年评的贫困户基本上是符合村里实际情况的。从 F 村贫困户评选结果来看,在 2016 年的精准扶贫中国家的认证能力与规管能力显著增强。

2. 认证与规管的具体做法

在精准扶贫中,陕西 M 县的国家认证能力与规管能力的增强,主要在于以下几点做法:一是严格统一收入来源认证标准。为规范申请救助家庭的收入核算,市民政局制定的《关于城乡居民家庭收入核算有关问题的通知》共分五个部分:家庭收入类别、劳动时间的认定、居民收入核算、收入来源的认定和不计入家庭收入的项目,并且还拟定了《市城乡居民家庭劳动力系数测算标准及代码表》。二是调动村干部的积极性,靠民主评议来识别。镇扶贫办主任说,县乡干部都只能严把程序关,只有村干部才最了解贫困户的情况。也就是说,能否真正实现精准识别,需要调动作为国家与社会联结纽带的村组干部精准识别的积极性。三是交叉协作,避免熟人社会的关系运作。首先,县乡两级交叉负责,县上条线单位包村,干部包户,乡镇也有包村干部,每村两名干部,同样的扶贫对象,县乡不同干部同时帮扶。其次,乡镇每村两名包村扶贫干部,在精准识别过程中经常更换所包的村庄对象,这种不稳定性,使乡镇干部无法与村庄

---

① 欧树军:《权利的另一个成本:国家认证及其西方经验》,《法学家》2012 年第 4 期。
② 欧树军:《监控与治理:国家认证能力辩证》,《中国图书评论》2013 年第 11 期。

结成利益联盟，也无法与农户结成利益联盟。

（三）精准扶贫中国家的再分配能力与整合能力

改革开放以来，利益分化越来越严重，贫富差距不断拉大，近几年已经成为一种严重的社会问题，甚至开始成为诱发社会不稳定的重要因素。为了改变这种现状，极需要国家通过精准扶贫来加强国家的再分配能力，向低收入群体转移稀缺资源，整合社会中的贫弱群体。

1. 国家的再分配能力

影响再分配正义的有两个因素：作为输入端的国家财政汲取能力与作为输出端的国家再分配能力。当前随着国家自主性的变化，我国财政汲取能力较强，再分配能力较弱，从而比较严重地影响了分配正义。[1] 精准扶贫正是重建再分配正义的国家自主性过程。

首先，资源与资源再分配类型。2016 年中央补助地方 660.95 亿元，已经全部拨付到位，比上年增长 43.4%。截至 8 月初，陕西共筹集中央和省级财政专项扶贫资金 28.7 亿元，其中 10 亿元已经全部下达市县。陕西 M 县 2016 年财政专项扶贫资金计划中，中央财政专项扶贫资金 494 万元，省级扶贫资金 316 万元。H 镇对 1312 户的资源分配作了细致定位：异地搬迁脱贫 269 户、教育帮扶脱贫 430 户、转移就业脱贫 325 户、产业发展脱贫 703 户、政策兜底保障 563 户、生态保护脱贫 97 户、医疗救助脱贫 97 户。其次，产业扶贫再分配。在这七类资源分配中，只有产业发展脱贫是对贫困户在比较短的时期内的致富能力的提升，是一种"造血"式的帮扶。M 县在全县 48 个贫困村下派了驻村工作队和第一书记，安排 2643 名机关干部"一对一"包抓所有贫困户。包村单位选派干部驻村开展工作，帮助村上厘清发展思路，帮助贫困户制定具体的帮扶措施：种什么、养什么，发展什么项目，如何使用产业发展补助资金，用足用活产业发展政策。F 村主要是帮助 8 户贫困户种植猕猴桃，或者将现在的猕猴桃园打造成精品桃园，此外，二组小组长还与一家贫困户合伙办了一个养鸡场。最后，综合性再分配。事实上，每一个贫困户并不是一种原因致贫，而是几种原因叠加后的综合效应，那么精准扶贫再分配具体到每一户也应

---

[1] 张晒：《国家自主性与再分配能力：转型中国分配正义的一个解释框架》，《华中科技大学学报》2014 年第 2 期。

该采取综合措施。比如，县社会福利中心的杨科长帮扶 F 村的朱某，就根据朱某的具体情况，帮其制定多重帮扶措施：医疗救助；调整种植结构；落实各项义务教育减免政策；把他们培训成懂技术、会管理、会经营的新型农民。这表明，对于贫困户的帮扶是立体多维的，国家再分配已从单一的经济分配，向经济分配与提升贫困户的市场能力相结合转型。

2. 国家的整合能力

在国家内部和国家与社会之间的大量斗争中，国家与社会相互构成并相互改变，促使国家不断整合社会力量。① 在当前深化完善现代国家治理体系的进程中，关注国家整合与社会回应的双向互构，可以精准把握国家治理的可行性方向，拓展现代国家整合进路。② 事实上，精准扶贫在很大程度上是为了实现共同富裕，是为了让农村中的最底层群众也能享受小康社会的建设成果。随着改革的深入，贫富差距越来越大，已经成为一个严重的社会问题，甚至使国家逐渐失去凝聚力。马克思的按劳分配理论暗含着一种不同于剥削不正义的正义观念，即由非选择的偶然因素导致的实际所得的不平等是不正义的观念。③ 精准扶贫正是为了改变这种非选择性偶然因素所导致的不正义，并且实现国家对于社会贫弱阶层的整合。在 F 村调查贫困户，贫困户大多表示，共产党和国家对贫困群众的政策比较好，精准扶贫确实是对困难群众的雪中送炭。村民认为，2016 年评选出来的贫困户是村里真正的贫困户，他们受到国家的帮助确实是一件正当的事情。这表明，精准扶贫确实回应了贫困群体的利益偏好，增强了社会认同与国家的凝聚力。

四 精准扶贫中国家治理能力实践表达的反思

从上述可见，在陕西 M 县精准扶贫实践中，国家治理能力确实在不断增强，但是在此过程中，也确实还存在一些影响国家治理能力持续健康

---

① 叶本乾：《路径—制度—能力：现代国家建构维度和建构有限国家研究》，《中共四川省委省级机关党校学报》2014 年第 2 期。
② 黄一映：《国家整合理论新发展：三种方法论视域的进路分析》，《华中科技大学学报》2014 年第 5 期。
③ 段忠桥：《当前中国的贫富差距为什么是不正义的？——基于马克思〈哥达纲领批判〉的相关论述》，《中国人民大学学报》2013 年第 1 期。

增长的因素。在国家对农村的日常治理实践中，要想推动国家治理能力的现代化发展，就必须要考虑政治与行政的关系、国家对社会的规管和对农民的教育问题。

首先，在增强国家内部统领能力时，要正确处理中心工作与常规工作、政治动员的关系。通过将常规性工作升级为中心工作，进而通过运动的方式进行中心工作的实践，以完成所规划的任务，这是一种"行政吸纳运动"的治理方式。① 应该说，这种经过改装之后的运动式治理方式，在当前转型中国确实可以调动国家内部强大的治理能量，能够及时突破层层障碍，从而达至某方面社会治理的好转。但是陕西M县在调动全县干部完成精准扶贫中心工作时存有两项不可忽视的问题：一是中心工作对常规工作的侵扰。在调查中，H镇分管扶贫的副镇长说，当前精准扶贫是中心工作，其他一切工作都要围绕精准扶贫来展开。分包F村的县民政局干部说，自从精准扶贫工作启动以来，半个月内就五六次到村里检查或安排工作，自己的业务常规工作根本没有时间去做，只好暂时先放一放了。从此可知，中心工作一定要挤占常规工作的资源，包括用于完成常规工作的经济资源与人力资源，这为完成常规工作布设了陷阱，使常规工作无法按时保质完成。二是中心工作中政治动员的简单化。已经59岁的F村支书谈到精准扶贫时说，一方面感觉压力巨大，工作任务必须按期完成，这是党和国家的重要任务；另一方面感觉当这个村干部没有多大意思，主要是在政治动员中，领导动不动就拿行政级别压人，动不动就说谁也不要倚老卖老，认为有了摆谱的资格，要是搞不好影响了整体扶贫工作，一样要收拾你。中心工作是从改革开放前继承下来的一种工作方式，当时的政治动员主要靠革命热情、政治觉悟和对党与国家的忠诚来达成。但是随着形势的变化，政治动员主要依赖的这些资源几乎都已流失殆尽，处于压力型体制的上级就只好借助于行政级别来给下级施压。在缺少革命热情与忠诚的情况下，这种政治动员的简单化使各级干部感觉在工作中没有尊严，无法全身心地投入到精准扶贫之中。只有正确处理了中心工作与常规工作、政治动员的关系，才可能真正进一步提高国家内部的统管能力。

其次，在增强国家认证能力时，要有力规管村庄社会的越轨行为。国

---

① 狄金华：《通过运动进行治理：乡镇基层政权的治理策略对中国中部地区麦乡"植树造林"中心工作的个案研究》，《社会》2010年第3期。

家对社会的认证是否精准,很大程度上要依赖于国家对社会的规管能力。国家治理的对象之一就是社会中的越轨行为,国家治理越轨的目的就是限制越轨鼓励遵从。标签理论认为越轨和遵从的主要起因不在于人们做了什么,而在于他人对其行为的反应。① 因此,在治理越轨行为中,国家必须建构起对越轨行为的正当反应。在陕西 M 县的精准扶贫中,国家三番五次强调精准识别,并且严格责任,发现问题要受纪律处分,严重的还要承担法律责任。这只是态度上的一种激烈反应,但是事实上如何认定与制裁越轨行为存在很大的问题:一是市场经济改变了村民日常生活的社会技能。日常生活的社会技能是由社会经验形塑的,在长期的市场经济价值熏染中,村民的理性精神越来越强,以致掩盖了其他的价值认同。在调查中,村民在谈到往年一些很富有的人都在吃低保时,普遍感到愤懑,但他们的愤懑大多只是针对村干部行为越轨,而对于这件事情本身并没有强烈的反感,如果有一天他找到关系吃上了低保,他也会坦然接受,并不会觉得不应该。可见,村民看重的是自己能否获得利益,而不是获得利益的方式是否正当。也就是说,社会文化为社会越轨行为提供了机会。二是界定越轨行为的困难性。正如标签理论所认为的,越轨行为会引起国家或社会的比较负面的反应。但是在精准扶贫中,有些行为确实很难做出正面或负面评价。在产业帮扶中,让贫困户自己发展产业确实是一件相当困难的事情,只好让精英来带动帮扶,但是精英在其中是要获利的。比如,可以与贫困户一起养鸡养牛或者种果树等,贫困户一般是没有获取市场机会的智识与能力,但是在资金、技术与市场等方面有国家优惠政策的帮扶。而精英往往有获取市场机会的智识与能力,但缺少这些稀缺资源,于是精英可以与贫困户合伙种植养殖,但是这其中的关键是获得利益后如何分成才算是正当的、是遵从了国家的意志的。只有恰当地定义与识别社会的越轨行为,才能提高国家的认证能力与规管能力。

最后,在增强国家分配能力时,还要通过教育农民来提高整合能力。现代国家整合既要实现国家对社会的有效控制,又要实现国家对现代化进程中业已分化的群体加以调控、统筹并形成一个有机整体,最终达到国家与社会的互强。处于现代化转型之中,中国的国家整合的一项重要内容就是将离散的农民或村落整合到国家体系之中,实现国家与乡村社会间的良

---

① 冯林、关培兰:《科学定位越轨是国家治理的前提》,《法制与社会》2014 年第 34 期。

性互动。① 应该说，精准扶贫就是国家通过资源的再分配对农村社会中贫弱阶层的一种现代整合。每年中央扶贫资金就达五六百亿元之多，再加上地方配套资金，全国有将近上千亿元的资金投入，这些资金分摊到5700多万贫困人口头上也是一笔不菲的收入。大部分贫困户在接受帮扶时，都持感恩之情，但是也有相当一些贫困户对此并不领情。陕西 M 县 H 镇扶贫办主任说，其实精准扶贫是一件很好的事，但现在最困难的事情是与贫困户打交道，属于他的他就要，不属于他的他也要，得不到就骂国家。花了这么大的力气，对国家还不认同，有时候觉得国家真是划不来。1949年毛泽东提出"严重的问题是教育农民"，其内在的逻辑之一是：国家要完成工业化的历史任务，必须尽可能多地获取农业剩余，农民将由革命主力军转变为工业化所需的农业剩余的提供者，这种对农民的剥夺可能会引起农民反弹，②所以要教育农民。当前，我国已经完成了工业化的第一阶段，可以"以工哺农"，大量的资源流向农村，特别是精准扶贫更是直接针对农村社会中最贫弱的阶层，但是仅仅靠资源的输入，国家并不能实现对贫困人群的整合。看来，在资源下乡的时代，最严重的问题仍然是教育农民。

五　结论

陕西 M 县在精准扶贫中，县对乡村通过政治动员与检查考核来统管。在政治动员中，将精准扶贫与社会主义本质属性、中国梦和全面建成小康社会相关联，形成共识，并且建构了惯常的科层体制与临时"单位包村，干部包户"相结合的工作体系。在精准扶贫的集体行动中，上级通过突击检查与定期考核并辅以物质、工作及职务奖励等来调动下级的工作积极性。陕西 M 县的贫困户认证达到了精准识别的程度，主要得力于市县严格统一了认证标准，通过将县乡两级干部交叉包村和乡镇干部交换包村建构了双重交叉协作机制，真正调动了村干部的积极性，抑制了熟人社会的关系运作。对真正贫困农户的救助与帮扶，使贫困群体及其整个社会都体

---

① 殷焕举、胡海：《新中国成立以来国家整合农民模式的演变与重建》，《科学社会主义》2010年第1期。

② 周建伟、陈金龙：《为什么"严重的问题是教育农民"？——毛泽东农民理论的一个解读》，《现代哲学》2008年第1期。

认到国家对每个群体偏好的关注与照应，从而达到良好的整合效应。但是陕西 M 县的精准扶贫实践中，存在一些国家治理能力持续健康增长的不良影响因素，要想推动国家治理能力的现代化发展，就必须要考虑政治与行政的关系、国家对社会的规管和对农民的教育等问题。至此，对精准扶贫实践中国家治理能力考察，可以至少得到以下三个结论：一是整体而言，国家治理能力呈现出不断增强的趋势；二是国家治理能力的增长存在着一些不良影响因素；三是要想实现国家治理能力的健康持续增长，就要进一步处理好政治与行政的关系，提高规管社会的能力和增强教育农民的意识和能力等。

双层治理结构下村民小组治理机制研究

——以陕西 D 村为例

张 曦[*]

摘要： 行政村作为国家政权在农村社会的最基层组织，上连着国家政权，村民小组作为最基本的政治单元，则是国家政权在农村社会基层建设的延伸点。同时，村民小组内部的规则和秩序成为熟人社会中的社会资源，下连着村民生产生活，成为国家政权在农村社会基层建设的着力点。乡村社会的双层治理结构与国家政权建设密不可分，村民小组的治理有赖于体制内与体制外的分工与合作，充分调动村庄内部的社会资本，实现农村社会的良好治理，利于村民自治体系的不断完善。

关键词： 村级治理；小组治理；双层治理；社会资本；村民自治

一 引言

乡村治理结构主要分为县、乡、村、组四级，不仅要承担国家对于乡村社会的管理职能，同时也要维护村庄内部的社会秩序。一直以来，乡村治理都是农村研究的关注点，特别是在税费改革后，乡村治理的困境也一直受到学术界的关注。村民小组是维系和解决村庄内部事务的基本单位，合村并组，减少村干部及报酬支出的同时，却忽视了村干部实际发挥的作用及存在价值。[①] 有学者论证了村民小组的重要性，是农民日常生活社会的权力文化网络的自然代表，撤销村民组长设置，只会强化村级治理的集

---

[*] 本文曾发表于《青年社会科学》2018 年第 1 期。张曦，华中科技大学中国乡村治理研究中心博士研究生。

[①] 贺雪峰：《合村并组 遗患无穷》，《调研世界》2005 年第 11 期。

权化、行政化倾向，不利于农村村民自治的发展。① 取消农业税后，乡村治理中各利益主体的行为逻辑及相关关系发生变化，地方政府与地方势力结盟的全新的结构吸取自上而下输入农村的资源，侵蚀村庄公共利益，导致乡村治理的内卷化。从村民小组的角度来看，取消农业税也就取消了强制性的共同生产费，缺乏村干部与村民的联系，成为散掉的村民小组。② 在理解乡村治理困境的框架下，提出通过重启治理责任、完善民主管理、监督制度、重塑乡村治理主体的责任伦理及意识，增强基层组织的凝聚力，加强乡村治理的动力、意愿和职责。③ 也有学者从法律定位的角度，确立村民小组农村土地所有权的主体地位，进一步确立村民小组与村委会之间的权力义务的再定位。④ 撤销组长将导致机会成本增高、管理难度增加、利益表达渠道中断及组内凝聚力下降，⑤ 需要从村民小组的社会资本存量来理解其在村民自治过程中的功能。⑥

以往的研究可以看出村民小组在乡村治理中的定位及其治理功能。行政村作为国家政权在农村社会的最基层组织，上连着国家政权，拥有相同的行政空间，但缺乏相同的生活空间，属于"半熟人社会"⑦。村民小组作为乡村治理体系中最基层的自治组织，是国家政权建设的延伸点，下连着村民生产生活，才是真正具有熟人社会的性质。⑧ 村民小组作为村民最基本的认同与行动单位，能够充分调动村庄内部的社会资本，依赖体制内及体制外的分工与合作，在乡村治理过程中具有重要意义，同时也是村民自治体系的重要力量。

本文将以陕西 D 村为例，分析村组两级组织之间的治理逻辑及功能，从而理解村组双层治理机制，进而理解村民小组在完善村民自治体系中的

---

① 吴理财：《合村并组对村治的负面影响》，《调研世界》2005 年第 8 期。
② 贺雪峰：《论乡村治理内卷化——以河南省 K 镇调查为例》，《开放时代》2011 年第 2 期。
③ 杨华、王会：《重塑农村基层组织的治理责任——理解税费改革后乡村治理困境的一个框架》，《南京农业大学学报》（社会科学版）2011 年第 2 期。
④ 刘秀红：《刍论村民小组的再定位》，《理论导刊》2007 年第 10 期。
⑤ 田先红、刘丽芬：《废弃抑或存留：村民组长制的困境与前瞻》，《求实》2006 年第 1 期。
⑥ 程同顺、赵一玮：《村民自治体系中的村民小组》，《晋阳学刊》2010 年第 2 期。
⑦ 贺雪峰：《论半熟人社会——理解村委会选举的一个视角》，《政治学研究》2000 年第 3 期。
⑧ 同上。

作用及意义。笔者调研的 D 村有 5 个自然村，8 个村民小组，小组内主要以其小组名称中的姓氏为主，少数异姓杂居人员是由后来购买农村土地户头迁居至此。全村 720 户，总人口 2908 人，60 岁以上人口将近 400 人。全村土地 5500 亩，其中耕地面积 4800 多亩，以猕猴桃产业为主，主要是猕猴桃、李子等经济作物全面发展。

二 承上：村级治理

自 1982 年《宪法》确定村民委员会为群众性自治组织以来，村委会一直作为村民自治体系中的基本组织，村民自治制度持续发展。行政村作为中国行政体系中最基层的组织，在乡村治理体系中，国家为适应农村变化，恢复建立乡镇政府，在其下级建立村民委员会，由村民对本村事务进行自我管理。[1] 到了后税费时期，由过去乡镇政府基于汲取而形成对村干部的管理，村干部采取双重边缘化的策略主义选择，[2] 形成压力管理的村级治理，到税费改革后权力弱化的乡镇政府通过实行公职化对空壳化的农村进行管控，形成考绩管理的村级治理。[3] 案例 D 村有 5 个自然村，8 个村民小组。D 村村两委干部 6 人，涉及财会、社保、妇联、庄基、环境整治、美丽乡村建设、公益事业、维稳调解、养老保险、最美庭院打造等方面。村干部的待遇分为两类，村支部书记以及村主任由于在镇上挂职，解决了编制问题，其工资待遇是镇里的财政拨款，主职干部为 26000 元/年，村里其他干部是 15600 元/年，从 2016 年开始，由村里财政补齐差额给其他干部也是 26000 元/年。村干部主要工作是对上的承接工作，相当于科层化的延伸，实质上是完成自上而下的工作任务，行政化比较严重，基本上都是完成上级的对接任务，与村民的联系互动较少，村庄主要依靠小组为单位来进行公共需求的治理。

行政村作为国家政权建设中的基本单位，是国家与农民的连接点，国家对农村的治理只有通过村干部才能变为现实。但其并非像村落一样自然

---

[1] 张厚安、徐勇、项继权等：《中国农村村级治理——22 个村的调查与比较》，华中师范大学出版社 2000 年版，第 4 页。

[2] 吴毅：《双重边缘化：村干部角色与行为的类型学分析》，《管理世界》2002 年第 11 期。

[3] 欧阳静：《村级组织的官僚化及其逻辑》，《南京农业大学学报》（社会科学版）2010 年第 4 期。

形成，其拥有相同的行政空间，具有半熟人社会的性质。特别是在后税费时期，村级组织主要是上连着国家，即主要执行国家的治理目标和相关政策，并非农民内生的组织要求。正如D村中体现出来的村级组织工作行政化、与村民互动交往的频率逐渐缩小，主要都是应对上级的考核、实行工薪制和坐班制。村两委主要作为村级组织来承担政策性的工作，在村庄中执行和实现国家的治理目标，促进国家政权建设。在这种情况下，村干部则脱离了村庄内部的公共生活领域，主要成为乡镇政府的下级，这不仅改变了乡村关系，也改变了村民关系，使得村级治理发生转变，乡村共同体发生变化，同时，村干部内生权威不断削弱，与村民的直接联系日益减少。

村干部职业化存在于当前这种资源较少、每年几乎全部依靠项目及财政转移经费运转的村庄中。不断精细化的管理及考核制度使得村干部主要精力用于应对上级检查、管理及考核。其主要停留于形式主义的行政任务，完成诸多文字材料，而没有回应农民的根本需求，逐渐与村民剥离，而缺乏与村民间实质性的互动。在这种剥离状态下，村干部的社会性权威逐渐减弱，而主要是上层赋予的行政性权威。因此，在村庄中推行行政任务时，无法运用社会动员，而主要是通过行政的逻辑，运用相应的经费来完成这类制度化、行政化、形式化的工作内容。

三 启下：小组治理

2015年中央一号文件指出在实际需要的地方，扩大以村民小组为基本单元的村民自治试点，继续搞好以社区为基本单元的村民自治制度，探索符合各地实际的村民自治有效实现形式。[①] 村民小组作为D村治理中的实质治理单位，其体现出的是自治单位，组织体系完整、经济基础夯实、公共事务管理等使得小组治理拥有其活力，推动小组完善公共服务的功能，通过比较清晰的双层制度以及相应的工作内容分配，形成双层治理结构下的小组治理。小组主要负责村庄公共性事务、满足村庄公共品供给、维持秩序等具体工作，主要体现在土地调整、纠纷调解、公共品供给及人

---

① 《中共中央国务院关于加大改革创新力度加快农业现代化建设的若干意见》，2015年2月1日。

情往来，在不同的具体工作中体现村民小组的治理功能。

（一）土地调整

村组在确权开始前，首先是各组土地调整，按照生增死减的原则，在三十年不变的大前提下进行小调整。由于当前土地上种的都是经济作物，土地附加值高，使得当前土地调整是各组比较头疼的问题，土地确权主要是按照2012年的土地调整进行确权，不是走实际的调地程序，而是账面上的经济调地，主要运用经济手段进行资料信息的整理。在土地确权以后不可能再进行土地调整，只能进行账面调整。小组治理依赖于土地调整所带来的权限以及治理活力，推动了小组公共服务功能，但确权后，小组与土地与村民不再能通过土地进行高强度的互动，其小组内部，村民间关系不再能够通过土地调整进行再整合，削弱了小组的治理活力，也相应地影响了小组的治理。对于土地资源，其余经济资源与政治资源主要是在土地的基础上衍生出来的，例如土地上经济作物等经济资源或在公共基础建设过程中存在于相应的调地过程中的政治资源。小组的治理权力很重要的一部分是土地调整权、政治参与权以及相应的组织管理权，正如许多工作都涉及以小组为基本单位参与其中，而不是简单的村庄与村民直接对接。

（二）纠纷调解

纠纷调解是小组长除了土地调整之外另一重要工作之一，在取消农业税以后，政府由过去向村民汲取资源，以农村养城市转变成现在向村民输入资源，以城市带农村。在此转变过程中，村干部不再像过去一样要催粮纳税，与村民间的交往互动不断减少削弱，使得村干部逐渐退出了农民的生活领域，不再干涉村民的家庭生活，对村民家庭内部中诸如夫妻关系、婆媳关系、邻里关系等私的层面干预越来越少，其涉及的夫妻矛盾、婆媳矛盾、邻里矛盾，村干部一般不会主动介入去调解相应的纠纷。这就使得村民小组长承担了主要的纠纷调解工作，调解的最主要矛盾是土地调整上的矛盾，对于邻里矛盾、代际矛盾等干预较少，除非是村民主动找到小组长来调解。虽然小组长很少会主动介入农民家庭内部的私事，但若发生比较大的冲突，村民还是会找到小组长来调解，若解决不了小组长才会上报由村干部来调解。2016年上半年D村调解的矛盾纠纷主要是，1组账务纠纷1例、赡养纠纷1例；2组地界纠纷1例、损赔纠纷1例；3组地界纠纷1例；5组邻里纠纷1例、地界纠纷1例；6组地界纠纷2例、损赔纠纷1例；7组地界纠纷2例。

对于小组的纠纷调解来说，最核心的还是土地上的纠纷，村民以猕猴桃产业为主，水利条件好，产量不断增高，经济效益不断提升，土地作为农民最主要的经济收入，其甚至超出了打工收入，对农民来说当前附加值高的土地是其最重要的经济来源，因此许多纠纷调解都是围绕土地产生，包括赡养纠纷也与土地调整有关。小组长介入到纠纷调解，虽然不能马上解决其内在矛盾，但其作为中间人角色，能够与村民进行良好的互动，让村民能够更好地抒发情绪，想法得到表达，同时也整合了村民与小组的关系，有利于小组治理。

（三）公共品供给

对于小组来说，其最需要解决的公共事务不仅是土地调整以及纠纷调解，也主要包括水利灌溉、生产道路建设。一方面是水利灌溉，全村拥有48口井，灌溉面积达到100%，对于打井、修渠、费用等小组内部也有相应的安排，从而能够很好地维持良好的灌溉秩序。另一方面是生产道路建设，D村承接一事一议项目以及高标准农田项目等来建设村庄生产道路，对于一事一议项目，需要村庄提供配套的劳动力以及自筹资金投入，项目验收后才将国家投资款项打到村庄。村庄将项目分到小组头上，有需求及有能力的小组负责承接项目实施，即由村民小组作为提供劳动力以及自筹资金的单位来实施一事一议项目。

对于D村这样的明星村，其村庄建设在全县数一数二，因此村庄的公共品供给主要是依靠上面的项目投入来完成，不管是打井、修渠、修路都是靠高标准农田水利基本建设项目、农发工程项目以及一事一议项目等来完成。村级主要负责去争取相关的项目，对于不需要农村提供配套劳动力及资金投入的项目来说，主要依据需求来完成公共基础建设。对于3、6组来说，是村庄建设中相对较差的小组，其无法调地，小组几乎没有机动地来保证小组的财政收入，很难承接下来需要自筹资金的一事一议项目，村民对于小组的发展也多为不满，因此整体来说3、6组的公共品供给方面建设相对其他组来说更滞后。也就是说涉及扶贫项目、一事一议项目等需要提供配套劳动力以及资金投入的项目，则村集体只负责争取项目，具体承接则由各小组来完成，因此主要是以小组为单位筹集配套资金来完成相应的项目。以猕猴桃及李子特色产业种植为主的小农经济，农民主要经济收入依靠土地，因此水利是农业生产环节一个重要方面。对于D村，由于项目较多，村庄公共建设良好，其中水利设施较为完善，全村48口井，基本上每组都有数口甚至十几口灌水井，一口井可以管200亩地，白天黑夜不间断浇水，每个组都由小组长担任管水员，水利设施到位，管道都铺好，用U形渠，灌溉面积达到100%，保证了村庄的基本农田灌溉，村民只需在家中需要灌溉的时候，跟小组长要求，让小组长开阀浇地即可，基本上每户村民农田灌溉都得以保证，小组间几乎没有为了土地灌溉不上而发生矛盾的。

（四）人情往来

人情往来作为村民间建立交往关系的主要方式，最主要的就是红白事。在关中地区农村，特别是白事，是全村公共性的事务，需要小组内每户都来共同参与完成。D村讲究厚葬，把白事放在村组最重要的位置，哪家办丧事，必定是全村组的所有人都得叫上，不论亲戚、邻里，以小组为单位，每户出一位帮忙，男女不限。对于本户族的人必须提前去帮忙，分别安排请客、安客、接客、招待、接食盒、献饭、挂挽联、烟酒、后勤等具体的帮工任务。白事作为公共性事务，村民参与到公共性活动中，能够起到一定的作用。首先，形成村民间的互助体系，达到密切交往关系的目的。白事这类公共性事务，每户出一位帮工已经成为村庄的共识，形成村庄规范。以小组为单位的行动单位，通过公共性事务，使得小组内部建立起帮工的互助体系，使得村民间在人情往来中达成密切交往的关系，形成良性互动。其次，村民间社会关系的整合作用，村民间通过参与小组公共性事务，通过不断的交往互动，使其达到社会关系的再整合，能够联结情感伦理，达成村民间的公共认同。最后，提升村庄价值生产能力，形成相应的舆论力量及价值评价体系，人们在公共性事务参与互动中形成村庄规范，通过公共规则来约束村民的行为，使其往良性发展而不会过多出现越轨行为。同时人情交往中通过公共性事务能够达到价值再生产过程，其人情交往中功利性及表达性目的不是特别明显，使人们对未来的预期加强，而相对不受到市场经济渗透下功利性意识影响。

（五）小组治理功能

正是村庄与小组进行对接，在村庄层面能够动员小组的力量，节省了治理成本。小组在日常管理过程中存在两个层面：第一是以小组内部社会性共同体，以村民内在的需求衍生出来的小组单位，在村民认同中，以自己人的身份来对小组钉子户进行治理。在这层过程中不涉及任何行政层面，只是单纯地形成村民利益共同体，反映村民的内在利益需求，并形塑出相应的认同。第二是以小组与村庄对接时形塑起来的行政性共同体，村庄主要是完成自上而下的行政性工作，小组则主要作为行动单位，结合村庄需求落实政府意志，充分引导群众参与到村庄治理中，正确传达和执行自上而下的相关政策。

四 公私定律：双层治理机制

（一）村级形式性治理与小组实质性治理

韦伯认为，现代行政是官僚行政组织的不断发展与扩散。[①] 在科层官僚体制中，程序、行政层级决定着治理主体的行动，且治理主体的管辖权以因系统分工而分化出来的特定职能为界，节制职位行为的原则是技术性的法规和规范。[②] 对于村级治理来说，首先，科层化、行政化使得村级组织衍生形式主义，疲于应付上级的各项工作，消解了村级治理的效力。村庄主要是应对上级的工作任务，不断争取创建项目、打造亮点工程，而非真正考虑村民实际需求，从村庄内部产生基础设施建设的需求。正像 D 村作为明星村庄，一直是锦上添花，而非雪中送炭。尽管相对来说村级组织更加行政化、规范化，但实际使得村庄争夺的资源不断浪费且脱离村民实际需求。其次，科层化、行政化使得村级治理脱离村民，无法形成互动式的治理。D 村村委会几乎都是事务性工作，包括完成上级任务、开展农村建设、完成各项材料工作等。其以行政管理消解了民主自治，导致村委会逐渐脱离群众，村干部主要是对接上级工作，而未考虑下连着村民，导

[①] ［德］马克斯·韦伯：《经济与历史 支配的类型》，广西师范大学出版社 2010 年版，第 300—305 页。

[②] 同上书，第 306—311 页。

致村级组织不是以村民实际需求为导向，而是以行政任务为主的村级治理。最后，科层化、行政化的村级治理在逐渐脱离村民需求的情况下将会逐渐丧失其治理权威，增加了治理成本。在过去依靠熟人社会中的情、理、法来进行选择性的治理，可以依靠人情规范、地方公约等形式，进行有区别和针对性的治理，这在无形当中降低了治理成本。而当前行政化、科层化的村级治理，容易产生制度内耗，增加治理成本，同时，村级组织无法应对钉子户等侵蚀村庄公共资源的问题。

在村级治理逐渐行政化、科层化的情况下，村级组织中村民自治的体现主要是以小组为治理单位，村庄内部相应的事务性管理都由小组来完成，正像D村中体现的，村民小组主要负责村庄公共性事务、满足村庄公共品供给、维持秩序等工作。在土地调整、纠纷调解、公共品供给及人情往来等的具体工作中都体现出小组治理的功能。村组之间表现出比较清晰的双层治理结构，内容分配，分工合作，实现有效的小组治理。小组在双层治理中处于很重要的一个部分，小组作为治理单位具有重要的作用，小组内部组织结构体系完整，包括小组长、会计、出纳；小组拥有一定的经济基础，小组内部集体土地由小组自行管理，承包费收入归小组集体财产，用于小组公共建设及小组长、会计及出纳的工资报酬；村民对土地的需求比较强烈，小组拥有土地调整、水利灌溉等实际事务管理权限，推动了小组公共服务功能。通过组织体系、经济基础、事务管理等方面的构成，使得小组治理比较有活力，提升了小组在村级组织中的地位，体现出小组治理的实质功能。

（二）行动主体关系

第一，乡村关系，虽然村干部在职业化后主要受乡镇考核、监督和管理，但乡村关系仍处于一种互相合作的关系。乡镇政府需要村庄去执行和落实政策和行政任务，而乡镇政府在相关工作中帮助村庄进行协调，在惠民政策实施中，乡镇为村庄提供一定的项目资源，村庄为乡镇推行政策任务，打造亮点工程。

第二，村组关系，村庄以行政的身份与小组对接时，在自上而下的政府或国家意志的传导过程中，由于村民小组只是作为一个红白事的行动单位，其内部并非具有关联度较强的结构性力量，使得村民小组能够很快接收国家意志或政府意图。在日常工作中，当充分调动小组内部的土地调整权、政治参与权以及组织管理权等方面能够有效降低治理成本,在村级逐渐形式性治理后,达到小组内的实质性治理。小组内通过具体的日常事务,例如土地调整、矛盾纠纷等方面所形塑出的社会性权威,形成小组内部的规则秩序,地方性的规范在小组公共层面,村组以公的身份对接时,依靠社会性权威与公共秩序制约钉子户,即通过相应的舆论体系和地方性规范进行约束,形成村级行政性权威与小组社会性权威相结合的治理模式。

第三,组民关系,当满足众多村民共同需求和利益时,小组内部通过处理日常事务,满足农民内生需求,能够凝结成受益群众的利益需求共同体,从而能够在这种小组内部公共层面制约少数的钉子户。小组作为一个地缘、血缘共同体,在小组内部通过人情往来维持熟人社会长远预期,有利于保持乡土伦理和乡土逻辑,构成村庄内生秩序基础。村民通过参与到小组内的公共性事务,达成密切交往关系,形成小组内部的良性互动,使得小组内的社会关系进行再整合,在情感伦理联结中,形成地方性的公共认同。在日常互助需求、生产生活上相互依赖,具备长远预期,传统的原生型内生权威就有了依托的基础,人情、面子、关系网络等都能成为村干部的社会资本。小组作为社会性共同体,以村民内在的需求衍生出来的小组单位,在村民认同中,主要以社会性身份,依赖社会性权威来对钉子户进行治理。

(三) 双层治理中的社会性权威

村民小组由人民公社时期生产小队演变而来,具有与传统的自然村相结合的制度模式,生产队作为农村土地的实际所有者,又是农民共同生产及分配的基本单位,农民以小组为单位分配并不断调整土地。同时在以小农经济为主的关中地区,小组形成了共同的水利灌溉体系,形成小组治理的一个重要方面。因此,小组作为人情往来、生产、生活的行动单位,也形成了相应的地方认同。小组作为社会性共同体,社会内生权威在日常交往互动中不断被确认与激励,使得村庄能够维持基本秩序并拥有一定的价值生产能力,村庄可以成为村民存储价值与意义的场域。

村级治理和小组治理所形成的这种双层治理结构反映出村民的认同及行动逻辑,形成相应的行动单位。中国农村主要是以家庭作为基本认同和行动单位,而超出家庭的农民认同与行动单位主要是以血缘为基础的认同单位和以地缘为基础的认同单位。村民小组正是超出家庭的认同单位，其能够体现在人情往来的互助合作上，拥有比较强的内部合作能力；同时也能够体现在小组长的任职上，虽然小组长的报酬跟村干部相比十分有限，但是实际上每个小组长都是村民选上后尽职尽责地干好，这对他们来说不仅是一份荣誉，也是一份责任，是在熟人社会中融合感情的社会层面的反馈，是一种从社会内部的荣誉、信任、责任承担等带来的获得感，属于社会性的激励机制。在村民及小组长眼里，村民小组是一个自己人的单位，是一个需要自己不断尽义务而非是处处讲权力的单位。因此，村民在遇到纠纷或实际需求时，都是主动找小组长解决，村民认为小组长是自己人，而不愿意去找村干部。

对于村民来说，认同单位内的是私，认同单位外的是公，对于超出家庭的双层认同反映出农民对于公私观念的不同理解。在行动逻辑上，首先考虑的是家庭内部的个人利益，同时对于认同单位内部的利益，其认为是私的利益，即我们的利益，利益边界相对模糊，不斤斤计较；而对于认同单位以外的利益，即公的利益，其将会进行仔细计算，而不造成利益受损。正是村民的公私观念明确，对应不同的行为逻辑，使得国家政策实施过程、小组治理过程中体现出不同的效果。这也体现出农民认同单位越大，认同程度越高，农民间合作能力就越强，一致行动起来改变命运的机会就越多，这正是依据农民的公私观念，对是否是自己人，是否是我们的利益的判断，集体的公的利益与村民的私的利益较多重合的体现。在超出家庭层面的认同中，涉及村民的私不仅仅是家庭，而包含其认同单位的利益，使得其在小组范围内，公的利益能与村民认同的私的利益具有相容度，而非完全的对立不重合，这也就对小组治理，甚至村级治理产生相应的影响，虽然村民间具有相对清晰的公私观念，但是在实际过程中其转变灵活，会根据不同的认同层面进行不同的利益计算，产生出不同的效果。

相对于村民来说，村级组织则是村民行政性权威的来源。正是在这种双层治理结构下，村级组织由于主要完成事务性工作，未能将村民需求及时考虑，逐渐与村民脱离，丧失治理的权威性，增加了治理成本，不断地在村民认同单位中成为村民行政性单位。而村民小组由于主要涉及村民实际需求的方方面面的工作，与村民互动频繁，小组内部具有较强的凝聚能力和整合能力，小组治理体现出较强的治理功能，能够调动社会资本，运用社会性权威来进行针对性和区别治理，极大程度上降低了治理成本，逐渐在村民认同单位中成为村民社会性权威的来源。对于村民小组为主导的超出家庭的认同单位，其反映出村民的行动逻辑，体现在双层治理结构中。

五　村民自治体系中的力量：小组治理的社会资本

社会资本这个概念是布迪厄最早提出的，其定义为"实际的或潜在的资源集合体，这些资源与对某种持久性的关系网络的占有密不可分，这一关系网络是大家共同熟悉的、得到公认的，而且一种体制化的集体的每一个成员拥有这些资源"[①]。帕特南则给予了不同的定义，"社会资本指的是社会组织的特征，如信任、规范和网络，它们能够通过推动协调的行动来提高社会的效率"[②]。而科尔曼则认为"社会资本是根据功能来定义的，它不是一个单一体，而是有许多种，彼此间有两个共同之处：它们包括社会结构的某些方面，而且有利于统一结构中的个人和某些行动；和其他形式的资本一样，社会资本也是生产性，使某些目的的实现成为可能，而缺少它的时候，这些目的不会实现"[③]。以上对于社会资本的界定体现出宏观、微观及中观层次的逻辑发展过程，展现了社会资本作为解释范式演变成新的理论研究的过程。正如上述定义，社会资本是存在于共同体中的以信任、互惠和合作为主要表现的参与网络，具有社会结构资源的性质。费孝通就提出了差序格局来描述中国社会结构和人际关系的特点。[④]

随着中国农村社会的变迁，村庄已过渡到半熟人社会，而村民小组相对保持着熟人社会的性质，具备相应的社会资本。正是村民小组作为村民的认同单位，其小组内部表现出较强的合作、凝聚及整合能力，小组治理体现出较强的治理功能，能够在村民认同的私的单位中充分调动社会资本，依靠社会性权威来进行针对性和区别治理，极大程度上降低了治理成本。小组治理在双层治理结构下体现出体制内与体制外的分工合作，能够

[①] 曹荣湘：《走出囚徒的困境——社会资本与制度分析》，上海三联书店2003年版，第225—228页。

[②] ［英］罗伯特·帕特南：《使民主运转起来：现代意大利的公民传统》，江西人民出版社2001年版，第195页。

[③] ［美］詹姆斯·科尔曼：《社会理论的基础》，社会科学文献出版社1990年版，第345页。

[④] 费孝通：《乡土中国　生育制度》，北京大学出版社1998年版，第27页。

充分调动其村庄内部的社会资源，实现农村社会的良好治理，在村民自治体系中发挥其治理功能。正如村民认同单位的村民小组，其社会资本主要体现于以血缘、姻缘、地缘为基础的关系网络。正是小组内部的关系网络对小组治理的影响十分重要。因此小组治理在治理权威的获得与分配、中心工作的决策与执行、公共性事务的监督与管理、日常生活秩序的生产与维持等方面都不同程度地受到社会资本的影响。就像在小组长选举以及小组内出纳或会计的选择上，都充分考虑到其社会资本。小组长在治理过程中也是充分运用社会资本，依托熟人社会结构，运用人情面子，社会关系的频繁互动，联结维护情感伦理等方式来达到治理效果。

村民自治主要是村民的自我管理、自我教育和自我服务的过程，村民小组在熟人社会结构中，通过不断的互动使得村庄内部价值生产能力增加，从小组内部共同体中生成规范与秩序。同时，信任作为社会资本的重要组成部分，在村民小组内部不断体现于日常生活中的互助合作。村民小组具有熟人社会的性质，其治理权威来源于这种社会结构，正是在熟人的社会关系网络中，村民能够信任和敬畏具有一定社会资本的精英，正是能够运用好这种威望及权威，才形成相应的权力，使其他人服从。而村民小组长的这种运用社会资本的体制外的权威能够更好地解决村庄内部的公共性事务及纠纷，比体制内的权威更能在熟人社会中达到好的效果，极大程度地降低了治理成本。

正是这种小组长在日常生活及公共事务中与村民的不断互动，使得村民小组内部增强了价值生产能力，更能够从小组内部内生出公共秩序，而正是这种内生的公共秩序能够更好地维持小组治理的实际效果。在熟人社会结构中，村民都遵循着乡规民约，地方性知识能够起到维护社会秩序的功能，防止越轨行为的出现，这也就对村民自治起到了积极的作用。村民小组的社会资本能够更好地从村民的实际利益和需求出发，不断与村民进行良性互动，通过小组内部的互助合作，提升小组的整合能力。这相对于双层治理中的村级治理，其利用社会性权威、公共秩序和信任能够更好地进行针对性和区别治理，防止越轨行为，能够极大程度地降低治理成本，形成化约机制。正是这些方方面面构成了村民小组的社会资本，对小组治理起到非常重要的作用，其在共同体内部能够运用好社会资本所带来的治理权威及公共秩序，以村民共同的利益为出发点，实现自我管理、自我教育、自我服务的良好的自治过程。

六　结语

在双层治理结构下，村级组织逐渐失去了熟人社会的性质，成为半熟人社会，是村民认同中公的单位。同时，其逐渐科层化、行政化的管理使得其逐渐脱离村民的实际需求，无法形成互动式的治理，这将会逐渐丧失其治理权威，而不断提高治理成本。而在双层治理结构下，村民小组还依旧保持着熟人社会的性质，是村民认同中私的单位，小组主要完成公共性事务工作，能够充分与村民形成互动，拥有相应的治理权威，形成小组内部公共秩序，小组治理能够充分地调动社会资本，更好地实现村民自治过程。

规则混乱、共识消解与基层治理的困境研究

韩庆龄[*]

摘要：基层治理的困境研究一直是学界关注的重点。本研究引入基层治理的"规则研究"范式，结合田野调研，发现传统习惯规则的失效和正式制度规则的难以落地，使得村庄内生资源与外输资源的分配秩序失衡；且规则混乱是村庄共识消解的具体表现，共识生产机制的破坏和认同行动单位的内缩，进一步加速了村落结构的离散化和村庄秩序的消解。在此背景下，村庄积怨情绪膨胀，村民在集体建设与村庄政治中缺位，基层治理的合法性遭到质疑。由此，加强基层政权建设，完善村民自治的规则体系，激活以村民小组为单位的共识生产机制，重塑村庄公共道德，成为扭转当前治理困境的重要举措。

关键词：规则混乱；共识消解；治理；困境

一 问题的提出

当前，学界关于基层治理困境的研究主要聚焦在两方面，一是关注税费改革及乡镇综合体制改革以来，基层治理呈现出的治权弱化和治责缺失问题。取消农业税费后，村庄社会和乡镇政权之间因收取农业税费结成的利益连带关系和责任捆绑关系解散，乡镇政府成为"悬浮型"政权。[①] 随着国家权力渐趋对接村民个体，基层政权成为只提供服务而没有权力的服

---

[*] 本文曾发表于《南京农业大学学报》（社会科学版）2016年第3期。韩庆龄，南开大学周恩来政府管理学院社会学系博士研究生。

[①] 周飞舟：《从"汲取型"政权到"悬浮型"政权——税费改革对国家与农民关系之影响》，《社会学研究》2006年第3期。

务型政府，治理乏力成为世纪之初乡村治理困境的主要原因。[1] 基层组织失去治理权力的同时，也丧失了治理动力，陷入"多一事不如少一事"的无事主义瘫痪状态，[2] 治责缺失进一步加深了基层组织的崩溃和乡村无治理的状况。[3] 二是聚焦资源下乡背景下，农民与基层政府之间的互动冲突研究。随着农民个体权利话语的激起，因公共品供给、救济性资源分配等引起的信访事件层出不穷，"最牛钉子户""专业上访户"浪费了大量的治理资源。[4] 在建设服务型政府和压力型体制下，基层组织倾向于诉诸策略主义和无原则的工具理性来维持稳定局面，[5] 诸多地区甚或吸附"混混"等灰黑势力来协助乡村治理。[6] 简言之，在农民与政府的互动中，基层组织的消极作为与难以作为，以及富人和灰黑势力主政后的摆平式"积极治理"，皆导致国家公共资源的耗损以及基层组织权威与合法性的降低。[7] 学界普遍认为，在以工补农、以城带乡的后税费时代，基层政权建设陷入了新一轮的内卷化危机。[8]

学界关于基层治理困境的研究非常丰富，为本文提供了有益启发。综观这些研究，学者多从基层政权所处的制度转型背景出发，探讨并反思当前的治理困境与村庄政治。不过，这些研究多围绕国家与农民关系的经典研究框架，少有学者从基层治理发生的村社基础出发，探讨具体社会文化结构中的治理困境。村社基础是乡村治理得以发生的具体时空条件，是治理主体和客体关系互动的直接场域，不理解乡村治理社会基础的变化，就不可能理解乡村治理的内在逻辑，更难以对治理困境准确把脉和对症下药。由此，本研究以"规则"为切入点，用"规则混乱"与"共识消

---

[1] 吕德文：《简约治理与隐蔽的乡村治理：一个理论述评》，《社会科学论坛》2010年第8期。

[2] 余练、王会：《论乡村社会的私人性治理》，《中共宁波市委党校学报》2013年第5期。

[3] 杨华、王会：《重塑农村基层组织的治理责任——理解税费改革后乡村治理困境的一个框架》，《南京农业大学学报》（社会科学版）2011年第2期。

[4] 田先红：《乡村治理转型与基层信访治理困境》，《古今农业》2011年第3期。

[5] 欧阳静：《策略主义与维控型政权——官僚化与乡土性之间的乡镇》，博士学位论文，华中科技大学，2010年。

[6] 李祖佩：《混混、乡村组织与基层治理内卷化——乡村混混的力量表达及后果》，《青年研究》2011年第3期。

[7] 陈锋：《分利秩序与基层治理内卷化：资源输入背景下的乡村治理逻辑》，《社会》2015年第3期。

[8] 贺雪峰：《论利益密集型农村地区的治理——以河南周口市郊农村调研为讨论基础》，《政治学研究》2011年第6期。

解"这一对概念来解释基层治理社会基础的变革。在吉登斯看来,规则是行为的规范和表意性符码,规则凭借资源条件具体体现于社会实践中,[①] 构成社会行动生产与再生产的使动循环。在制度经济学的视野中,"规则"主要是指对行为许可和禁止的规定,以及"不遵守规则时会受到什么制裁的规定"。[②] 综合两者的概念内涵和本文的研究情境,本研究将"规则"界定为村民日常行为的依据准则和约束原则,包括乡土社会内部非正式的习惯规则和国家制度层面正式的政策法规两方面。"共识"是规则背后被认可和执行的合法性基础,是规则有效性的来源。"规则混乱"和"共识消解"反映了村庄公共的文化规范和价值体系的紊乱,是社会转型时代影响村庄治理的根基要素。

简言之,基层治理的规则研究范式虽未成为学界主流,但已有学者提出传统中国农村基层治理的"规则转向",认为探讨乡村治理实践中的治理规则比分析治理主体更有可能切中乡村治理的本质与内核。[③] 在笔者看来,规则研究的分析范式更能展现基层社会多元利益主体的博弈与行动策略的选择,可以从动态角度全面把握村社结构与治理实践的详细切面。基于此,本研究通过对基层治理发生的村落内生基础的考察,以规则研究为入口和载体,旨在理解具体的社会结构中治理困境的发生机制,力图开辟一条以村庄为主位的研究路径,以期推动村社善治与国家基层政权建设。

本文的经验材料来自笔者于 2014 年 7 月 17 日—8 月 7 日在陕西眉县 W 村的实证调研。[④] W 村 490 户,1870 口人,耕地总面积 4043 亩,现以种植红提、猕猴桃为主,土地亩产值在 6000—10000 元。当地村庄社会生活层面的秩序相对良好,民风淳朴,但是政治层面的治理秩序正在走向异化,即村庄政治正处变革之际。因此,探讨当地村庄的治理样态是理解转型时期中国基层治理变迁的重要窗口。

---

① 侯钧生:《西方社会学理论教程》,南开大学出版社 2010 年版,第 392 页。
② [美] 奥斯特罗姆、埃莉诺、罗伊·加德纳等:《规则、博弈与公共池塘资源》,王巧玲、任睿译,陕西人民出版社 2011 年版,第 39 页。
③ 狄金华、钟涨宝:《从主体到规则的转向——中国传统农村的基层治理研究》,《社会学研究》2014 年第 5 期。
④ 感谢一起参加暑期关中调研的李宽、刘超等学友。

二 规则混乱：资源分配秩序失衡

在村庄实践中，规则与资源的互动直接关系到地方社会秩序的运作和维系，村庄维系和再生秩序的能力则是基层治理的核心。一种秩序即是一套法制和礼俗，它规定了社会如何组织，如何结构。[1] 一般而言，村庄秩序由两种力量共同建构，一是村庄内生力量，突出表现为村落内部非正式的习惯规则，它们是乡土社会不成文的地方性规范；二是外来的行政力量，表现为自上而下的正式制度规则，主要是国家大传统层面的政策和法律。规则混乱突出表现在资源分配过程中的权力寻租和滥用。

（一）非正式的习惯规则失效：内生资源分配乱象凸显

孔子用"礼"作为社会行为规范的集中表达，费孝通用"礼俗社会"来概括传统的乡村社会形态。以"礼""俗"为典型特征的非正式习惯规则，是在国家需求与地方社群自发承担日常政府职能的互动中成长起来的，[2] 它与正式制度同时共存，互补互动。传统中国乡村，就是依托家族、宗族类的实体组织，借助这些非正式的习惯规则来维系基层社会的运转。当前，随着乡村自有组织体系的解体，加之村级行政组织的弱化，非正式的乡土规则及其发挥作用的"权力的文化网络"双向瓦解，村庄资源分配乱象丛生。

当地是典型的农业型村庄，村民对土地的依赖性强，土地产出是家庭收入的主要来源。W村在20世纪80年代分田到户后，主要种植玉米、辣椒，2000年后开始种植红提和猕猴桃等经济作物，土地亩产值一直较高，正如村民所言"我们这里的土地会长金子"。随着种植结构的改变，土地分配过程中约定俗成的村组习惯规则走向混乱：一是土地调整规则无序化。土地调整是当前村组干部最棘手的工作任务，果树生长期长、村组机动地难回收、多种地的既得利益者不愿分地等多种因素杂糅在一起，使得调整土地成为难上加难的事情。二是土地划分规则私人化。村干部、小组

---

[1] 梁漱溟：《乡村建设理论》，上海人民出版社2006年版，第31页。

[2] 李怀印：《华北村治：晚清和民国时期的国家与乡村》，岁有生、王士皓译，中华书局2008年版，第2页。

长及其亲属关系群体与普通村民家庭在人口数量相同的情况下，该群体的耕地面积大且多为优等田，村民对这部分多种地的群体极为不满，认为"多种地的都是有本事、有权势的人"。三是土地承包规则混乱化。村庄土地承包中，极少有人按照村组规定上交承包费，且村组对承包费用的使用也不够公开透明。有村民用承包费用抵村组欠自己的出工工资，还有村民用承包地抵自己家庭新增人口的口粮田，承包秩序被进一步破坏，造成了承包费更难收取的乱象。与此同时，当地村庄十年九旱，生产生活用水较为紧张，现村庄共有3口机井，均为80—90年代村民共同出资出力修建，当时管井员按照水文单的次序依次放水，供应农田灌溉。在种植结构改造以后，用水量增大，距离水井的远近成为用水多少的关键，而在分地的过程中，距离水井近的土地又都划分给了村组干部及其亲属。传统的自发性形成的轮流用水秩序失效，利益受损群体往往联合起来向各级政府"讨说法"，乡镇调节办的工作人员表示，每年用水时节，几乎每天都有灌溉引起的纠纷事件。

当前，村民在共同生产生活中形成的地方性规则难以发挥作用，村庄内部土地、水源等基本生产资料的分配陷入秩序危机。在村庄实践中，规则的执行过程和选择过程，遵循的是利益竞争而非规则或法律衡量的原则，导致了社会规则的不确定秩序。[1] 非正式的习惯规则本是村民共意的价值系统的重要组成部分，并内化于村民的行为选择中，敦促个体行动追求自我利益的同时，也要遵守习惯规则的约束，从而获得熟人社会内部面子、荣誉等象征性资本的维系与再生产，为子孙后代积累在村庄世代生活的价值财富。时下，私人利益的放大本能地解构了村落道德和传统规范对个体行为的规约，非正式的习惯规则不再是乡村日常生产生活的隐性规矩，也不再是村民内在行为倾向系统的组成部分，基层治理的地方性规则失效。

（二）正式的制度规则难以落地：外输资源分配缺乏保障

正式的制度规则是在政治过程中设计出来，依靠政治行动自上而下加

---

[1] 张静：《现代公共规则与乡村社会》，上海书店出版社2006年版，第237页。

于社会的公共规则，由承担国家保护性职能的政府机构来贯彻。①它是国家公权力运行的重要保障，同时其正当性和有效实践也离不开国家权力系统的支持。随着我国工业化建设的发展和社会结构的现代化转型，国家对乡村地区的资源政策由汲取转向输入，主要以项目制的形式向基层社区提供公共品和公共服务，并且加大低保、五保等救济性资源的扶助力度，以保障乡村弱势群体的基本生活。在国家外输资源落地的过程中，由于诸多正式的制度规则在村庄场域中难以落地生根，导致资源错位分配，带来一系列的消极后果。

项目制作为后税费时代的资源输入制度，自身具备一套规范化的申报体系、审计体系以及管理规范，项目资金的分配和使用也具有普遍主义的制度规则。②但在具体实践中，资源输入、分配、发包过程都难以与正式的制度规则对接，造成了项目申请脱离村庄实际和农民需要，项目资源在官僚体系上层循环渗透的难题。W 村的村书记从 20 世纪 80 年代初开始，一直活跃在村庄政治的前台，多年来他积累了多种荣誉资本，如优秀党员、县人大代表等，在村书记的私人光环和积极运作下，W 村的项目资源丰富。但是，这些资源带给村庄的改善作用却非常有限，项目进村后的具体实施过程中，村干部在工程队的选取、材料方的供应方面有很大的主动权，有些村干部与工程方勾结，偷工减料从中渔利，造成项目质量不过关，甚至无法投入使用。项目资源因缺乏有效监管，实际运营效果大打折扣，难符政策初衷的惠农目标。从项目申报到项目进场具体落实，正式的制度规则多停留在文本材料层面，难以真正接地发挥实质作用。由此，资源输入并没有加强基层社会的自我组织能力和造血能力，反因资源利用不当使干群关系激化。

同时，低保、五保、危房改造指标等救济性资源的分配，虽有成体系的申报筛选制度、各级公示制度、民主评议制度等保驾护航，却因这些正式的制度规则难以对接错综复杂的村庄生活情境，以致救济性资源的分配激起了乡土社会层层的矛盾和冲突。近年来，村民眼中的富人、歪人、与村干部关系近的人都享受政策优惠，救济资源照顾的并非村民共同认可的

---

① ［德］柯武刚、史漫飞：《制度经济学：社会制度与公共政策》，韩朝华译，商务印书馆 2000 年版，第 119 页。

② 王海娟、贺雪峰：《资源下乡与分利秩序的形成》，《学习与探索》2015 年第 2 期。

弱势群体,其中低保分配的乱象最为突出。随着低保投资力度的加大,名额越来越多,且低保政策与医疗保险、子女上学等多项政策交叠优惠,"含金量"大大提高。一般来讲,低保分配由乡镇按人口比例划归乡村名额,村庄再按照地方经济水平进行标准确定并具体分配。但是,农户收入的衡量存在很大的弹性空间,难以完全货币化比较以达到政策规定的筛选标准。同时,民政部门在具体的入户调查中,多通过拍照等量化和形式化的方式呈现贫困程度,在这个伸缩的过程中,复杂乡土关系的嵌入,使得低保分配中出现了越来越多的人情户、关系户和难缠户。这些条件不符的利益群体掺杂挤进低保队伍,落选低保的村民则受气上访,动用"弱者的武器"来维护自己的"合法权益"。

可见,学理上合理有效的制度规则在具体的村庄实践中却捉襟见肘。许多基层干部普遍表示"还不如不要给我们村低保名额";"国家的政策优惠越多,我们基层的工作越苦"。总的来讲,村庄是各类项目资源和救济性资源的具体落实和执行层面,实施程序的制度规定在异质性较强的乡土社会往往难以落地,由此造成了一个制度真空和规范异化的场域。乡土社会缺乏强制性公共规则的同时,也滋生出异化公平正义的牟利性力量,进一步破坏村落社会内生的保护型规则体系,在发生层次与范围上进一步加剧了规则混乱的程度。

三 共识消解:村庄秩序生产陷入内卷化危机

村落共识是共同体内的成员之间共享的基本价值,是社会转型过程中村民应对精神焦虑与变迁动荡的文化资源。一个共同体内共有的基本价值支持着社会的凝聚力,并激励人们在规则框架内行动,[①] 即共识是规则建构和有效运行的基础条件。在伦理变迁的背景下,村庄基础性的共识生产机制难以供给集体能量,村民之间的认同与行动单位内缩至核心家庭,村落结构渐趋演变成以个体利益为中心的松散原子型,村庄秩序生产面临内卷化危机。

---

① [德] 柯武刚、史漫飞:《制度经济学:社会制度与公共政策》,韩朝华译,商务印书馆2000年版,第37页。

（一）村庄基础性的共识生产机制被破坏

在村庄公共性的社会活动、长期共同的生产生活与礼尚往来的人际互动中，村民建构出共同的生活经验，并不断进行着集体意识的再生产，这一共同经验与集体意识就是村庄共识，它唤起的情感能量既是村庄合作的基础，又是村庄内聚力的核心。基础性共识是村庄流动的传统，它为生活于这一共识域内的农民提供了行动的无意识依据，使他们在共享的生活背景环境中，获得"从心所欲不逾矩的自由"。

消费社会与市场经济背景下，利益诱导与道德分化严重，村落传统在与现代因素的碰撞过程中发生断裂，村庄基础性的共识生产机制不断遭到破坏。比如，人情是村庄最为重要的公共活动，传统时代的人情是村落共识生产的重要机制，依托红白事等仪式性人情，村庄形成一个庞大的关系互动网络，持续地生产出村民相互之间的熟悉及这种熟悉基础上的自己人认同。村民在仪式的互动参与中，天然唤起的亲密情感、熟悉感和自己人感，都是村落共识生产的重要因素。时下，仪式性人情的工具理性意味越来越强，人们越来越重视礼金的多少而非情感体验，人情交往的功能性超越了价值性，花样繁多的人情名目背后是人际关联的沙漠化和冷漠化，共识生产更是无从谈起。类似人情式的村庄其他公共互动，也徒具表面形式，丧失内里情感，共识生产的村庄机制分崩离析。

简言之，当前村庄的集体意识难以聚合，村落共识失去了约束与控制功能。由此，社会生活秩序缺乏深厚的根基和底蕴，村落舆论的评价标准走向多元多样。村民行动的出发点是自我利益的考量，私人利益和权利被无限放大，对应的义务观念却无限缩小，出现了资源分配中抢要低保，公共建设中争搭便车的乱象。

（二）村民认同和行动的核心单位不断内缩

村民的认同和行动单位，即农民生活中可以在何种规模、何种程度及何种事务上组织起来的单位，[①] 是贺雪峰提出的理解乡村治理区域差异的中层理论概念，旨在超越直接套用西方理性行动理论来解释农民行动逻辑的做法。农民行动除了受理性算计的影响外，还受地方性知识的影响，这

---

① 贺雪峰：《村治模式：若干案例研究》，山东人民出版社2009年版，第360页。

种地方性知识在村庄层面的表现就是村落共识。当前,该单位发挥作用的圈层范围不断向内挤压,这与村落共识的消解密切相关。

中国是以家庭为本位的社会,毋庸置疑,家庭是农民最基本的认同和行动单位。传统社会,家庭承担着生产、抚育等多种功能,但是个体小家庭的力量毕竟有限,出于农业生产合作的需求和应对生活风险的考虑,在"生于斯,死于斯"的相当封闭稳定的乡土社会内部,超越家庭层面的家族、村庄经过长期的合作和互动,逐渐成为农民基本家庭认同之上的第二层行动单位。正是在这一背景之下,"差序格局"成为依托地缘关系和血缘关系发育成的村落共同体的基层结构,它是由"一根根私人联系所构成的网络",以自我家庭为中心,向外依次水波状扩散。这个网络里的每一个结都附着一种道德要素,① 私人联系正是因为村庄道德因素的黏合,才使得由其构成的村庄关系网络具备了熟人社会的公共认同。于是,村庄层面的"公"与个体家庭层面的"私"在差序人伦的关系结构中,有相互流动的空间,边界有很强的伸缩性。村庄成为建构在伦理血缘关系上的情感和生活共同体,它和家庭共同构成农民的认同与行动单位。

市场经济背景下,随着个体理性和私人利益的崛起,附着在村庄网络节点上的道德要素流失,公私转化的动力缺失。村民在"公"的层面只想享受权利却不想尽义务,超越核心家庭的集体认同扭曲变形。"种好自己的一亩三分地,公家的事有村干部",村庄层面的"公"与核心家庭层面的"私"相互对立起来,成为两个彼此不相干涉的行动领域。目前,在我国多数乡村地区,村民的认同和行动单位内缩至核心家庭,超出家庭层面的认同不断式微和弱化,村落成为马克思所言的马铃薯式的原子化结构,丧失了整合和一致行动的能力。

(三) 内外多重规则嵌套对村落共识的冲击

在乡土社会,保障村落生活有序运行,村民自己人意识和共同体意识生产的,往往不是村庄外的正式法律和社会政策,而是村庄内部基于长久生产生活互动产生的地方性的规范体系。黄宗智根据清代司法实践的考察,指出县域以下的地方治理是基于半正式行政方式和准官员制度的

---

① 费孝通:《乡土中国》,北京出版社 2005 年版,第 49 页。

"简约治理"①；李怀印基于对晚清和民国时期华北村庄基层行政的研究，提出基层社会的治理是借助地方村社的非正式制度，国家和社群共同参与，官方职能与地方制度安排交织的"实体治理"②。随着现代性和国家正式法规政策进入乡土社会，村庄里的家族、宗族等传统的社会整合单元被作为落后保守的力量加以批判；村落社会中的人情、面子等重要的社会舆论力量渐趋打散；民间自发的纠纷调解系统更难以发挥功效，出现了"送法下乡"到"迎法下乡"的实践。在外输的国家政策法律进入乡土社会，与村庄内生的村规民约、伦理规范发生互动、博弈甚或取代的过程中，并没有实现乡土社会的良好秩序，相反村庄陷入了费孝通所言的"司法制度在乡间发挥了很特殊的副作用，它破坏了原有的礼治秩序，但并不能有效地建立起法治秩序"③。

在实地调研中，在基层工作多年的老干部普遍表示"农村工作千头万绪，不能大而化之"。从地方社会中生长出来的"土政策"往往具有较强的弹性和活力，"土政策"向正式制度规则的转型即现代法治社会的建设，需要一个渐进的过程。"一刀切"式向农村灌输各项制度规定，很容易造成内外规则的嵌套与混乱，内生规则破坏失效，外输规则难以落地，由此，村落共识生产受到内外冲击，村落社会秩序自然难以保障。

综合来讲，村落共识生产机制的破坏、村民认同和行动单位的内缩以及内外多重规则体系的嵌套，都使得村庄难以凝聚集体意识和集体能量。可见，村落共识的消解从根基层次打碎了原有的村社基础，村庄规则体系失去滋养的土壤，更是难以生产出公共规则和内生秩序。社会结构的深层次变革，给当前村庄治理带来了诸多前所未有的难题。

四　基层治理的结构性困境

结构性困境是指社会转型和现代化过程中出现的因结构变动而引起的

---

① 黄宗智：《集权的简约治理：中国以准官员和纠纷解决为主的半正式基层行政》，《开放时代》2008年第2期。
② 李怀印：《华北村治：晚清和民国时期的国家与乡村》，岁有生、王士皓译，中华书局2008年版，第307—310页。
③ 费孝通：《乡土中国》，北京出版社2005年版，第83页。

冲击和振荡现象，是结构转型的一个阶段。① 基层治理的结构性困境则是指，在我国社会结构转轨和国家治理体系转型的背景下，村庄在维系和再生秩序过程中遇到的多重阻碍性因素。社会转型与现代化变迁是基层治理面临的宏观结构环境；村落社会基础的变革，规则体系的混乱和共识系统的消解，则是基层治理所处的具体结构环境。当前，在这两大结构环境之下，村庄内生秩序的能力不断降低，村落共同体难以自我调适以达良性运行，基层治理困境凸显。

（一）村庄积怨情绪膨胀

和谐的干群关系和村民关系是村庄社会秩序有序运行的基础保障。"村民受了气"是当前W村村民消极参与村庄建设和不予配合村干部工作的主要解释事由。村里的老校长明确表示"现在村民人人肚子里都有气，人有气，大家都不愿意出钱干公家的事情"。不过，"村民之气"远非一日之寒，村庄是个熟人社会的场域，当地有内生种植业的支撑，村民有世代在村庄生活的长远预期，在此背景下，村民与村庄得益群体的博弈就不可能是一次性较量，他们在日常生活中普遍持不得罪人的逻辑，"你好，我好，大家好"。在"不患寡而患不均"的传统均平思想影响下，长期多次博弈中退步忍让、得不到好处的群体逐渐产生不满，于是，"村民之气"积累起来。

具体来讲，村民是在与各类得益群体的横向对比中受气，通过与村干部对比、与吃低保的人对比、与享政策优惠的人对比，在一系列的相互比对中，村民产生利益受损的感觉，萌生心理剥夺的相对体验。从纵向的时间角度来看，村庄在生产队时期，村民集体耕种土地，物品统一配给，资源平均分配；分田到户以后，税费时代村庄资源主要是村庄内在的土地和水源，在这一时间段普通村民在资源分配中渐渐走向边缘地位，享有权势的村庄群体在资源分配中享有主动权和优先权。在后税费时代，村内土地和水源的分配基本已成定局，国家自上而下输入的项目资源和救济资源又在官僚体系的上层形成"分利秩序"，普通村民难以从中直接受益。可见，当前村庄的积怨情绪是经过长时间发酵的，按照科塞的安全阀制度理

---

① 陆益龙、王成龙：《社会主义新农村建设：结构性困境——安徽凤阳县的经验考察》，《江海学刊》2007年第3期。

论，如果敌对情绪积累到一定程度突然爆发，易形成刚性的结构冲突，直接影响社会稳定。由此，理顺"村民之气"是当地村庄治理的当务之急。

（二）村庄建设与治理的主体缺位

农民始终是村庄建设和村民自治的主体。梁漱溟的乡村建设运动表明，农民的力量开发不出来，乡村运动终无前途，终难以走出"号称乡村运动而乡村不动"的尴尬境地。农民在村庄资源分配中的不公感受，自然而然地转换成了村庄建设中的消极行为。取消农业税费以后，村庄公共建设的筹资多依靠国家自上而下的项目资金，从农民口袋里掏钱逐渐成为登天难事。依靠村庄自主供给公共品的"一事一议"制度，在多数地区难以操作和落实，村民出资部分成为空缺和短板。比如，W 村在 2010 年曾争取到县里分配的修机耕道的部分资金，却因村民不配合出配套部分的资金作罢。可见，即使涉及农民的刚性利益需求，分化的小农也难以完全采取合作的态度，村庄内生的公共品供给渠道几乎处于堵死状态。农民出资难的同时，无偿出力参与村庄建设也成为村民眼中的"笑话"。在村庄无集体经济的背景下，只能挪用其他项目经费抵村民出工的工资，村庄建设因农民的消极参与，人力、物力更加匮乏。

农民消极参与村庄建设的同时，对村庄治理也持相当冷漠的心态。在村民看来，"选谁都一样""天下乌鸦一般黑"，"无政治的村民"使得村庄选举缺少监督力量，基层民主空行空转，难以落到实处。且村民对待村庄政治的心理和行为出现了诸多悖论，村民一方面对村干部的本职工作怨声载道，而干部又被连续选举、长期任职；村民一方面抱怨村庄工作不透明，但召开村组会议时，若无洗衣粉之类的奖励品，村民又不愿意到场。这些看似悖论的行动背后聚焦了一个核心，即村民对村庄政治的消极态度和弱道义期待。简言之，在村落丧失有效公共规则与难聚共识的背景下，农民参与村庄建设和村庄治理的积极性和主动性尘封，基层治理陷入无主体的困境。如何将分散的农民有效组织起来，已经成为乡村自治的关键。

（三）基层治理的合法性遭受质疑

基层治理的合法性具有国家授权与农民认同的双重属性。传统时代的乡绅治村就是在与国家共享的意识形态和政治目标下，采取农民认可的乡土规范来完成国家层面的治理目标。这一治理形态保障了农民最基本的生存权利，进而维系了农村社会长期稳定的政治秩序。与此相反，斯科特通过对东南亚农民的反叛与生存研究，发现农民奋起反抗，或铤而走险，贫困不是唯一原因，反叛与农民的生存道德和社会公正感受到侵犯密切相关。[1] 也就是说，在农民的生命权利与互惠观念难以保障维系时，基层治理的合法性基础就会面临崩溃的危险。

村庄环境中，农民的社会公正感和对互惠剥夺的认知感受，是根植于具体的生活情境的。在经济无明显分层的起点下，村干部家庭率先富裕起来，在村里建起了漂亮的楼房，买了私家小轿车，经济优势明显高于普通村民。在"同种一亩三分地"的情况下，"为什么村干部搭上了政策的快班车先富起来，能开小车，住洋房，吹空调"，村民认为，村干部利用政策优惠和职权便利只发展了自己的"小家"而没有共惠"大家"，不能受惠的普通村民产生不满。同时，村庄中的极端上访事件成为负面效应的集聚点，产生示范性的串联效应，带动无正式职业、家境贫困、带有混混气息的青年人集体组团上访。"上访还有钱赚""懒人分享了改革开放的成果"，成了农民表达不满情绪的直接话语宣泄。简言之，村干部在村庄经济分层中的塔尖地位与公共资源的无原则分配，违背了普通村民关于公平公正的认知与期待，基层治理的合法性受到质疑的同时，也给基层治理带来很大的压力和负担。

综合来讲，村庄积怨情绪的膨胀、村庄建设与治理主体的缺位、基层治理的合法性危机，都是当前治理系统面临的结构性难题。回归基层治理的结构环境，从村庄的社会基础出发，无疑是解决治理困境的重要着手点。

五 对策思考

农村的衰败，不仅仅表现为资源的外流，更重要的是既有伦理、价值体系的崩溃，目前这个问题引起的关注和研究相当不够。[2] 当前，集体价值让位于经济理性，个体利益超越村庄道德，村庄层面的非正式习惯规则

---

[1] ［美］詹姆斯·C. 斯科特：《农民的道义经济学：东南亚的反叛与生存》，程立显、刘建等译，译林出版社 2001 年版，第 1 页。

[2] 贺雪峰、董磊明、陈柏峰：《乡村治理研究的现状与前瞻》，《学习与实践》2007 年第 8 期。

和国家层面的正式制度规则双重失效，同时，规则混乱的表象背后是深层次村落共识的消解，村庄共识生产机制的破坏使得村庄正义的供给中断，村社舆论失去监督控制功能，村民之间缺乏一致行动的黏合力量，又进一步加剧了村治难度。由此，笔者认为，基层社会治理的关键节点在于重建村落社会的规则体系和共识系统，恢复村庄内生秩序的生产能力。

首先，加强国家基础权力建设，完善村民自治和村社传统的规则体系。村民自治是我国基层社会治理的基本方式，完善村民自治的规则体系，才能使村庄治理有规矩可依，有章法可循。村民自治并非意味着国家力量的完全退场，村庄内生的非正式习惯规则和国家供给的正式制度规则是相辅相成的治理资源，二者不可脱节和违背。否则，村落社会中多套话语体系叠加，村民根据自身利益选择性利用，亦容易造成规则混乱。此外，村庄规则的制定要在国家大政方针的制度范围内，结合村庄具体现实，并尊重和征求群众意见，在村民一致认同的基础上建立起富有弹性的制度架构。且村社规则体系的建立还要避免"挂在墙上的制度"弊端，要从村庄实际的经济、政治、文化发展与互动的需求出发灵活定位，切不可盲目学习照搬先进地区的制度经验，走入形式主义和复杂制度的误区。

其次，发挥村民小组的实体功能，激活村落共识生产的基层单位。诸多学者认为，建设强大的基层组织是解决当前农村治理困境的重要突破口。[①] 在笔者看来，完善村组建制，激活村民小组的活力则是建设强大基层组织的入口。村民自治产生效果的范围是村民日常生产生活互动的范围，在村民小组这一熟人社会内部，村民之间低头不见抬头见，彼此行动逻辑是出于长期互动而非单纯的利益最大化考虑，往往因道德资本的积累而做出利益让渡，集体意见易折中达成，村社民主能有效践行。同时，村民小组内的有效动员，也可以调动起每位小组成员的主人翁精神，在对涉及彼此利益的村庄事务的参与中，可以凝聚村民共识，这一共识在村庄层面的溢出和拓展，则可为基层治理营造良好的环境氛围，为村庄规则的运行提供基础保障和价值支撑。

最后，重塑村落社会的道德伦理，树立村庄正义。道德伦理是村风民俗的核心，对村民的心理和行为有潜移默化的重要影响。当前村庄公德难以彰显，导致金钱和利益至上的歪风邪气侵蚀了村庄正义。由此，基层社

---

① 贺雪峰：《论中坚农民》，《南京农业大学学报》（社会科学版）2015年第5期。

区应以社会主义核心价值观为指导，树立村庄层面的荣辱观念，发挥道德约束的社会控制功能，缓解阶层积怨对立的情绪。同时，在村庄社会生活层面上，通过人情交往、互助帮工等合作机制形成对"歪人"等社会边缘力量的约束和排斥机制，即通过村庄公德和社会生活的规训，使其意识到暴敛私利的社会恶果，从而树立村庄正义，建立稳定和谐的社会秩序。

综合来讲，基层治理实践与村庄社会发展是一个双向互动的过程，村庄基础的变化既是基层治理的实践基础，又是实践后果。由此，完善村社规则体系，激活村庄的共识生产机制，在加强国家基础权力建设的同时，从村庄文化根基入手，重塑村庄公共道德和伦理规范，不失为推动善治的有效实践。

闹与罚：村落纠纷调解与社会价值再生产

魏程琳[*]

摘要：由村落社会价值共识所形成的地方性规范为村落纠纷调解提供了裁断依据。调解功能的实现依赖于特定区域社会结构和价值规范，关中农村的"均衡型"社会结构形塑了讲理的关中人，在村落"能行人"调解或者村民对"闹仗"者的"惩罚"中，社会价值被再生产出来。在经济文化发展不平衡的中国，重视内生价值规范的治理功能有利于培育新型的职业伦理与公民道德，稳步实现良性的法治秩序。

关键词：纠纷调解；社会价值；地方性规范；社会结构；能行人

一　问题的提出

调解作为"东方经验"无论是在中国历史上还是在当下实践中都发挥着重要的秩序维持和地方治理功能。目前学界的调解研究大致可以分为三个范式："文化功能论""程序技术论"和"权力治理论"。

"文化功能论"者认为，中国人之所以偏好调解主要与中国传统儒家文化追求自然秩序和谐的理想有关。[①] 美国学者柯恩指出儒家"礼让"文化哲学对调解的偏好深刻影响了统治者和民众的态度，"看待纠纷解决的态度反映了儒家意识形态一直谆谆教诲的自省精神"[②]。陆思礼尽管不同意科恩的文化论解释，但也认为"纠纷被视为对与个人、群体、社会乃

---

[*] 本文曾发表于《云南行政学院学报》2015年第5期。魏程琳，西北农林科技大学人文社会发展学院讲师，陕西省乡村治理与社会建设协同创新研究中心研究人员。

① 参见梁治平《寻求自然秩序的和谐》，中国政法大学出版社2002年版。

② [美]柯恩：《现代化前夕的中国调解》，王笑红译，载强世功主编《调解、法制与现代性：中国调解制度研究》，中国法制出版社2001年版，第91页。

至整个宇宙相联系的自然和谐的扰乱，让步却是美德之体现"①。陆思礼采用功能主义的路径对 1966 年以前的中国调解做了杰出的研究，他指出"共产党通过调解者之纠纷观和用于纠纷的标准，使得调解的政治功能如此无微不至，以致往往掩盖了调解的社会功能。政治介入取代了调解的消极性。简言之，共产党已将调解纳入了他们重新安排中国社会并动员群众支持执政党的政策的努力之中"②。文化作为一种社区共识的表征本身就具有社区整合、秩序供应等重要功能，科恩与陆思礼所形成的文化功能论范式对史学界的调解研究具有重要意义。

对调解研究最为专业化的应当是诉讼法学界，诉讼法学者认为"公正的法治秩序是正义的基本要求，而法治取决于一定形式的正当过程，正当过程又主要通过程序来体现"③。因而，诉讼法学者从程序技术的角度研究调解并主张调解在今后的发展方向是程序化和规范化。章武生认为民事诉讼法中的基本分类应该是诉讼程序与非讼程序，建议用非讼程序取代特别程序并对非讼程序进行单独立法。④ 季卫东曾经对调解的程序制度建构做出过理论努力，他认为调解虽然具有反程序法的表面特征，但却有助于程序法的发展，调解中个别的合意积累起来会逐渐型式化。⑤ 然而，处于二元困境中的季卫东又担忧型式化会使调解失去其本来的灵活性和多元性。因而，调解只能在诉讼法上有一个原则性的规定，在具体实践中调解却因"地方性知识"而难以制度化。

最新的调解研究范式可以称之为"权力—治理论"，朱苏力⑥、强世功、赵晓力等人运用社会学、政治学等理论开启了法律社会学研究的新风气。在"依法收贷"案中，强世功⑦、赵晓力⑧用关系/事件的方法向我

---

① [美] 陆思礼：《毛泽东与调解：共产主义中国的政治和纠纷解决》，载强世功主编《调解、法制与现代性：中国调解制度研究》，中国法制出版社 2001 年版，第 125 页。
② 同上。
③ John Rawls, *A Theory of Justice*, The Belknap Press of Harvard University Press, 1971, p. 239.
④ 章武生：《非讼程序的反思与重构》，《中国法学》2011 年第 3 期。
⑤ 季卫东：《调解制度的法律发展机制》，易平译，载强世功主编《调解、法制与现代性：中国调解制度研究》，中国法制出版社 2001 年版，第 62 页。
⑥ 参见朱苏力《为什么"送法下乡"？》，载强世功主编《法制与治理——国家转型中的法律》，中国政法大学出版社 2003 年版。
⑦ 强世功：《法律是如何实践的？——一起乡村民事调解案的分析》，载《法制与治理——国家转型中的法律》，中国政法大学出版社 2003 年版，第 189—219 页。
⑧ 参见赵晓力《关系/事件、行动策略和法律的叙事》，载王铭铭、王斯福主编《乡村社会的公正、权威与秩序》，中国政法大学出版社 1997 年版。

们展示了当下调解中的权力、技术与策略。派出法庭庭长、营业所主任、村支书,还有前来"以壮声势"的干警在欠债者的炕上开庭,在情、理、法互动中,各主体展现了其在权力网络中所处的位置及其策略。然而,过于浓重的福柯权力技术色彩不仅脱离了经验本身,而且掩盖了学者的中国关怀。

前两种研究范式同样存在不足,文化功能论者主要集中在史学领域,史料的不完整性和不可还原性使得研究者在写作中往往添加过多的想象;诉讼法学者主要关注调解的程序设计,缺乏对调解的现状、意义和功能做出深厚的理解。总体上说,目前学界的调解研究缺乏对"作为生活实践的调解"的关注和理解,过于注意调解的文化意义、权力技术策略和功能效果,忽略了调解实践的场域差异、社会结构、价值基础等基础性要素。社会价值[①]是特定区域内人们在交往之中形成的共识和信念。经过实践验证后能够对村民行为产生约束力的价值共识形成地方性规范。村落纠纷发生的深层次的原因是村民对于孝道、公平等社会价值之争,村落纠纷调解以地方性规范作为调解依据的同时又为社会价值再生产提供了实践场域,进而巩固了地方性规范。本文将重点关注特定区域社会结构中的调解实践及其社会价值再生产过程。文中经验材料来自于笔者 2013 年 6 月份在陕西关中农村的调研。

二 闹与罚:村落的纠纷与调解

位于关中平原的子孝村距离省会西安 50 千米,全村 553 户,2300 口人,3300 亩土地,其中果园面积 2000 多亩。全村分为 9 个村民小组,两个自然村,南村为 1 到 4 组以张姓为主,北村为 5 到 9 组以冯姓为主。当地人把村民之间的吵架、打架等矛盾纠纷称为"闹仗",村民闹仗总是会找人评"理",而这个"理"就是村落社会价值共识,由价值共识生成的地方性规范是村落社会秩序维持的重要内生力量。有着悠久历史的子孝村

---

① 贺雪峰教授将价值分为本体性价值与社会性价值,本体性价值是指个人关注于有限生命的无限意义层面的价值;社会性价值是指人与人交往中在"他人评价"和"不服气"的层面产生的关于人的行为的意义。参见贺雪峰《乡村社会关键词》,山东人民出版社 2010 年版,第 116 页。本文将社会价值定义为人与人交往中在社区内形成的共识和信念。文中尽管对社会价值、村落共识、村落规范有所区分,但笔者仍然是在较为宽泛的意义上使用社会价值。

世代流传着孝子董永和丁兰的故事,村落庙会等公共活动所彰显的价值判断依然能为村民今天的调解提供理由资源和价值基础。

(一) 孝道传说

"丁兰刻母子孝村"中的"丁兰刻母"已经成为历史典故,其中的"子孝村"正是笔者调研的地点。相传丁兰年少时性情暴躁经常打骂母亲,有一天丁兰在农田里做活看到少壮的乌鸦反哺老鸦,小羊羔跪着吸奶,悟出了孝敬双亲才是为人之道。到了午饭时刻,丁兰的母亲前来送饭,丁兰高兴地跑步相迎但忘记丢掉手里赶牛的鞭子。母亲以为丁兰又要打骂她,便一头撞死在树上。丁兰悔之晚矣,此后便雕刻一块木头为母亲像,日日供奉,由此生出许多传说。据小学老师冯庆茂说,丁兰祠在新中国成立前占地规模很大,他小时曾在后殿里念书,丁兰祠在破四旧时被拆除,改革开放之后由村内热心的老人们募捐集资重建,2009年丁兰祠举办了最后一次大型庙会,平常每年还有小型的丁兰会,由于丁兰祠位置偏僻,香火相对衰颓。

除丁兰之外,子孝村还有一位历史名人在二十四孝之列,那就是东汉时期的董永。子孝村至今流传着董永卖身葬父、老槐树说媒等著名传说,并在村口公路旁建有槐荫庙。槐荫庙前那棵大槐树据说有几百岁的树龄了,寿命更为长久的老槐树在"文革"中被砍掉。由于地理位置优越,天仙配传说和大槐树的存在,槐荫庙不仅得到村民的喜爱而且引来诸多旅游、订婚、结婚的人士前来求缘祈福。据纪念碑记载,槐荫庙在民国十九年(1930年)建立并举办庙会,庙会日期定在农历六月初八,届时会请戏班子唱大戏、拜神,庙会上商贩云集,各家的亲友也会往来走动,全村热闹非凡。槐荫庙在2008年、2010年、2011年都举行了大型庙会,比丁兰祠显得更加热闹和香火旺盛。

子孝村悠久的历史及其著名的传说都给村庄带来传奇色彩,然而无论从社会结构还是村民生活观念来看,子孝村都可以作为关中普通农村的一个典型。子孝村属于西部农村,村民的经济条件相对较差,再加之关中农民长久以来养成的勤俭节约、重视积累、苛刻消费的观念,因此村民之间的利益模糊区间相对较小,村民对"占强"(占便宜)行为的容忍度就较低,[①] 日常家庭邻里矛盾纠纷就显得较多。笔者对村干部、村民的访谈和对村庄调解档案的翻阅都证明了这一点。村落老人居住生活条件的"差"和赡养纠纷事件的"多"让调研者感叹"子孝村"不像"子孝"村。下面主要以村庄养老纠纷调解为例来展现村落调解状况。

(二) 养老纠纷与调解

关中农村养老模式一般有三种：第一种是有三个儿子以上的老人，老人跟随小儿子过日子，房屋土地一律归小儿子所有，小儿子负责老人的日常生活花费，遇到大病和丧葬费用诸子均分或者小儿子适当多拿一些；第二种是有两个儿子的老人，在儿子都成家之后，老两口没有劳动能力了就将土地分给儿子，两个老人一个儿子分一个；第三种是有一个儿子的老人，老人不存在分家的问题，也是最不容易发生养老纠纷的家庭。子孝村有很多因为养老问题而闹仗的案例，杨春花老人被饿死的事情是最为让人震惊的一个。

7队70岁的老太太杨春花有一个女儿和三个儿子，三个儿子的名字分别是冯大牛、冯二牛、冯三牛。冯三牛的妻子和女儿都患有精神病，母亲杨春花按照习俗选择让小儿子来养活，希望能帮冯三牛照顾家庭。2009年冬天，杨春花不慎将腿摔伤无法下床，生活难以自理。由于家庭经济紧张，冯三牛不得不经常外出打工，杨春花生活照料的难题就出现了。因此，冯三牛请村落里的"能行人"冯瑞祥做中间人，与大哥二哥商量将老人土地平分，三人轮流养老并协定每人每月给母亲10元钱零花钱。冯三牛要先出去打工挣钱还账，商定大牛、二牛、三牛轮流每家养活老人100天。冯大牛家庭条件不错，为母亲养老还比较好。冯二牛的媳妇泼辣刁蛮，尽管家庭条件很好，但冯二牛夫妇对老人的态度却非常不好。村民说，有一次杨春花从炕上挣扎着爬下来，一直爬到公路上试图请人帮她说理，她抱着儿子冯二牛的腿要十块钱零花钱，冯二牛全不理会，将她抱回家去。村干部、村里的能行人为此事调解多次，都没有长久的效果。2010年4月份，杨春花被活活饿死了。杨春花饿死的事情是杨春花的女儿和小儿子传出去的。据说，杨春花的女儿来探望母亲，发现母亲已经奄奄一息，床旁边的衣柜上放着一碗清水泡馍，碗里爬满了苍蝇，泡馍碗在杨春

[①] 陈柏峰：《乡村司法》，陕西人民出版社2012年版，第104页。

花所触及的范围之外，显然杨春花不是绝食身亡就是被活活饿死了。而村民更加相信杨春花被饿死的事实。为养老闹仗的事情才刚刚结束，杨春花的死又激起了冯氏三兄弟更加激烈的闹仗。冯三牛闻讯赶回家来，在冯二牛家门口破口大骂，指责冯二牛夫妇没有良心将母亲饿死了，杨春花的女儿往来穿梭于亲友之间散布母亲被饿死的实情，于是街坊邻居间流言四起，冯二牛夫妇除了向外界解释母亲不是被饿死外便"夹紧尾巴做人"，而且希望把母亲的葬礼办得红火一些以挽回面子，主管冯瑞祥拒绝冯二牛厚葬的提议，于是全村人发起了对冯二牛夫妇的攻击和惩罚。2013年6月份笔者到子孝村调研时，依然常常听到村民对冯二牛夫妇的责备声。

除了这起极端的案例外，村内还有一些更为常见的养老纠纷，下面再举两例。

3队张二军是家里的小儿子，按照习俗他种了母亲的田地，应当负责母亲的日常生活。母亲虽与张二军夫妇同住一个院落，但是两家是分灶独自生活的。张二军的媳妇个子不高、脾气很大，对待母亲态度比较蛮横。2008年，张二军的母亲到村副书记兼治调主任冯立政家里说，儿子媳妇不给她粮食吃，希望村干部管一下。冯立政带着村出纳和小组长很快就去了张二军家，见了张二军媳妇二话没说，就问为啥不给粮，粮食在哪里？冯立政带人抬了三袋子粮食放在张二军母亲屋里就走了。第二天，张二军母亲又到了冯立政家里，请求冯立政把粮食给她儿子送回去，她自己去女儿家生活，因为儿媳妇把婆婆骂得不行，说老婆子还敢去"告状"。冯立政立即去找到张二军媳妇训斥道"你种婆婆的地，就应该给粮食。你还敢骂娘！你虐待老人，到时候把你弄到派出所，没脸面，不能怪我们"。经过强势的村干部冯立政这样一番"调解"，此事也就平息了。

9队冯尚2003年与父亲因家庭琐事"闹仗"，把父亲关在门外不准进家。村长和治调主任前来调解无效，邻居冯青木看不下去想要打110报警但被媳妇阻止了。结果冯尚的父亲在大路上过了一夜。自这事后，9队的村民以及街坊邻居都不理冯尚，与他搭话也是轻描淡写。冯尚感到排挤和压力之后，对父母的态度慢慢好了起来。邻居冯青木说："（不讲理就会有）社会舆论压制他。他为人本来挺一般的，对父母不好的人，对别人也好不了多少。"

以上三起养老纠纷是关中农村最为常见的闹仗类型之一，闹仗里的价值之争是孝道、是人们"父慈子孝"的家庭理想。相比共墙纠纷、田界纠纷和债务纠纷，家庭养老纠纷实际上是更难以有效调解的纠纷类型，"清官难断家务事"不是因为清官能力不行而是家务事太过烦琐复杂难以说清道理。对于养老纠纷，既然外力难以有效发挥作用，那么村落内生性价值规范就显得特别重要。

2008年9月，陈柏峰[1]等人在湖北京山县6村调研发现，在1980年到2008年间128例老年人自杀中有70例老人是因为子女不孝而绝望自杀的，并且这种绝望型自杀在2000年到2008年间有44例。子孝村距离市中心只有3千米，坐公交车十几分钟即可到达，距离国家正规的司法权力中心更近，也更具有"现代化"的条件。然而，子孝村2000年以来没有出现一例老年人自杀，也没有出现一例养老纠纷走向法庭诉讼或者派出所介入的现象。这说明，子孝村的村落社会价值生产能力较为强盛，村落规范依然能够维持代际关系平衡保证老年人的基本生活条件。调研者的"子孝村不像子孝村"的感觉从侧面说明村民对不孝者的强烈谴责态度，笔者也常常听到村民讲"我们村叫子孝村，人人都应该养老，那些不孝的人不配做子孝村子孙"，村名和传说显然对村民有着一定的约束力，并成为村民谴责不孝者的最具合法性的理由。但仅有村落传说是无法保证村民的调解和谴责对越轨者的惩罚[2]具有效力和持续力的，惩罚有效的深层次原因是村落社会结构性力量，我们将它称为调解的社会基础。

三 村落调解的社会基础

华中村治研究团队从村民自治研究到乡村治理研究再到乡村治理的社会基础研究，[3] 更加关注中国本土经验所呈现的问题，并具备了主动设置研究议题的意识。所谓村庄社会基础可以简单地理解为村民一致行动能力的强弱也即社会关联程度。[4] 贺雪峰[5]从农民认同与行动单位的视角将全

---

[1] 陈柏峰：《代际关系变动与老年人自杀——对湖北京山县农村的实证研究》，《社会学研究》2009年第4期。

[2] [法]米歇尔·福柯：《古典时代疯狂史》，林志明译，上海三联书店2005年版，第200页。读者亦可以参考朱晓阳《小村故事：罪过与惩罚》，天津古籍出版社2003年版。

[3] 徐勇：《序言》，贺雪峰：《乡村治理的社会基础》，中国社会科学出版社2003年版，第3页。

[4] 贺雪峰：《村级治理的村庄基础》，《社会学研究》2002年第2期。

[5] 参见贺雪峰《村治的逻辑——农民行动单位的视角》，中国社会科学出版社2009年版。

国划分为南方团结型村庄、中部原子化村庄和北部分裂型村庄，深化了对中国农村社会结构的区域差异的认识。关注村落纠纷调解发生的条件、过程、效果和变迁，离不开对调解的村庄社会基础的考察。

（一）"均衡型"社会结构

"能行人"而非家族族长成为村落纠纷调解精英与关中农村社会结构密切相关。关中农村的家族结构较为松散，而由家庭和家族组成的村落社会结构却非常紧密。家族结构松散表现在家族观念不强，没有族谱、祠堂和家族祭祀活动；村庄政治生活中并非家族政治而是能行人政治，即家族基本不参与政治活动。与分裂型村庄内部小亲族之间激烈的斗争和竞争关系相比，关中农村血缘关系不甚重要、家族主要是向内功能满足而非对外竞争。[①] 关中家族主要体现在丧葬仪式上，五服之内的晚辈全部要戴孝守灵，丧葬仪式的所有劳力活都由主管安排小组内其他人来做。主管一般是家族的首领，但也有请村内能行人来做主管的情况。

关中农民生育儿子的主要目的是做农活、养老送终，既不是村落竞争社会性价值的体现，也不是本体意义上的家族血脉传承，而是非常实用主义的考量。村落对上门女婿、外来户并不排斥，没有儿子的家庭招婿上门或者招女婿全家人上门已经成为普遍现象，正是松散的家族结构给了外来人在村落中生活下去的空间和理由。五服之内的家族认同主要功能在于红白事上的互助与合作。较强的兄弟认同、内向的家族和松散的小组共同支撑起村落社会的"均衡型"结构，这种社会结构的特点是在村落中没有一个强势的主导力量，村落社会形成较强的地方性共识与规范。所以，讲理的人受到尊重，能行人受到赞扬。

村民想要在村落中活得体面而且有尊严主要依靠村落社会的评价，因而讲理就非常重要，讲理就是对村落社会价值规范的认可和遵守。因此，公正有威信的能行人在村落中能够得到超越家族、姓氏、血缘地缘的认可。爱面子而又勤俭节约的关中人为了获得街坊邻居和村落社会的认可，终其一生要在娶媳妇、生儿子、建房子和丧葬四件大事上风光无限。关中地区松散的家族结构与较强的村落社会规范共同塑造了"讲理的关中人"。

---

① 贺雪峰：《村治模式——若干案例研究》，山东人民出版社2009年版，第250页。

（二）调解中的能行人

关中人常常将能干的人称为"能行人"，能行人在社会学上被称为社区精英。关中农村有着悠久的历史和深厚的文化底蕴，家乡成为村民的意义归属地，因而返乡的乡村精英往往非常多，子孝村仅7队一个小队就有近20名退休干部、工人回村居住，其中有县公安局办公室主任、运输公司经理、供销社经理等领导干部。村民的体面与尊严来自于村落社会的评价，因而在乎他人评价成为关中人的一个特点，无论是在村的能行人还是返村的能行人都力争在村落中有所作为以获得好评。村落中的能行人一般有以下几类：村组干部、退休干部、退休老师、经济能人、文化能人。下面以调解中比较活跃的能行人为例，说明这个群体的特点。

冯立政，59岁，当过兵、个性强烈，2004年起任子孝村副支书兼治调主任。许多村民反映副支书脾气不好，冯立政也称自己性格耿直、脾气不好。他说，好人当不成村干部，群众根本就不听你的。言下之意，他不是那种老好人，但是他为人正直，村民们都喜欢找他调解。冯立政一直在做生意，现在是全村的苹果销售代理人，在村落中算得上有威信有经济实力的能行人。冯立政的调解方式干脆直接，讲不清道理的就不讲道理，以不讲道理的方式维持社会公平。冯立政说，老百姓"欺软怕硬"，许多干部工作做不下去，我脾气不好，说话硬，很多老百姓害怕咱，但是我从不做亏心事。冯立政不怕得罪人，能够制服"歪人""邪人"，调解效果一般较好，赢得了村民的认可，成为村落里的能行人。在张二军母亲的养老纠纷调解中，可见冯立政基于生活经验的"土办法"在村落调解中仍然能够发挥作用。

冯瑞祥，66岁，曾任县运输公司经理，目前退休在家。冯瑞祥在公司负责法务，工作多年见多识广，退休之后，他积极参与村内公共事业，在村中调解、维权等公共事务中发挥了很大作用。2010年县铁路建设要在本村征地，子孝村与邻村地界处有2亩多的水渠也在征用范围之内，这条水渠历史上归子孝村所有，但是近20多年来一直为邻村占有使用，两村在水渠权属问题上发生纠纷。冯瑞祥有着多年的法务经验，他通过到县土管局查资料证实水渠确实归子孝村所有，维护了村庄利益。子孝村近几年盗窃案件多发，冯瑞祥于是充当起村落的"义务巡逻员"，2012年他在后巷道看到一辆陌生的小汽车，就连忙招呼村民并把号码抄下来，很快从旁边农户家跳出来三个年轻人驾车迅速逃跑。冯瑞祥不仅是一个法律咨询者，还是村落中活跃的调解人，在杨春花养老纠纷中冯瑞祥曾经调解多次。

总管是村中某家人办丧事时请来统筹全局事务的人，做总管对于村民来说既是能力的体现又是一种荣耀，能够做总管的能行人往往是村落中为数不多的最具公信力的人和家族首领。据统计，全村9个小组长中只有不到一半的小组长能够担当此任，可见村落对总管的期待和要求之高。总管一般是家族首领但并非一定是本家族的人，主家决定请谁主要依赖人际关系和当事人的名声、威望、能力。一个人如果能力很强但人缘很差是当不了总管的；一个人办事情总是想着占便宜也当不了总管。所以，一个人能否当总管要靠长期的名誉资本积累。关中素有厚葬的习俗，[①] 一般会在第5天或者第7天下葬，总管受主家之托负责所有事务的统筹安排，往往要忙碌多日。礼宾先生负责丧葬仪式行礼环节，一般会得到50到100元的金钱或者实物报酬，这在市场经济中算是比较低廉的回报了，但是经常做总管的冯瑞祥说："礼宾先生张J慢慢成为经济人了，一天要50元或100元，总管负责两三天一分钱都不要。有些人很能行，不愿多管闲事没有公心，就不会有人请他当总管。"从此可以看出，能行人的总体特征是有道德、有能力、有威望、有公心。凡是能够当总管的人必定是村落中热心的能行人，这些人往往也是村落调解中的中坚力量。

综上所述，关中村落社会是一种"均衡型"社会结构，松散的家族结构和紧密的社会结构同在，家族的功能主要是向内的互助，村民重视村落社会评价，因而都必须"讲理"，遵守村落社会价值规范。村民的人生意义归属仍然在村落，因而能行人积极参加村落纠纷调解、公共事务以积累名誉资本获得社会赞扬。村落内部的结构、文化、价值意义和能行人构成了村落调解的社会基础。

四 调解中的社会价值再生产

讲理的关中人在遇到矛盾纠纷的时候总是要找人评理，调解人依据乡规民约主持公道维护村落中的"理"即价值共识，村落社会价值规范就

[①] 张晓红：《文化区域的分异与整合——陕西历史地理文化研究》，上海书店出版社2004年版，第265—266页。

在闹仗、评判、能行人介入调解这个场域中完成了再生产的过程。

(一) 家事纠纷中的社会价值再生产

村落纠纷起源于一方或双方对村落共识的侵犯和对"理"的争夺。村民闹仗常常在街道上、田地里、村委会等公共场合当面对质,相互诉说观点甚至发毒誓,吵架中出现言语过激就可能引发肢体冲突打起架来。如果将街道比作是一个舞台,那么闹仗的纠纷当事人就是演员,他们为了"理"而斗嘴、打架,好像每一方都是有理的、都是最符合村落社会规范的。观看、劝架的村民则是舞台下的看众,每个看众都会依据村落社会价值评判是非对错,从而拥护讲理的人指责批评不讲理的人。

在杨春花老太太被饿死的案例中,冯三牛到冯二牛家门口骂二哥二嫂把母亲饿死了,杨春花的女儿也到处散布母亲被饿死的消息,发动亲族邻居"讨伐"谴责冯二牛夫妇。关于杨春花养老纠纷的问题,村干部、冯瑞祥等村落能行人都去调解过但都没有长久效果。冯瑞祥有时会出于同情给杨春花老婆婆5元、10元的零花钱。杨春花去世后,冯氏兄弟商定请与他们血缘关系已经出了五服的冯瑞祥做总管。按照规矩,老人跟着小儿子过日子,老人去世和大病花钱小儿子都要承担大头。冯大牛、冯二牛家庭条件不错都想要请戏班子唱戏大办葬礼。冯瑞祥指责他们"老人活着的时候把苦都吃完了,死了大办有什么意义,是给你们自己争面子吧!"因而决定办一个一般的葬礼,为有孝心却家庭贫困的冯三牛家省钱。办葬礼时,冯二牛的媳妇更是跑前忙后的,村民说她是心虚怕别人说她饿死了婆婆。笔者在子孝村调研的1个月里,很多次听到这个故事。在村落这个公共生活舞台上,村干部、村落精英的调解,冯三牛的辱骂,总管冯瑞祥的指责以及村民们的谴责都在对冯二牛夫妇的不孝行为进行惩罚。为了挽回不孝之名,冯二牛夫妇想方设法弥补过错以适应村落社会规范的要求。为了遏制村中的不孝行为,9队村民对冯二牛抱以冷漠和厌恶的态度,村干部冯立政对张二军媳妇给以激烈的训斥。恰恰是村民对越轨行为的公开或者私下的指责,规训出正当的社区行为、培育出讲理的关中人,社会价值也才得以成功地再生产。

(二) 家族纠纷中的社会价值再生产

子孝村虽然离兴阳市只有3千米的路程,但至今没有出现一起养老纠纷有法院、派出所介入的情况表明：第一，村落社会的价值生产能力依然较强，村落规范和调解能够维持基本的社会关系；第二，村民要面子，关中人至今认为一个与法院或派出所打交道的人一定不是一个良民。只要你讲理就可以在社区内体面地生活下去，否则，将会受到村落的规训甚至抛弃。关中人讲理之处还体现在家族之间的纠纷上，家族之间的纠纷解决更能够体现关中村落的"均衡型"社会结构。下面举一个小例子。

子孝村2队女子张红与7队男子冯伟于2007年结婚。2008年，冯伟因为发现张红与人有婚外情，在激愤中用板斧将张红砍死。后来，冯伟投案自首被判无期徒刑。一旦女方在男方家里意外死亡，在宗族性地区或者小亲族地区不论什么原因都会引发家族之间的肢体冲突，否则女方家族就会被认为是懦弱无能而为村落社会所不齿。令人奇怪的是，尽管张氏和冯氏两个家族同居一村却并没有发生"打出人命"的事情。村干部在调解中坚持男方家庭不赔偿的意见，主要考虑的不是冯伟已经服刑，而是张红不占理。村民对此事的反映也是：张红与他人搞婚外情不守妇道，被丈夫杀了是咎由自取。子孝村一个能行人说"女方家族也不小，但是并没有闹仗。他们觉得娃理亏。家族能行人也不站出来，主要考虑到了群众的压力"。能行人在村民的期待中是村落价值规范的守护者而不是某个家族的保护人，如果他"护短"不讲理，他的荣誉资本就会因此受到损失。松散的家族结构和紧密的社会结构在此得到充分体现。村干部的坚持、女方家族能行人的回避以及女方家庭选择低调处理的方式都再一次传递了村落社会共识的正能量，保证了村落社会价值再生产机制的正常运转。

（三）纠纷调解与社会价值再生产的三种情况

纠纷调解有三种结果：成功、偶尔失败、失败过多。每一种调解结果的发生，社会价值再生产都会呈现出相应的一种状态。纠纷调解成功往往能够正面激励村落社会价值再生产，使村落的道德与规范得到巩固和传播。敢于得罪人的冯立政利用自己的霸道个性和"土方法"教育了刁蛮不养老的儿媳妇，主持了村落社会公道，令村民感到心情舒畅。如果纠纷调解偶然失败村落社会规范较强的话，村落社会价值再生产就会隐秘地稳步进行。例如，村落公众采取冷淡、不理或者说闲话等方式来惩罚不讲理的人，例如张二军和冯二牛的不孝行为遭到村民议论和指责，为了挽回失去的"理"，他们做出各种补偿措施。村民在私下里谴责他人的同时也在隐秘地进行着社会价值再生产。如果调解失败过多，那么村落价值生产机制将发生紊乱。当村庄能行人正面调解和村民私下制裁都不起作用的时候，村落价值规范共识已经走到了崩溃的边缘。没有价值共识和规范的社会是可怕的社会，而这种失序的社会却在剧烈的时代转型中存在，例如湖北京山县农村。[①] 这也是关注调解的社会基础及其区域差异的意义所在，在政治经济文化发展不平衡的中国，同样的调解、政策和法律在不同地区的实践却会表现出不同的结果。借此，我们可以开展更为深入的调解区域比较研究，以提出更加切合实际的法治路径和治理对策。

五　结语：转型时期的价值与秩序

除法律外，社会控制[②]的方式还有道德、宗教、风俗习惯等重要力量。传统中国社会控制的方式是儒法互用的宗法伦理。（儒家）宗法伦理是在总结人们日常生活习惯和理想价值追求的基础上形成的，因而不仅得到人们的认可而且被中国人世代践行传承，并在家国互构中形成连贯的国家治理体系。传统中国依靠地方乡绅、族老等精英人物进行"集权的简约治理"[③] 维持了基层秩序和国家统一。地方精英将国家的正统儒家伦理与地方性风俗习惯相结合，通过教化与生活实践从而滋养出对村民有约束力的地方性规范，这种"在国家以外生长起来的制度"[④] 就是学界所称的民间法[⑤]。现在关中农村的能行人就是传统乡绅、族老等精英人物的角色再现，能行人在以"理"调解矛盾纠纷中守护着村落中的孝道、妇德、公平、和睦乡邻等社会价值。

后税费时代，国家权力基本退出农村，[⑥] 农村精英纷纷逃离村庄，村

---

① 陈柏峰：《代际关系变动与老年人自杀——对湖北京山县农村的实证研究》，《社会学研究》2009年第4期。
② 参见［美］罗斯科·庞德《通过法律的社会控制》，沈宗灵译，商务印书馆2010年版。
③ 黄宗智：《集权的简约治理——整个以准官员和纠纷解决为主的半正式基层行政》，《开放时代》2008年第2期。
④ 梁治平：《清代习惯法：社会与国家》，中国政法大学出版社1996年版，第27页。
⑤ 魏治勋：《"民间法"概念问题辩谬》，载《民间法》第11卷，厦门大学出版社2012年版。
⑥ 贺雪峰：《论乡村治理内卷化——以河南省K镇调查为例》，《开放时代》2011年第2期。

庄治理陷入失序之中。在村落社会价值沦落、村落共识解体的情况下，村落纠纷调解也就丧失了发挥效用的社会基础，社会价值再生产机制出现紊乱，湖北京山县农村出现因为孝道沦落老年人纷纷自杀的现象也就"见怪不怪"[①] 了。在关中农村笔者发现，村落能行人依据乡规民约化解矛盾纠纷保持了村落社会的基本秩序，村落纠纷调解不仅起到息纷止争的功效而且提高了能行人的威信和荣誉，加深了村民对村落价值的认同，村落社会价值在邻里之间、代与代之间不断地被再生产出来。少数的调解失败并不意味着村落社会价值的减弱，乡党邻居对越轨者的冷淡、不理、排挤行为往往能够给对方造成心理上的压力，这种隐秘的规训[②]力量无时不有无处不在，民众通过规训他人的同时得到了维护村落价值的训练，村民在说闲话、拉家常中形塑了自己与他人的行为。

当今法治社会的兴起，送法下乡[③]成为一种时尚和潮流，出现人人谈法而又绝大部分人不懂法的现象。法学家们的努力和媒体的宣传共同塑造了法律的维权形象，在法学人迷信着民众用法之日就是法律信仰[④]到来之时，民众却在工具性地、片面性地以法谋利，上访谋利者被刻画为维权斗士。[⑤] 每个人都在为个人利益最大化寻求有利于自身的法条，因而乡村社会出现凡是有点理由就可以上访的现象。在当下社会剧烈转型时期，社会矛盾集中爆发、公平观念失衡、公民道德贬值、职业伦理未成，全都在挑战着中国社会的秩序稳定。因而，我们很有必要重视中国本土的、内生性治理资源，维护社会价值、凝聚社会共识，逐渐培育中国新型的职业伦理与公民道德。只有培育了心灵共识的秩序，中国社会才有可能出现良性的法治秩序。

---

① 调研者在湖北京山农村询问村民："你们这里有没有老年人非正常死亡的情况？"居然得到这样的回答："我们这里就没有正常死亡的老年人！"参见陈柏峰《代际关系变动与老年人自杀——对湖北京山县农村的实证研究》，《社会学研究》2009 年第 4 期。

② 参见［法］米歇尔·福柯《规训与惩罚：监狱的诞生》，刘北成、杨远婴译，生活·读书·新知三联书店 2007 年版。

③ 参见朱苏力《送法下乡——中国基层司法制度研究》，北京大学出版社 2011 年版。

④ 参见［美］哈罗德·伯尔曼《法律与宗教》，梁治平译，中国政法大学出版社 2003 年版。

⑤ 杨华：《税费改革后农村信访困局的治理根源——以农民上访的主要类型为分析基础》，《云南大学学报》（法学版）2011 年第 4 期。

第四部分
农民生活变迁研究

横渠村：乡土社会中的农民合作

左雯敏[*]

摘要：在乡土社会中，合作是一种极其重要的生产形态。同时，在新的历史形势下，合作也被认为是解决农村一系列社会经济问题的办法之一。本文以陕西省横渠村为例，试图呈现乡土社会中的农民合作何以可能的一系列机制。通过调地、水利、换工等具体合作事件，本文注重展开分析村组干部在农民合作中所起的协调性主导作用，并在最后以户族及庙会为例，考察农民合作的社会基础。

关键词：农民合作；村组干部；社会基础；户族；庙会

一 研究背景与研究问题

在农村青壮年劳动力外流[①]、基层政权悬浮[②]、农村市场化程度加深[③]等背景下，我国农村出现了一系列经济社会问题，主要包括，第一，小块农田的分散性以及机械使用的合作困难阻碍了农业的现代化。[④] 第二，农村公共品供给能力下降，农业农村基础设施落后，农田水利合作困难以及农村土地调整困难等问题尤其突出。第三，农民应对市场风险的能力比较弱，个体农民的资本积累能力和市场议价能力有限，直接影响了农民收入

---

[*] 本文曾发表于《社会发展研究》2017年第1期。左雯敏，北京大学社会学系博士研究生。

[①] 冯小：《留守经济：当前中国式小农经济的现实》，《南京农业大学学报》（社会科学版）2013年第6期。

[②] 周飞舟：《从汲取型政权到"悬浮型"政权——税费改革对国家与农民关系之影响》，《社会学研究》2006年第3期。

[③] 陈锡文：《把握农村经济结构、农业经营形式和农村社会形态变迁的脉搏》，《开放时代》2012年第3期。

[④] 韩启民：《城镇化背景下的家庭农业与乡土社会》，《社会》2015年第5期。

的增加。总之，我国农村面临着一系列经济与社会问题。

在项目治国①②的背景下，针对我国农村的经济社会问题出现了两种不同的解决思路：资本下乡和农民合作。关于资本下乡的研究，主要关注资本下乡的动力来源、营利模式和实践机制。最近的资本下乡研究关注资本下乡之后与乡村社会具体农民的互动，并认为互动不畅的状态在一定时间内需要持续下去，资本下乡的实际过程并不顺利。③④⑤ 从宏观视角来看，关于资本下乡对村庄治理的后果，学界形成了两种非常有代表性的相反的观点，一种是资本下乡造成了农业经营的"去社区化"现象，资本下乡之后并没有跟农村社区进行融合，而是形成了一个"悬浮型"的资本下乡格局，进而主张重构以农村社区为本位的农业适度规模经营。⑥ 另外一种观点是，资本下乡在政府的扶持之下，村庄依附于公司，公司成为了基层社会的治理主体。村庄公司化意味着政府在经营城市之后，开启了政企联合经营村庄的模式。⑦

本文着重探讨农民合作的问题。研究表明，市场谈判力增强和减低市场经营风险是农民合作组织出现的主要原因，发展农民合作组织对于改善农民在市场交易中的不利地位，提高农民收入具有很大的作用。⑧ 黄祖辉认为，农业的家庭经营和合作制度的结合，是迄今为止最有效的农业制度安排。既发挥了家庭制度在劳动力控制，剩余分配，激励与约束方面的独特优势，又发挥了合作组织在农业产销、外部性内化、风险减弱、利益均沾等方面的内容。⑨ 黄宗智认为，我国农业需要的不是"横向一体化"的大农场，而是小农场加合作社提供的产、加、销"纵向一体化"服务，由此来克服小农户面对大市场的困境。⑩

农民合作的意外后果是村庄能人将农民合作组织作为一种获取资源的

---

① 渠敬东：《项目制：一种新的国家治理体制》，《中国社会科学》2012 年第 5 期。
② 周飞舟：《财政资金的专项化及其问题——兼论"项目治国"》，《社会》2012 年第 1 期。
③ 周飞舟、王绍琛：《农民上楼与资本下乡：城镇化的社会学研究》，《中国社会科学》2015 年第 1 期。
④ 徐宗阳：《资本下乡的社会基础》，《社会学研究》2016 年第 5 期。
⑤ 焦长权、周飞舟：《资本下乡与村庄的再造》，《中国社会科学》2016 年第 1 期。
⑥ 孙新华：《农业规模经营的去社区化及其动力》，《农业经济问题》2016 年第 9 期。
⑦ 焦长权、周飞舟：《资本下乡与村庄的再造》，《中国社会科学》2016 年第 1 期。
⑧ 姜明伦等：《农民合作的经济学分析》，《经济问题探索》2005 年第 3 期。
⑨ 黄祖辉：《农民合作：必然性、变革态势与启示》，《中国农村经济》2005 年第 8 期。
⑩ 黄宗智：《农业合作化路径选择的两大盲点》，《开放时代》2015 年第 5 期。

门道，未必真正形成了"农民的"与"合作的"组织。① 这是"大农吃小农"的假合作社。② 有基层干部在访谈中告诉笔者，某地90%的合作社都是为了套取国家项目资金。甚至为了嵌入到农村社会中，有的农民合作社已经成为下乡资本的外包装。③

不少学者尝试对农民合作的成败进行分析。从社会学的视角出发，大多数研究将合作社失败的原因归结于合作社并未能够嵌入乡土社会。林舒等人的研究表明，农民文化取向中的家族倾向，权威倾向，和谐倾向对农民合作意愿有正向显著影响。④ 黄祖辉认为，家庭制度在劳动力控制，剩余分配，激励与约束方面具有独特优势。⑤ 农民专业合作社的发生和发展，从一开始就具有这种基于关系的我国农村社会的非正式制度背景。亲缘关系在组织内部治理过程中充当了一种润滑剂。⑥ 徐勇也认为，家庭这一基础性制度和本源型传统是中国农村发展道路的特色，在传统与现代之间建立了必要的关联。⑦ 赵晓峰等人的研究表明，合作社的发展受到村庄派系斗争的影响，最后均衡的结果是，村两委与合作社负责人交叉任职。⑧ 熊万胜的研究表明，乡村经济组织如果不能给自己披上种种鲜亮的制度化外衣以掩盖自己的传统性和地方性，它们在一个理性的时代将无法出场。⑨ 刘老石的观察表明，所谓真的规范的合作社运行状况却并不一定很好，相反，一个不那么规范的合作社却非常可能成绩斐然。作为制度崇拜之产物的合作社，对合作制度做出过死的规定，会导致农民合作的失败。⑩ 罗琳认为，新中国的合作化运动割断了农民与赋予其生存意义和尊严并使其有所依傍的土地、家庭、村庄、地方性知识的联系，因而导致了

---

① 熊万胜：《合作社：作为制度化进程的意外后果》，《社会学研究》2009年第5期。
② 仝志辉、温铁军：《资本和部门下乡与小农户经济的组织化道路》，《开放时代》2009年第4期。
③ 冯小：《农民专业合作社制度异化的乡土逻辑》，《中国农村观察》2014年第2期。
④ 林舒等：《农民文化取向对其合作意愿影响的实证研究》，《东南学术》2016年第2期。
⑤ 黄祖辉：《农民合作：必然性、变革态势与启示》，《中国农村经济》2000年第8期。
⑥ 黄祖辉、徐旭初：《基于能力和关系的合作治理》，《浙江社会科学》2006年第1期。
⑦ 徐勇：《中国家户制传统与农村发展道路》，《中国社会科学》2013年第8期。
⑧ 赵晓峰、刘成良：《利益分化与精英参与：转型期新型农民合作社与村两委关系研究》，《人文杂志》2013年第9期。
⑨ 熊万胜：《合作社：作为制度化进程的意外后果》，《社会学研究》2009年第5期。
⑩ 刘老石：《合作社实践与本土评价标准》，《开放时代》2010年第12期。

效率低下的意外后果。① 赵晓峰最近的合作社研究认为可以将合作社打造为村庄秩序再造的核心，并成为村庄治理的实体。这种合作社逻辑的治理意义在于提供另一种基层自治的可能性。②

学界对农民合作的分析已然进入到乡土社会这一关键点上。费孝通先生曾在《乡土中国》中谈到，中国农民聚村而居对乡土社会的性质很有影响。③ 聚村而居本身有着内在的合作需求，如为了水利和村庄安全等。费孝通先生认为，这些合作的背后存在着熟人社会的力量。费先生说道："熟悉是从时间里、多方面、经常的接触中所发生的亲密的感觉，这感觉是从无数次的小摩擦里陶炼出来的结果。乡土社会里从熟悉得到信任，乡土社会的信用并不是对契约的重视，而是发生于对一种行为的规矩熟悉到不假思索时的可靠性。"④

从费先生的论述中，笔者发现可以从农民合作的视角来观察乡土社会是何以可能的。在乡土社会中，农民合作得以顺利展开的机制及其原因是什么？乡土社会与农民合作的关系是什么？农民合作所嵌入的"乡土性"到底是怎样具体呈现的？笔者用陕西省宝鸡市横渠村的案例来展开这一系列问题。

二　农民合作：调地、水利与换工

横渠村地处关中平原，南依秦岭，北临渭河，东距西安100千米，交通便利。宋代大儒张载曾在横渠村讲学生活直至去世，故世称横渠先生。横渠村地势平坦土壤肥沃，受旱灾影响较大，有"十年九旱"之说。根据2014年的数据，横渠村辖6个自然村，11个村民小组，1160多户，4400多人。全村土地7800亩，人均耕地约1.3亩，主要种植猕猴桃、黑李子和苗木。其中3200多亩猕猴桃，1000亩李子，700亩苗木。横渠村所在的眉县被誉为"中国猕猴桃之乡"。横渠村民三分之二的收入依靠水果种植，人均纯收入高于全国和全省平均水平。横渠村民较少外出打工。外出打工的村民大约占1/10，而且几乎都是年轻人。调研发现，横渠村

---

① 罗琳：《互助合作实践的理想建构》，《社会》2013年第6期。
② 参见赵晓峰《新型农民合作社发展的社会机制研究》，社会科学文献出版社2015年版。
③ 参见《费孝通全集》，内蒙古人民出版社2009年版。
④ 同上。

的农民合作主要表现在与水果种植紧密相关的调地、水利和换工这三个方面。

(一) 调地

土地是村民的经济命脉。每亩猕猴桃盛果期产值高达万元，是种植小麦等粮食作物的近 10 倍。改革开放以来，横渠村的土地调整以村民小组为单位进行，有的三年一调，有的五年一调。调地的基本策略是"增人增地，减人减地"，以此避免"十口人种两口人的地，两口人种十口人的地"的现象。小组干部具体负责落实土地调整，他们普遍反映，"调地最难搞"。调地的主要依据是户口，因为户口是成员权的法定依据。调地时间一般是 8 月份。7 月份，小组干部去派出所查询户口。以 7 月 1 日为分界线，7 月 1 日之前增加人口便增地。因之，横渠村 6 月底会出现结婚生子的小高潮。

户口核实之后，小组干部召开村民代表大会，议定增减的人口数和相应增减的土地面积，并张榜公示。到 8 月农闲的时候正式调地。正式调地的时候，小组干部带着村民们到田间地头一块一块地丈量，一家一家地敲定。这是一个非常具体细致且麻烦的过程。因为其中关切到的问题非常多。

首先是土地附着物的问题。小麦玉米等粮食作物生长周期短，一到时令就收割，之后土地上就基本没有附着物，比较好调整交割。但是，猕猴桃一般三年挂果，五年进入盛果期，前期在果园上的投入比较多。调地时有两种解决办法，第一种是由减地农民向增地农民交纳每亩 300 到 500 元的承包费。第二种是减地农民将果园折价卖给增地农民。从价格上看，两种办法都是公平的，因为价格自有公道。其次是村民集体土地存量的变动问题。增加的人口和减少的人口不会恰好相等，减下来的土地面积如果按照之前的人均来分配，则不够增地之用。1983 年分田到户时，横渠村村干部预留了 5% 到 15% 的土地作为集体资产，一方面可以用来补偿农田基本建设占用农户的田地，另一方面可以承包出去获取租金，以支付村组活动开支。调地过程中，当土地不够的时候，可以从村民小组的集体土地中拿出一部分土地补足差额。随着人口的增长，村民小组的土地往往不够分。所以，当村民小组的集体土地面积不能再减少的时候，小组干部会把人均土地面积降下来，重新分配土地。调研发现，有的村民小组已经完全没有集体土地了。第三个问题是地块质量不均匀的问题。这主要取决于土地的灌溉条件。不过由于近年来农田水利设施及交通条件的改善，这个问题已经变得不那么突出。

（二）水利

横渠村历史上多旱灾。农田水利设施历来颇受重视。1958年，横渠村打了108眼大口井，大口井比较浅，灌溉效率低，一天大约灌溉一亩地。由于井浅，使用了四五年，水位就跟不上了。这批大口井对横渠村应对当时的大饥荒起到重要作用。此后，横渠村又打了一批更深的井。这批井维持到20世纪80年代。90年代横渠村开始出现机井。机井的成本非常高，一眼机井当时需要花费近10万元。1988年，猕猴桃种植在横渠村试点，90年代初取得巨大成功，当时村民有可能集资打机井，正是因为那时候猕猴桃种植带来的巨大收益。

横渠村2013年取得700多万元的国家扶贫开发项目，2014年取得500多万元的高标准农田水利项目。依托国家项目，横渠村积极改善农业基础设施，新打机井26眼，上变压器20台，地埋暗管20千米，地埋暗线13千米，在此基础上，横渠村的农田水利设施非常完善，由井房、变压器、电泵、电表、暗管、暗线、机井等构成了一套封闭的自动化灌溉系统。每隔30米左右就会有一个出水口，机井深达150米到200米，水量丰富，灌溉便利。机井灌溉效率极大提升，大约一个小时一亩。只需要进入井房操作阀门，就可以精确地灌溉各家各户的农田。2014年夏天，北方大旱，得益于这些水利设施，横渠村的猕猴桃产量基本没有受到影响。

完善的农田水利设施是横渠村农田水利合作的基本条件。在此基础上，横渠村建立了一套水利共享机制。每个村民小组都选出一到两名机井管理员管理机井。机井管理员掌握着井房的钥匙，村民们需要灌溉时便联系机井管理员，协调时间进行灌溉。机井管理员的职责主要包括收取灌溉费用，协调灌溉时间，维护灌溉设备。机井灌溉一小时收费9块钱，其中两块钱是机井管理员的工资，剩下的交电费或充作设备维护费用，设备维护有时也向村民集资。

（三）换工

换工是横渠村农民合作的另一重要方式。换工与水果种植有很大关系。猕猴桃和黑李子种植是季节性的劳动密集型产业，用工量比水稻小麦等粮食作物大，技术要求也更高。水果成熟时，收购商也希望猕猴桃尽快上市能卖个好价钱。所以，三五户或七八户村民之间互相帮忙，先集中采摘某一家人的水果，然后再换下一家。此外，施肥、浇地、锄草、嫁接、授粉等农业劳动环节都存在普遍的换工情况。一到农忙的时候，或由主家吆喝招呼，或由帮工主动问询，还有不少道听途说偶然遇见的，也会加入换工队伍。

换工不要工钱不管饭。因为村民们觉得农忙管饭会添更大的麻烦。村民之间也从来不会算计那么清楚，"不可能你给我做多少活，我就给你做多少活。来日方长，大家也不计较那么多"。这样，换工也不太容易变成人情负担。长此以往，经常换工的村民之间会形成一个相对固定且关系友好的"换工圈"。其他的日常生活中诸如针头线脑、油盐酱醋之类的小事也会在"换工圈"形成互助风气，甚至经常换工的妇女也会在一个广场舞队伍中跳舞。大会战式的换工有一种集体欢腾的感觉，在这一过程中，农民从人与人的相处中，体会到人伦之乐。"换工圈"中的成员若多次不被主家邀请，则容易被视为见外或嫌弃，彼此之间的关系反而可能会疏远。

从年龄结构来看，50后和60后是村庄换工的稳定人群，他们已经形成了一个相对稳定的"换工圈"。70后和80后则视换工为人情负担，他们认为现金结算更加干脆利落。横渠村的农民认为"年轻人手头有钱了，就不换工，直接用钱雇工了"。但对50后和60后而言，货币经济却没有改变他们换工的习惯。

横渠村在土地、水利和换工等方面的合作是成功的。之所以说成功，并不是合作没有遇到任何困难，而是因为合作中的困难被克服了。调研发现，农民合作的主导力量是村组干部。他们是横渠村的村组干部和德高望重的长者。他们在农民合作的过程中发挥主导和协调作用，克服合作困难。

三　村组干部：农民合作的协调性主导者

横渠村活跃着一支强劲的村组干部队伍，既包括国家权力在基层延伸的各种组织末梢，也包括农民自发组织的各种理事会。行政村干部配备齐全。此外，村民小组建制完整且活跃。每个村民小组有组长、分支书记、会计和出纳，会计和出纳不能同一个人担任，可以由小组其他干部分别兼任，有的村民小组还选有副组长。大约每15户选一名村民代表。村民代表的选举一般以户族为单位，每个户族都有村民代表。开支5000元以上必须召开村民代表会，支出超过三万元必须所有村民代表签字同意。村民小组可以以村民小组的名义直接向上跑要项目。很多村干部都曾是优秀的小组干部。总之，村民小组是一级独立的会计核算单位，是一个活跃着的有行动能力的实体。此外，横渠村还有调解委员会，由三名退休老干部组成，负责村庄纠纷调解。村民还会因需要而自发成立公益事业领导小组、红白事理事会及各种项目的监事会。

横渠村村组有一定的财力。横渠村委有20多间门面房和200多亩承包地的出租收入，一年12万—13万元。各村民小组有几十亩或上百亩不等的承包地，每亩土地租金大约500元，这些承包地的租金收入用来补贴小组干部部分工资，维护水利设施和村庄环境卫生以及小组的日常开支。六组是全村最富有的村民小组，临近镇上街道，有36间门面房，近百亩承包地。村里流传着一个口号："宁到六组当组长，不到村上当书记。"

横渠村有一套完善的村民小组工作量化考核办法。村委会对村民小组的考核表条分缕析，考核细致，涉及产业结构调整，招商引资，基础设施建设，农田水利管理，三夏服务工作，集体财务管理，计划生育，社会稳定，精神文明，环境卫生整治，班子建设，工作纪律以及其他工作。每年腊月，根据各个小组的任务完成情况，村委会对各村民小组进行评分。以各小组的人口为标准折算基数，加上各种奖金，可以计算出各个村民小组长的工资。村民小组长的工资＝基数×积分＋奖金。2012年村民小组长平均年工资为3250元。工资从村民小组的本级积累中支出。从经济收入来看，小组干部是副业。每年绩效考核，横渠村会评选先进集体和先进个人，包括先进集体一个，环境卫生整治先进集体一个，优秀组干部1名，优秀党务工作者1名，果品销售先进个人1名，产业结构调整先进个人1名，模范党员11名，好媳妇11名。村民小组在正月初一的时候敲锣打鼓把先进个人的奖状和奖品送到各家各户。

横渠村的村组干部有很强的政治荣誉感。村组干部常常说"不吃凉粉把板凳腾下"。村组干部落选也会被认为是一件很没面子的事情。横渠村的村委书记就因他争取项目的能力卓著而被称作明星书记。但是，很多合作失败的原因往往不在向外索取资源的能力不足，而是合作内部出现了问题。横渠村的村组干部是如何来解决这些内部问题的呢？

（一）土地调整

调地以户籍变动为依据但并非毫无弹性。比如横渠村的大学生，户籍虽迁往大学所在地，但并不因此而减地。该大学生毕业之后才会减地。村民们认为大学生几乎没有收入来源，农村家庭抚养大学生不容易，而且应该对上大学这样的向上流动的行为表示鼓励。外嫁女虽然户口在本村但也不分地。村民们认为这是占便宜的投机行为。嫁进来的媳妇，户口不转进来也不分地。户口不转进来，村民们认为有嫌弃之嫌。服刑人员服刑期间虽然户口在村，但不分地。这条规则既减缓人地矛盾，又起到规范和教育村民的作用。村组干部按照地方风俗习惯形成了诸如此类的处理惯例，但也并非不知变通。比如说外嫁女所嫁的家庭遭遇了天灾人祸，且正好户籍在村，那么村民们可能会因为同情而保留其成员权并为之分地。变通执行照顾了村庄民情，往往赢得村民们的赞赏。

调地工作之所以难以进行，除了变通成员权的问题，还因为土地交割过程中极易出现矛盾。按照惯例，土地交割采取交纳承包费或果园折价的处理办法，从价钱上看，这两种办法双方实际上都不吃亏。村民们挑肥拣瘦不肯配合则稍加说服即可。更大的问题是村民之间本就存在的私人恩怨对调地的阻碍。按理说，新增土地的农民有权决定自己新增的土地是自己经营还是承包出去。土地交割时，关系不错或没有矛盾的村民原本可以交纳承包费了事，新主不必抢夺旧主细心打理的果园。然而，调地的微妙之处在于，如果新主和旧主存有过节，那么新主是不愿意将自己的地承包给旧主这个"过节户"的，因为新主不愿意与仇家发生任何联系。新主宁愿折价买下果园。果园转卖之后重新培育进入盛果期需要五年的时间，需要花费大量的心血。甚至有的村民得知自己的土地调整给"过节户"之后，会暗中破坏再行交割。每一次调地，平静的村庄秩序之下潜藏的纠纷便会浮出水面。所以，调地实际上牵连出了整个村庄的人情与关系，历史与政治。所以小组干部进行增减组合的时候尽量避开"过节户"，在调地过程的每一步中都小心翼翼地避免激活村民的历史过节。

（二）机井管理

横渠村水利合作成功的一个关键因素是机井管理员的选择。猕猴桃种植对灌溉的需求时间比较集中，需水量比较大。机井管理员解决水利纠纷的主要贡献在于保证合情合理的用水顺序。

机井管理员熟悉用电知识，熟悉村庄事务，特别是人地对应关系。他还需要熟悉农业生产规律，要勤劳肯干有责任感。机井管理员其实特别辛苦，而工资又非常低。农忙时期家家户户都等着灌溉，半夜三更还在田间地头奔走是常有的事情。最重要的是，机井管理员需要在高度熟悉村庄人事物的基础上，一方面以先来后到为准，保证用水的先后顺序，以防有人蓄意插队用水造成不公而引发纠纷；另一方面根据实际的缺水程度，适当协调用水顺序，让后来的极度缺水者先行灌溉，以免果园旱死绝收。所以机井管理员一般是精明强干的村组干部或者德高望重的长者。他们之所以能平息纠纷保证秩序，不仅因为办事公道，还因为村民还要仰赖他们在纠纷调解或红白事等事务中的积极作用。比如横渠村老支书担任机井管理员，小组的农田水利秩序井然。他七十多岁，办事公道有魄力，在村庄中威望很高。长期担任村支书和调解委员会主任，成功调解过上百起纠纷。他对村庄的人事物极其熟悉。横渠村现任的主要村干部曾经是他的下属。考虑到机井管理工作的劳累，像老书记这样年事过高的机井管理员都会配备人品不错的年轻人来辅助管理。

村组干部有着优秀的经营组织才能，更重要的是，他们的乡土社会经验会告诉他们怎样主导及协调合作才是农民能够接受的合作方式。身在其位又深处熟人社会，村组干部对村庄人事物的情况了如指掌，因而具有根据实际情况进行变通和平衡的可能性。面对着自己的亲戚、朋友和邻居，如果没有一个公正的态度，村组干部恐怕很难直面这些天天可能打交道的一个个具体的村民。当村组干部的工作没做好时，自己的家族成员也会跟着在村民的日常舆论中被批评。反过来说，一个个具体的村民在面对村组干部时，他们也可能因为这个村组干部的缘故，而放下与另一个村民的矛盾。村民可能因为村组干部彼日的善举而服从他此日的安排。不同合作成员之间矛盾的负面影响能够通过村组干部得到抑制。因之，村组干部得以在这个乡村江湖中施展技能主导并促成合作。

四　社会基础：户族与庙会

村庄社会基础是一个看不见摸不着却又实实在在的"社会"，其中有一套相对固定的社会结构，在这套社会结构之中发生着一系列日常生活事件，同时存在着支撑村庄社会结构和日常生活事件的价值基础。横渠村的社会基础是户族与庙会这两股力量。

（一）户族

横渠村有明显的宗族性，他们的宗族称作户族。横渠村民严姓最多，约占 1/4；魏姓约占 1/5；袁姓约占 1/6；张姓约占 1/6；李姓约占 1/7。具体到每个村民小组，一组以张、梁、董为大姓，二组以袁为大姓，三组、四组，同出魏姓。五组、十组以张、李为大姓。六组以严、陈、刘、师为大姓。位于街道的七组是一个移民杂姓村，大多从河南省逃荒而来。八组、九组、十一组，是横渠村最大的一个自然村——严家庄，有 800 多人，95％的人都姓严。村组干部都是大姓所出。

以严家庄为例说明其宗族性。严家庄分三个户族，户族派系观念比较重，相互之间存在一定程度的紧张关系。"如果不注意的话，户族间会发生一些纠纷。"村民小组选村民代表的时候每个户族平分两个名额。"其他几个小姓，在选村民代表的时候不考虑他们，他们跟大流走。"议事时，小组干部往往会把村民代表和户族中德高望重的长者请来。村民之间闹矛盾，一般也是他们与调解委员会成员一同协商调解。

历史上，严家庄是一个堡子，四面城墙三道门。民国十七年（1928年）关中大旱之后，匪患迭起，严家庄被洗劫一空。严家庄的村口立着一块碑，碑上讲述了"严家庄失城"的悲惨历史。"民国十七年，匪首毛某率众破城，劫掠一空，残杀我亲族七十余人，绑票三十人，绝少生还。至此，庄民寥落，多户合家而居，满目萧瑟，一派森严恐惧状。严氏族系因此元气大伤，然并未一蹶不振，后嗣乃擦干血迹，重修庄园。或出走从戎，或苦读救国，顽强拼搏，祈盼光明富庶之日也。""严家庄失城"的故事代代相传，村民建立了强烈的户族认同。

严家庄的锣鼓会非常有名，演出者为全体严家庄村民，有时演出阵容达两三百人。附近有些单位会邀请严家庄的锣鼓会参加演出。严家庄村民对锣鼓会很自豪,对那些会打鼓而不参演的村民会形成群体压力。"人多才能把锣鼓打起来。这个锣鼓队把三个小组捆到一起了。会打鼓不来,全堡子的人都会说你。集体的事情怎么能不参加?"

在横渠村村民的心目中,小户族是最亲的,即五服之亲,其次则是村民小组,再次则是大户族,大户族的成员则可能在别的村民小组。红白喜事最能体现户族观念。每当有红白喜事,村民按照惯例成立红白喜事理事会,理事会的总理事和理事一般为本户族德高望重的长者。本户族成员在红白喜事中承担事务性工作。按照当地风俗,他们会将工作人员的分工表张贴在大门口,具体包括总理事、理事、礼桌、招呼客、请客、席口、安客、勤杂、司酒等。一场红白事下来,需要几十名甚至上百名工作人员,没有户族的支撑,几乎是不可能的。办红事的时候,小户族成员都会随礼,而大户族则不一定,视亲疏远近而定。如果白事,那么大小户族都会随礼。抬丧一般需要二十人,由大户族每家出一个人。村民小组则需要每家派一个人去送葬。户族是横渠村人情往来的基本单位,熟人社会中的人情关系往往具有增加信任和增加温情的力量,互助合作在人情往来的基础上更加容易实现。

(二) 庙会

庙会是横渠村农民重要的宗教生活。横渠村最活跃的宗教是佛教和道教。佛教最盛的是一组,一组靠近香火旺盛的佛陀寺,90%的村民信佛。横渠村每个自然村都有庙,如佛陀寺、城隍庙、菩萨庙、关帝庙、三官庙等。赵晓峰曾经将关中的庙宇、四川的茶馆和东南的祠堂做对比,着重分析了庙会的市场交易功能和人际交往功能,并将关中地区的庙宇视为地方秩序整合的中心。他在论文中谈道:

> 根据关中兴平县的2010年年鉴,177个庙会活动中,在1月份举办的有16场次、2月份举办的有38场次、3月份举办的有33场次、4月举办的有41场次,另外7月举办的有13场次,10月举办的有12场次,其它月份相对较少。10月是秋收刚刚完成的季节,1—4月是农闲的季节,也是农民持货待售,粮价波动决定农民家庭收入的关键时间段,而7月则是夏收刚刚完成的季节,三个时间段里,农民都有着较强的市场交易需要,以调剂余缺,购买新的生产工具和生产

资料。此外，庙会活动的举办，也为不同村庄农民之间的交往提供了便利的机会，不同的人可以怀着不同的目标来赶会。关中农村的习俗还规定，哪个村子举办庙会，该村出嫁的姑娘都必须在当天回娘家看望父母。[1]

庙里供奉的神像，儒释道混而供之，但不混供基督。南营村是横渠村的一个自然村，该村的城隍庙于2009年集资重修，里面供奉的除了"除四旧"之前就有的城隍爷、关公和判官小鬼之外，又添加了三霄娘娘、观世音菩萨、托塔天王、灶王、药王和文曲星。农民由生到死的方方面面，这座小小的庙宇都照顾到了。城隍庙重修过程中，村组干部募集了一笔资金，但是还不够，于是村民们有钱的出钱，没钱的出力，不到两个月的时间，庙就重修好了。修好的时候正好是正月十五，而重修之前的庙会是农历八月初二，所以南营村的城隍庙每年有两个庙会，一个在正月十五，一个在八月初二。

稍大一些的庙都会有庙会会长、堂主、主办师傅、帮办师傅、会计、出纳、灶长等。他们共同打理庙宇庙会的常规事务。对于他们来说最重要的工作便是每年的庙会。横渠村的佛陀寺香火旺盛，举行庙会的时候，十一个村民小组轮流为庙会做饭。其他必要的工作人员如礼桌收钱等各方面勤杂工作，都由村民小组长来安排。村民在庙会中所做的这些事务性工作本身就是一种合作训练。调研期间笔者参观了横渠村隔壁一个村的庙会。庙会请来陕西省铜川市秦剧团搭台唱戏。在庙会上，唱大戏的，弄社火的，做买卖的，跳广场舞的，算命的，祈福的，应有尽有，热闹非凡。临近四县都有人过来烧香拜神，布施祈福。

关中地区的农民宗教组织体系比较健全。南营村城隍庙是一个子堂，它的上级分堂是横渠镇苏家村的救世祠，而杨凌区聂家村的金仙堂则是总堂，他们信奉的主神是三霄娘娘中的老三救世娘娘。按照道教这一支的教规，每个月初一和十五晚上信徒要到城隍庙上香。农历六月和十二月则要每天上香。笔者调研时恰好是农历六月。每天晚上大概七八点钟，南营村的二三十名妇女都到庙里上香。有些妇女，每位神佛都跪拜。之后，大家

---

[1] 赵晓峰、张红：《庙与庙会：作为关中农村区域社会秩序整合的中心》，《民俗研究》2012年第6期。

坐在城隍庙的院子里聊天。不上香的时候妇女们常常在马路边路灯下跳广场舞。形成鲜明对比的是，男人们常常自带板凳坐在马路旁的空地上扎堆聊天。这些聊天的场所正是村庄舆论再生产的场所。宗教生活构成了村民不可或缺的精神世界。

对于这些信教的农村妇女来说，她们的宗教生活其实比较简单，平时上上香，拜拜佛，聊聊天，庙会的时候帮帮忙，有时也上布施。有的妇女说："人家来叫我，我就去了。刚开始跪下就拜，也不信，后来就好像有感应了。"有的村民听说信道教可以治病，就信道教了。有的听说信耶稣可以治病，便信耶稣了。也有的村民是因为从小就跟着长辈上香拜佛，逐渐养成了习惯，不明所以却习以为常。

庙是一个信徒聊天的世俗场所，也是一个祈福请愿的神圣空间。每年大年初一，村组发放奖品和荣誉证书的时候，锣鼓队都会从庙上出发，敲锣打鼓地送到获奖者的家门口。庙还具有祈雨功能。我们调研的时候，正值北方大旱，村里几个老人很担心，酝酿着祈雨的事情。

户族和庙会构成横渠村的社会基础。农民的日常生活与户族、庙会等社会基础相互形塑。正是这个相互形塑的过程增强了农民与农民之间的熟悉感，情感联系和信任纽带也更加牢固，从而创造了合作的有利条件。此外，村组干部之所以能在农民合作中克服困难，并不仅仅因为他在农民合作中带来了多大的财富，而是在村庄的户族和庙会等日常事务中扮演着重要的角色。村组干部不得不在农民合作的事情上采取众望所归的举措，也因为他们要在户族和庙会等日常生活中与一个个具体的农民打交道并得到他们的支持。在一个熟人社会中，无论如何都不应该低估这天天可能打交道的一个个具体的人所带来的道德压力。如此，"刁民"问题和"大农吃小农"的问题也得到控制。似乎有一根无形的带子将户族、宗教和村庄中所有的事务联系在一起了，而这条带子上附着的正是村庄中各式各样的人际关系以及村庄的日常生活。

五　小结与反思

本文以陕西省横渠村为例，梳理了该村农民合作成功的三点主要原因。第一是灵活顺畅的合作机制之建立，其灵活性与顺畅性综合了经济效益与社会人情，并在实际运转过程中因时制宜因地制宜。第二是村组干部的主导及协调力量。村组干部需要按照乡土社会经验，在合作的每一个环节都要权衡乡土社会中的关系与人情。第三是村庄的社会基础：户族和宗教。户族、宗教等社会基础与农民日常生活相互形塑，增强了农民与农民之间的熟悉感。农民对于合作者与自己的关系以及合作者是否尊重彼此关系的行为原则有一个基本的辨识，进而影响到合作质量。与熟悉的自己人合作，合作能更加顺利。相比于合作机制或合作形式的问题，农民更注重在乡土社会中不断辨识合作者的关系和人品问题。

从乡土社会与农民合作的关系这个角度，我们发现，正是农民之间长时间、多方面、经常性的接触增强了农民之间的熟悉感，由熟悉感而带来的信任感成为乡土社会中农民合作成功的基础。从一个更宽广的意义上说，农民合作嵌入在乡土社会之中。与其剥离出户族与庙会作为农民合作的解释因素，不如认为农民合作与户族庙会等因素融合成了农民的日常生活。我们亦可认为，农民合作是乡土社会何以可能的一种重要机制。

我们需要进一步追问的问题是，关系和人品的背后是什么？尊长亲友何以对农民行为有如此至关重要的影响？具体的农民与农民、农民与村组干部之间是一种什么样的关系？在此关系基础之上，他们所奉行不破的行为原则到底是什么？这些问题尚待解答。只有在农民的日常生活事件中去体会支撑具体关系和行为原则的价值基础，我们才能更好地理解农民合作的质量与成败。

笔者认为，农民日常生活中的俗与礼皆有其价值基础与历史根源。费孝通说："人类在生活的经验里发生了一套价值，而这套价值才是直接推动人活动的力量。价值观念是文化中的一部分。人类把对于生存和进步有利的传统选择出来，加上价值，使它能保存和发生作用。"[1] 在一个变迁的大时代，透过时代深入历史传统，我们或许可以更加深入地理解中国农民的价值基础，进而解开农民合作的社会密码。

---

[1] 参见《费孝通全集》，内蒙古人民出版社 2009 年版。

无正义的家庭政治：理解当前农村养老危机的一个框架
——基于关中农村的调查[*]

张建雷　曹锦清[**]

摘要：本文提出了家庭政治的分析框架，以全面理解当前农村的养老危机。在家庭政治中，财产、伦理和权利构成最基本的要素。制度化的伦理规范赋予了家庭成员相应的权利与义务，并决定了家庭财产积累和传递的基本规则，实现了家庭中财产、权利与义务的公平分配，即家庭政治之"正义"。当前，家庭政治中权利与义务的不均衡所形成的代际剥削机制，则打破了家庭政治的正义性原则，导致家庭之不"义"，最终引发了农村老年人生活的全面危机。农民家庭生活的变革也深刻地改变了乡村社会秩序的性质，家庭政治中正义的消解，根本上冲击了村庄中基本的政治和正义观，利益和暴力开始构成乡村社会秩序的底色，乡村政治秩序面临着严重的挑战。

关键词：家庭政治；正义；养老危机；乡村社会灰色化

一　问题的提出

在长期的农村调查中，众多学者均注意到了当前农村老年人所面临的

---

[*] 基金项目：西北农林科技大学中央基本科研业务费人文社科定向委托专项"西部农村社会转型与乡村治理观测及支撑平台建设"；国家社会科学基金青年项目"城市化过程中农民工恋爱、婚姻问题研究"（15CRK020）；"新生代农民工的婚恋模式及其风险应对机制构建研究"（14CSH029）。本文曾发表于《南京农业大学学报》（社会科学版）2016年第1期。

[**] 张建雷，西北农林科技大学人文社会发展学院讲师，陕西省乡村治理与社会建设协同创新研究中心研究人员；曹锦清，华东理工大学社会与公共管理学院教授、中国城乡发展研究中心名誉主任。

日益严峻的养老问题。有学者发现,"当前在农村调查,我们看到和听到的,都是老年人的眼泪和哭诉"[1]。另有学者指出,当前农村的养老问题不仅体现为老年人权利地位的下降,更集中体现为老人赡养状况的急剧恶化。[2] 显然,当前农村老年人养老问题的出现意味着传统的反馈模式已经发生了巨大的变化。郭于华从代际交换的角度揭示了这一变化的具体逻辑,她在河北农村的调查中发现,农民家庭中代际关系的公平逻辑正在发生变异,传统均衡的代际交换原则已经难以维系,父代在代际交换中处于极为不利的地位。[3] 贺雪峰、郭俊霞等人也注意到了当前农村代际关系的严重失衡状况及老人所面临的巨大生存压力。[4]

已有的关于农村老年赡养问题的解释,大多强调了农村家庭结构的变迁。费孝通较早讨论了农村家庭结构的核心化趋势,并提醒人们注意这一变动趋势对农村老年赡养问题的影响。[5] 王跃生进一步从宏观上揭示了核心家庭化的变动趋势,并指出了家庭的小型化对家庭养老功能的弱化。[6] 另一些研究者则注意到了这一过程中家庭权利结构的转变,即家庭关系的重心从以父子关系为主轴向以夫妻关系为主轴转变,父权开始衰落,妇女的权利地位上升,家庭关系趋于平等化和现代化。[7][8] 在这一解释路径下,老年赡养问题的出现被认为是家庭结构变动下个体权利意识的增长及父权衰落的必然结果。[9]

另一些学者则强调了农民家庭伦理观念的变化对老年赡养问题的影响。贺雪峰在对阎云翔《私人生活的变革:一个中国村庄里的爱情、家庭与亲密关系》一书的评论中指出,当前农民家庭生活的变革不只是私

---

[1] 贺雪峰:《农村家庭代际关系的变动及影响》,《江海学刊》2008年第4期。
[2] 张建雷:《分家析产、家庭伦理与农村代际关系变动——一个浙北村庄的社会学诠释》,《中国乡村研究》2015年第12期。
[3] 郭于华:《代际关系中的公平逻辑及其变迁——对河北农村养老事件的分析》,《中国学术》2001年第4期。
[4] 贺雪峰、郭俊霞:《试论农村代际关系的四个维度》,《社会科学》2012年第7期。
[5] 费孝通:《家庭结构变动中的老年人赡养问题》,《北京大学学报》(哲学社会科学版)1983年第3期。
[6] 王跃生:《当代中国家庭结构变动分析》,《中国社会科学》2006年第1期。
[7] 杨善华、沈崇麟:《城乡家庭:市场经济与非农化背景下的变迁》,浙江人民出版社2000年版,第232—237页。
[8] 唐灿:《家庭现代化理论及其发展的回顾与评述》,《社会学研究》2010年第3期。
[9] 阎云翔:《私人生活的变革:一个中国村庄里的爱情、家庭与亲密关系1949—1999》,上海书店出版社2006年版,第101—126页。

人权利意识增长的问题，还涉及农民的价值和意义世界。[①] 陈柏峰认为，当前农村老年人赡养的恶化以及孝道的衰落，应该放到农民价值世界倒塌的范畴来理解。[②] 贺雪峰基于对农民价值观不同类型的划分，及不同类型价值的关系的讨论，指出当前农村老年赡养危机的实质在于农村出现了严重的伦理性危机，即构成中国农民安身立命基础的本体性价值发生动摇。[③] 这一以农民价值观变迁为核心的解释路径，补充了家庭结构研究对农民家庭伦理的忽视，从而拓宽了农民家庭研究的视野。

不过，上述研究中无论是关于家庭权利结构的讨论，还是有关家庭伦理的分析，均忽视了对农民家庭经济因素的深入分析，不免陷入抽象化讨论的误区。鉴于此，有学者基于农民家庭经济生产方式变革的具体考察，发现在传统农民家庭财产的积累和分割模式基础之上形成了一套稳定的"继—养"体系，当前农村老年人所面临的养老危机，则根源于农村家产分割模式变动所导致的传统"继—养"体系的瓦解。[④] 这一研究进一步扩展了学界关于农民家庭权利结构和家庭伦理的分析，强调了农民家庭财产的构成和分割模式对农村养老问题的基础性影响，为深化学界关于农民家庭问题的理解做出了有益的尝试。

总体上看，已有的研究各自强调了农民家庭生活中不同层次的内容，并据此做出了不同的解释。这有助于我们从不同的角度深化对农村养老问题的认识，但诸种差异性的解释也为我们全面和准确地理解当前农村的这场有着深远影响的变革带来了困难。因此，本研究的努力即在于探索一种理解当前农村养老危机问题的综合分析范式。在对上述文献的梳理过程中，笔者发现上述研究中各自所强调的家庭权利、家庭伦理和家庭财产等内容恰恰共同构成农民家庭生活的三个基本层次，并可以统一于家庭政治的范畴之中。据此，笔者在结合上述研究成果的基础上，提出家庭政治的综合分析框架，以期更加完整地理解当前农村的这场危机。

---

① 贺雪峰：《私人生活与乡村治理研究》，《读书》2006年第11期。
② 陈柏峰：《农民价值观的变迁对家庭关系的影响——皖北李圩村调查》，《中国农业大学学报》（社会科学版）2007年第1期。
③ 贺雪峰：《农民价值观的类型及相互关系——对当前中国农村严重伦理危机的讨论》，《开放时代》2008年第3期。
④ 张建雷：《分家析产、家庭伦理与农村代际关系变动——一个浙北村庄的社会学诠释》，《中国乡村研究》2015年第12期。

二 家庭政治：一个综合分析框架

吴飞对中国农民的家庭政治进行过十分精彩的阐述。① 吴飞以自杀问题为起点，探讨了农民家庭政治中权利与情感的复杂关系及农民的人格价值问题。他将家庭政治理解为一系列的权利游戏，在家庭政治中人们根据自己拥有的道德资本展开对尊严、地位和权利的争夺，自杀正是由于该过程中情感与权利失衡所造成的后果。吴飞关于农民家庭政治的分析给了笔者极大的启发。不过，家庭政治的范畴并不仅仅包括家庭中的权利关系、权利斗争，还包括规约农民生活和行为的伦理规则，以及作为家庭生活基础的各种财产形式。

财产是农民家庭生活的经济基础。滋贺秀三曾将中国农民生活中的"家"定义为一个同居共财的基本单位，在此意义上，他认为家可以看作为"支撑这个集团生活的财产总体的一个用语"②。这正是强调了财产对于农民家庭的重要意义。在农民家庭财产的形式上，不同的历史时期有所不同。在传统时期，土地是农民家庭财产的核心，其次是房屋，再次是骡马车辆等生产工具。新中国成立以后，由于实行了土地的集体所有制，家产的范围缩小，作为生活资料的住房成为农民的主要家庭财产。改革开放以后，随着农民货币收入的增加，家产中货币财产的份额增大，住房和货币成为农民家庭的主要财产。③ 家庭财产的不同形式意味着不同时期农民积累家产方式的变革，这对于农民的家庭生活有着根本的影响。④ 不过，总体上看，中国的农民总是小心地节约着每一笔收入，最大限度地积累家庭财产的总量。一方面，这是由于我国人地关系高度紧张，小农农业剩余有限，这使得农民必须对每一笔开支都进行一番精打细算，以维持家庭生活的可持续性。另一方面，更关键的是，在家庭再生产的每一环节都离不开家庭财产的支撑，尤其是在涉及家庭繁衍的重要关口如为儿子盖房娶

---

① 参见吴飞《浮生取义：对华北某县自杀现象的文化解读》，中国人民大学出版社2009年版。
② 参见［日］滋贺秀三《中国家族法原理》，张建国、李力译，商务印书馆2013年版。
③ 王跃生：《从分爨、分产、分家看农村家庭代际关系——以冀东农村为分析基础》，《中国乡村研究》2011年第9期。
④ 张建雷：《分家析产、家庭伦理与农村代际关系变动——一个浙北村庄的社会学诠释》，《中国乡村研究》2015年第12期。

妻，更是需要花费大量的财物。积累性和传递性也构成为农民家庭财产的两个基本特征。正是在农民家庭财产的积累和代际传递过程中，家庭政治中的权利关系及各种伦理规则方得以展开。

家庭伦理既包含着家庭成员之间的关系规则，也包含了组织家庭的基本制度和规范，一般也称之为"礼"。[1] 家庭伦理体现的是对个体如何做人、处理家庭关系、过好日子等制度性和规范性要求，并规定了家庭生活的基本内容及其社会属性，如婚姻、生育、丧葬、情感、权利关系、财产分配等，这也是梁漱溟所说的中国社会的"伦理本位"特质。具体而言，家庭伦理主要体现在家庭结构的两个层次上，即纵向的父子关系，以及横向的夫妻关系和兄弟关系，即《仪礼》所说的"父子一体也、夫妻一体也、昆弟一体也"。其中，父子关系是家庭伦理的核心，父子关系的纵向延续便构成为以"祖先—我—子孙"为链条的"宗"的伦理意识。[2] 这种伦理意识反映在父子关系中，即表现为父母要积极地为儿子积累家产、置办婚事，以完成传宗接代的伦理义务。子代则同样要延续为人父母的义务，并要为自己的父母养老送终，供奉（父母及祖先的）香火。因此，家庭伦理提供了家庭财产积累和传递的制度性规范，或按滋贺秀三的说法，财产关系是家族制度中身份关系的体现。[3]

权利通常表现为一种支配能力，或按韦伯的定义，意指在社会行动中不顾他人反抗而贯彻自己意志的能力。[4] 由于中国农民家庭是以父系继承制度为核心的，因此，农民家庭的权利类型也被称为父权制或家父长制。[5][6] 父权通常是被理解为一种专制权利，体现了家庭中不平等的等级制度。[7] 不过，从权利合法性的角度来看，父权的权威主要是建立在传统

---

[1] 桂华：《圣凡一体：礼与生命价值——家庭生活中的道德、宗教与法律》，博士学位论文，华中科技大学，2013年，第8页。

[2] 同上书，第56页。

[3] [日]滋贺秀三：《中国家族法原理》，张建国、李力译，商务印书馆2013年版，第65页。

[4] [德]韦伯：《社会学的基本概念》，顾忠华译，广西师范大学出版社2005年版，第71页。

[5] [德]韦伯：《支配社会学》，康乐、简惠美译，广西师范大学出版社2004年版，第90—93页。

[6] 金一虹：《流动的父权：流动农民的家庭变迁》，《中国社会科学》2010年第4期。

[7] 阎云翔：《差序格局与中国文化的等级观》，《社会学研究》2006年第4期。

规范的基础之上。① 在农民的家庭生活中，这种传统规范的基本要求即在于生育子嗣，延续"香火"及家庭（族）的繁盛。② 为此，作为家庭的支配者，家长必须要尽心尽力地管理好家庭，勒紧裤腰带过日子，最大限度地积累家财，合理地分配家庭资源，为子女筹划，为整个家庭筹划。因此，在家庭伦理的规范下，家庭权利并不是一种"私"权利，而更体现为家长之于家庭的义务和责任，或用农民的话说就是要不断地"操心"，为儿子"操心"，为整个家"操心"。并且，随着时间的延续，父母逐渐年老体衰，子代在经历了生活的磨砺后也日趋成熟，具备了独立管理家庭的能力，此时，父母已经基本完成了自己的使命，到了子代为整个家庭"操心"的时候，父母将家庭权利移交到子代手中，以此实现了家庭权利的纵向传承。在此意义上，本文主要将农民家庭生活中的权利理解为一种以伦理责任为核心的"当家权"，而非一种绝对意义上的专制权利。

财产、伦理和权利共同形塑了中国农民家庭政治的独特形态。从性质上来说，这是一种以伦理为本位的家庭政治，根本不同于西方社会中以个体为本位的权利政治，在后者那里，政治被理解为不同利益主体之间相互斗争或竞争的舞台。③ 而在伦理本位的家庭政治中，制度化的伦理规范决定了家庭财产积累和传递的基本原则，并赋予了家庭成员的角色身份、权利地位以及相应的权利义务。

总体上看，这种伦理本位的家庭政治包含两个基本原则：

（1）政治性原则。传宗接代，延续家世是农民最基本的人生任务，也是家庭的根本利益。这要求家庭中的成员必须为完成此任务而努力奉献，身为家长的父母，要尽心竭力地为子代付出，为子代积累家财、建房娶妻、操持家务。为人父母者，若是好吃懒做，不为子女着想，则就"不配当父母"。相应地，子女则要尽孝，即尊亲、赡养、生育后嗣。这些都是家庭成员之于家庭的绝对责任，也是支配家庭财产的基本规则。因此，家庭政治的要求排除了个体"私"的情感和利益，身处家庭结构中的个体总是要为儿女考虑，为父母考虑，为整个家考虑，即梁漱溟所说的

---

① ［德］韦伯：《支配社会学》，康乐、简惠美译，广西师范大学出版社2004年版，第90页。
② 费孝通：《江村经济》，上海世纪出版集团2007年版，第35—36页。
③ 燕继荣：《政治学十五讲》，北京大学出版社2013年版，第111页。

"恒只见对方而忘了自己,慈母每为儿女而忘身,孝子亦每为其亲而忘身"①。在此意义上,家庭中的亲密关系也是政治关系,家庭政治规定了家庭成员最基本的身份、权利、责任和义务。

(2)正义性原则。正义指的是一种平衡机制,即公平地分配权利和义务。在家庭政治中,每个人都被赋予了相应的权利义务,如父母应当养育子女,子女应当孝敬父母,每个家庭中的成员遵从家庭政治的要求,承担自己的家庭责任,完成不同阶段的人生任务,则就实现了家庭生活的圆满。在圆满的家庭生活中,农民获得了生命意义的体验,实现了生命的价值。如果谁放弃了对其应尽的家庭义务的担当,则是不"义"的,因为这意味着其他的家庭成员将遭受到不公正的待遇。个体所感受到的不公正待遇通常是导致家庭矛盾和家庭危机的一个重要原因。因而,家庭政治中的正义,就是使每个家庭成员在家庭生活中既要承担起相应的义务,也能够获得其应当享受的权利。

上述关于家庭政治的讨论,也构成了本文分析农村养老危机问题的基本框架,下文将结合笔者在关中农村的田野调查进行具体阐述。

三 无正义的家庭政治与老年赡养危机

在历史上,关中平原被称之为"八百里秦川",该地区地势平坦,土壤肥沃,农业经济较为发达,是我国重要的农业文明区。S村位于关中平原西部,现有人口314户,1330人,耕地1400亩,是一个典型的农业型村庄,农作物的种植以小麦和玉米为主。S村主要包括两个自然村落:李村和王村。两个自然村都是单姓村,在历史上形成了用姓氏来命名自然村的传统以及自然村内部聚族而居的村落格局。在历史上,李姓和王姓于明朝初年自山西搬迁至S村,已历经七百多年,S村一带的村民仍口口相传着山西洪洞大槐树的传说。随着历史的变迁,村庄中两大姓氏内部不断分化出若干个"门份",即一个个以五服之内的血缘关系为基础的家族单位。在其他地区,这种家族单位也被称为"门子""小亲族"或"户族"

---

① 梁漱溟:《中国文化要义》,上海人民出版社2012年版,第87页。

等,是农民最基本的认同与行动单位。① S 村的李姓人口较多,共分成了七个"门份",王姓人口较少,有两个"门份"。由"门份"所代表的家族力量在维护村庄秩序,举办婚姻丧葬仪式,以及生产合作和日常互助等方面有着重要的功能。S 村村民的经济收入主要包括务农收入和务工收入两部分,并以务工收入为主。目前,S 村的外出务工人口约 700 人,占村庄总人口的一半左右,留守在村庄的多是老人、妇女和儿童。

(一)人生任务与家庭财产的代际传递

在关中农民的生活中,仍延续着诸多传统文化的内容。比如,每逢过年的时候,在年三十的傍晚,S 村同一"门份"的男子都要聚在一起,共同到祖先的坟墓前祭拜,即"接先人"。端个盘子,里面放上纸钱、香火和供品,在祖先的坟墓前点上香火,然后端到家里的堂屋的方桌上,方桌一般在堂屋正中间的位置,每天晚上点上一会香火,一直到正月十五,再端着盘子,到祖先的坟墓前,摆上供品和香火,把纸钱烧掉,祭拜一下,把祖先"送回去"。可以说,"先人"的观念已经深深烙印在关中农民的意识最深处,S 村的农民总是用"对得起先人"或"羞于先人"来表达自己对某一事情的评价。"先人"的观念体现了关中农民根深蒂固的"宗"的伦理意识,"宗"即"祖先""我""子孙"共同组成的伦理链条,是农民家庭生活的根基。② 为保证"宗"的传承,努力地积累家产,为儿子盖房娶妻,也就成为关中农民最首要的人生任务。为人父母者,若是没能为儿子娶上媳妇,那么,子嗣的繁衍,家庭的延续也就无从谈起,父母不仅无颜见于"先人",亦在村庄的邻里面前丢了脸面,自己也会惶恐不安地度过一生。

而子代的婚姻则依赖于家庭财产的积累。婚姻所需要的大量财物,通常是农民家庭经济中最重要的消费项目。在筹备子代婚姻的过程中,新房的建设、给女方的彩礼、婚姻的仪式和酒席等均需要花费一笔不菲的财物。而在农民的经济收入极为有限的条件下,婚姻消费的积累只能是作为一项家庭整体的事业来完成。父母必须要尽早地筹划儿子的婚事,节衣缩

---

① 贺雪峰:《论中国农村的区域差异——村庄社会结构的视角》,《开放时代》2012 年第 10 期。
② 桂华:《圣凡一体:礼与生命价值——家庭生活中的道德、宗教与法律》,博士学位论文,华中科技大学,2013 年,第 57 页。

食，节省下每一笔开支以最大限度地积累家庭财富。在 S 村，几乎每一个家庭都是要经过长期的积累，才能为儿子结婚积攒下足够的财富，为此，父母们甚至不惜进行极大程度的自我剥削。在农村中，没有以父母领导的作为家庭整体事业的财富积累，年轻的儿子基本不具备独立为自己置办婚姻的条件。打工经济的兴起，虽然为年轻人提供了创造财富的机会，但年轻人总是向往着体验城市生活，喜欢城市的灯红酒绿，花花世界，讲究穿衣打扮，消费高档的电子产品等，在结婚前往往很少能够有所积蓄。并且，在大多数情况下，即使在儿子结婚之后，仍然要依附于父母的经济支持。立门户是一个艰难的过程，子家庭从母家庭中独立出来，要独立地负担经济生活，并在村庄社会中展开交往，显然，没有一定数量的家庭财产的支撑，新生活的开始必定是艰难的。下面的几个案例，反映了 S 村自 20 世纪 50 年代以来，不同年代农民家庭的婚姻消费和家产析分情况：

案例 1：

LZX，79 岁，有兄弟三个，LZX 是老大。1955 年 LZX 结婚，LZX 的父亲送了几斤肉、一些粮食和衣物给了女方家，然后请亲友帮忙盖了两间土墙房子，就算是给 LZX 完婚了。LZX 结婚后，又先后生了两个儿子，但直到两个弟弟全部结婚之前，LZX 一直都没有同父母分家，家里的收入由父母统一支配。1970 年，LZX 的二弟结婚，LZX 的父亲又盖了两间土墙房子。1977 年，LZX 的三弟结婚，用的是老二结婚时的房子作为新房。老三结婚后，LZX 的父母便同三个儿子分家。分家之前，一直都是父亲当家。分家时，四间房子，三个儿子每家一间，父母一间，粮食按人口均分。父母单独生活，生活费用由三个儿子平摊。

案例 2：

LMX，60 岁，有一个儿子。LMX 家原来的房子是 1992 年盖的，当时花了一万多元。2002 年，LMX 又重新盖了六间新房，花了 5 万元，跟亲戚借了 3 万元。LMX 说，没有新房子儿子找不下媳妇。果然，盖好新房后，就有人来给 LMX 的儿子介绍对象。2003 年，儿子结婚，花了 5000 元彩礼，办酒席又花了 3000 多元，也都是借的钱。当时 LMX 在建筑工地上做一天小工的工资也只有 12 元，后来，LMX 用了 5 年多时间才把借的钱还完。儿媳妇先后生了两个小孩，生了孩子后就出去打工了，两个孙子都是由 LMX 夫妻两个带，儿子和儿媳妇挣的钱归自己支配。LMX 在家种 6 亩地，农闲的时候就到外地打工，现在在西安建筑队打工，一天能挣 100 元。不过，由于年纪越来越大，在外面找活干也越来越困难。LMX 省钱省了一辈子，为了省钱，自己一辈子从来没去过医院，有病都是自己扛过去的。LMX 说，自己现在年纪越来越大，现在不多挣点钱，以后咋办呢？要尽量给儿子减轻负担，现在不帮儿子挣点钱，以后小孩大了，儿子的负担更重。

案例 3：

WYH，50 岁，在建筑工地上做瓦匠。WYH 有一个儿子。1991 年，WYH 盖了三间平房，花了 5000 多元，但 WYH 只有 300 元，其余的钱都是借的。2011 年，为了给儿子结婚，WYH 又花了 10 万多元重新盖了房子。2013 年儿子结婚，花了 4 万元彩礼，加上装修房子、办酒席共花了 10 万元。WYH 又借了 5 万元，借的钱由 WYH 来还。现在，WYH 在外当瓦匠，妻子在家里带孙子，儿子和儿媳妇在外地打工。同村里大多数家庭一样，儿子和媳妇挣的钱并不交给父母，而是年轻人自己花。WYH 在外面做瓦匠，一天能挣 150 元，但他自己的身体也不好，由于常年做工，腰和肩经常疼痛，2013 年做工时从楼板上摔了下来，休息了好几个月才逐渐恢复过来。WYH 说，现在儿子结婚了，也抱上孙子了，任务完成了，但也没钱了，还得挣钱还债。

从上述三个案例中可以发现，虽然不同时代条件下农村的政治经济情况发生了巨大的变化，但农民完成人生任务的伦理意识，以及代际家产传递的基本模式并没有改变。自 20 世纪 50 年代以来，农村的土地收归集体所有，房屋便成为农民最主要的家庭财产，虽然 80 年代以来，外出打工机会的出现，使得农民家庭的货币收入开始增多，但住房仍是衡量农民家庭财富的一个基本标志，同时也是子代所继承的家庭财产的重要内容。因此，在婚约的缔结中，女方往往是以男方家有没有新房为判断标准的。正如案例 2 中，LMX 所说的"没有新房子儿子找不下媳妇"，而在 LMX 盖好新房后，就马上有人来给儿子介绍对象。并且，在多子女家庭中，通常是有几个儿子就要盖几栋房子，如案例 1 中 LZX 的父亲及

LZX 本人的安排。虽然 80 年代以来，由于政府计划生育政策的推行，多子女家庭日趋减少，S 村的许多家庭都是只有一个儿子，这相对减轻了家庭的经济负担，但结婚的成本也开始急剧提升。如案例 3 中 WYH 的例子反映了当前在 S 村给儿子娶媳妇的一般花费情况，彩礼、盖房和酒席的花费总计达到了 20 万元，大多数农民都得借钱才能顺利完成儿子的婚事。

从财产的角度来看，婚姻的消费体现了家庭财产从父代向子代的传递，即父代家庭通过传递彩礼、建造房屋等形式向子代家庭转移所积累的家庭财富，从而为其家庭生活提供基本的物质保障。不过，在农民家庭财富的积累极为有限的条件下，家庭财产的代际转移通常意味着父母要倾尽所有为子代付出。正如上述三个案例所显示的，在子代的婚姻中，父母们已经竭尽所能，甚至不惜以透支自己的身体、健康和未来为代价。在农民的家庭生活中，为儿子盖一栋体面的房子，为儿子完婚，为儿子带小孩，尽可能地为子女付出，这既是为人父母最基本的伦理义务，也是最基本的政治任务。

（二）"权利—义务"的失衡与代际剥削

在家庭财产的积累和传递过程中，形成了父代对家庭生活的支配，即家庭中的权利关系。在形式上，这种权利关系是以父代为主导的，父代控制了家庭资源的分配、消费、子女的婚姻、子女的家庭生活等，子代服从于父代的安排。不过，从权利的来源来看，父代的权利主要来源于其完成人生任务的伦理要求，这种要求赋予了父母之于子女实现家庭延续的无限责任。因此，就其性质而言，农民家庭中的权利更是一种责任型或义务型权利，或用农民的话来概括就是"当家权"，即父代作为家庭"公"的代表，为实现家庭的延续，对家庭生活进行统筹安排。因此，家庭中的权利对应着家庭延续的艰巨责任，以及无限付出的伦理义务。而当家庭财产从父代向子代的转移完成之后，家庭的权利也从父代向子代转移，这也意味着子代开始承担起了家庭延续的责任。此时，对于子代而言，还有了一份新的责任和义务，即为已经年老体衰的父母养老送终。由此，农民家庭在不同代之间形成了"权利—义务"的均衡，老年的父母在子孙的奉养下安度晚年，圆满地结束这辛苦而劳累的一生。

不过，20 世纪 90 年代以后，农民家庭中的"权利—义务"关系开始发生了显著的变化。首先，子代分家的时间开始提前。在 90 年代以前，推迟子代分家时间是父代最大化积累家庭财产的基本方式，比如在案例 1 中，LZX 的父亲在 LZX 结婚 22 年之后才分家，LZX 也是在大儿子结婚 5 年之后才分家，显然，分家之前，LZX 和 LZX 的大儿子的劳动成果都属于大家庭所有，用于为其他未成家的兄弟积累结婚所需的财产。而在 90 年代以后，子代结婚之后则会要求立即分家，在多子女家庭中，分家模式普遍从一次性分家转为系列分家，几个儿子在结婚后相继分家出去。同时，即使是在独子家庭中，虽然没有正式分家，但是，在父代和子代之间，家庭财产也已经独立开来。显然，分家时间的提前意味着子代开始更多地考虑自己的利益，而非其对于大家庭的责任。其次，更根本的变化则在于，进入 21 世纪以来，子代开始普遍地介入婚姻的谈判，以及婚后对家庭财产的支配。外出打工潮流的兴起，增加了年轻人自由恋爱的机会，而年轻人在城市中所接受的消费主义观念，则使其日益不满于父母们所秉持的传统的勤俭持家的理念。年轻的妻子更愿意在结婚前向男方的父母索要一笔数额不菲的彩礼，然后，在婚后立即同父母分家，保持经济独立，但因结婚欠下的债务以及小孩的抚养仍是由父母来负担。

阎云翔曾将上述现象理解为是个人权利意识上升和父权衰落的结果。[1] 不过，问题在于，在这一过程中，子代的权利增长的同时并没有承担起相应的义务，相反，父代权利的衰落却伴随着其所承担的义务的增加。农民家庭中"权利—义务"的均衡关系被打破，年轻人享受了更多的权利，而与此种权利相对应的义务却完全由父母来承担。下面的两个案例呈现了这一变化的具体情况：

案例 4：

LJG，63 岁，有两个儿子，大儿子 30 岁，小儿子 28 岁。LJG 没有什么手艺，一直是在建筑队做小工。家里有 6 亩地，平时由 LJG 的妻子种，农忙的时候 LJG 从工地上回来帮忙。老夫妻俩省吃俭用，一年也能积攒下 2 万元。2008 年，LJG 的大儿子结婚，盖了栋房子花

---

[1] [美] 阎云翔：《私人生活的变革：一个中国村庄里的爱情、家庭与亲密关系 1949—1999》，龚小夏译，上海书店出版社 2006 年版，第 175—180 页。

了 5 万元，又花了 1 万元的彩礼钱。大儿子结婚后，就分家单过，夫妻俩到深圳打工去了，小孩留给了两位老人带。

2010 年，LJG 的小儿子结婚，小儿子和媳妇是在外面打工认识的，自由恋爱，在结婚前，女方已经怀上了孩子。LJG 本以为这样一来，小儿子的婚事就可以简单安排了。不料，小儿子却撺掇着儿媳妇跟 LJG 提出了诸多的条件，包括重新盖一栋新房，不少于 5 万元的彩礼，结婚后立即分家但不分债务，还要帮忙带小孩等，并且威胁说，如果不满足这些要求，儿媳妇就会把肚子里的孩子打掉，并要男方家补偿 2 万元分手费。迫于无奈，LJG 只得又花了 5 万多元盖了栋房子，并四处周转借了 8 万元支付了彩礼，买了"三金"、家具，办了酒席，这才得以顺利办完小儿子的婚事。LJG 说，为了儿子结婚就是下跪也要把钱借到。现在，LJG 还欠了 1 万多元的债务没有还。不过，2014 年 LJG 没有再出去打工，在建筑工地上的常年劳动使 LJG 的身体也累垮了，得了高血压和脑血栓，已经干不动重活了，只能在家略微做些轻松的农活。但 LJG 说，等自己的病治好了，还想再到外面去打工，毕竟，还欠着别人那么多钱呢。

案例 5：

LFM，56 岁，有一个儿子，28 岁。LFM 没有什么技术，家里有 4 亩地，老两口种了一辈子地，农闲的时候，LFM 就到外面打小工，一年下来家庭的总收入不到 2 万元。LFM 种地和打工挣的钱，都供儿子读书用了。LFM 的儿子在宝鸡市读大学，2010 年大学毕业后，又在宝鸡市找了工作。儿子读大学期间，谈了个女朋友，毕业工作以后，就要准备结婚。儿子的女朋友提出要先买房，才能结婚。LFM 的儿子便跟父亲提出要 10 万元作为购房的首付，准备贷款先把房子买了，LFM 只得到处找人借钱，好容易借够了 10 万块钱，儿子的女朋友又提出还要 5 万元彩礼，装修房子用。但这 5 万元的彩礼，LFM 却借不到了，LFM 只得去西安打工，拼命干了一年，挣了 2 万块钱，又想方设法借了 3 万，这才帮儿子结了婚。不过，LFM 也累出了脑血栓，并且，较为严重，半身不遂，仅能生活自理，家里的农活也干不成了，只能靠妻子来做。访谈的过程中，LFM 和妻子多次流出了心酸的眼泪，一再感慨自己的命不好。

上述两个案例充分呈现了父母为子代付出的艰辛与不易。对于农村的这些中老年父母而言，他们多数既没有技能，也没有快速发家致富的机遇，只能靠种地和从事其他体力劳动，慢慢积攒家庭财富。正如案例 4 和案例 5 所表明的，S 村的这些中老年农民大多是从事建筑行业，如做杂工、搬运工、钢筋工、泥瓦工等，这些工作体力繁重，劳动时间长，以至于许多人刚过中年就已经累垮了，落下诸多疾病，身体的机能严重下降。而在他们勉强办完子女的婚事之后，仍要面临巨额的家庭债务的负担，此时，他们若仍有劳动能力，则还可以继续打工还债，若已经无力打工挣钱，则只能面对空荡荡的家庭，独自悲叹。如此一来，在家庭的权利和义务关系中，父代在丧失了对家庭的支配权利的同时，仍保留着艰巨的家庭义务，而子代的权利却构成为一种不负担任何责任和义务的绝对的权利，子代对现代舒适生活的追求和享受，转移成为了父代的巨大经济负担，或用农民的话来表述就是"上人拿钱，儿女自己快活"。由此，家庭政治中"权利—义务"关系的失衡就演化成为代际的一种剥削机制，子代只讲对父代索取的权利，不讲对父代回报的义务和责任，这种不平衡的代际关系也被一些学者称为代际剥削。[①] 代际剥削的出现意味着家庭政治发生了根本性的变革。

（三）正义的缺席与老年赡养危机

代际权利与义务的不均衡以及由此形成的代际剥削机制，打破了家庭政治的正义性原则，导致了家庭政治中正义的缺席。如前所述，正义是指对权利和义务的公平分配，这要求每个家庭成员在家庭生活中既要承担起相应的义务，也能够获得其应当享受的权利。对于父代而言，当其终日劳苦，倾尽所有，将子代抚养成人，并帮助其成家立业之后，自己已经年老体衰，日薄西山，理应受到子代的敬重和悉心照料，享受儿孙满堂，天伦之乐；对于子代而言，待其在父代的荫庇下，成人、成家，并逐渐接过了对家庭的管理权之后，理应承担起家庭的重担，赡养年老的父母，抚育年幼的子女，为家庭过上好日子而努力劳作。此即为家庭之"义"，每个人都能在其所处的家庭结构的位置中，获得人生的满足感

---

① 杨华、欧阳静：《阶层分化、代际剥削与农村老年人自杀——对近年中部地区农村老年人自杀现象的分析》，《管理世界》2013 年第 5 期。

以及生命价值之归属，并最终实现家庭的和睦与延续。而正义的缺席，则意味着家庭政治之严重不公，为完成人生任务，父母们孜孜不倦地为子女、为整个家庭奉献了自己的一切，但是，在一味索取、不承担任何义务的年轻子女身上，他们既难以感受到亲密的人伦之情，也无法体验到家庭之义。在上述案例4和案例5中，我们可以发现，这些中老年父母所遭遇的家庭政治的不公，使其感受到了极大的委屈，但即使如此，他们也只能被动地接受家庭政治中的这种不公平安排，依靠自己的残余劳动能力勉强维持现状。然而，更严重的问题在于，对于已经基本丧失劳动能力的老年父母而言，在子代放弃了对家庭责任的担当之后，他们的老年生活遭遇到了现实的危机：

案例6：

LYS，85岁，有5个儿子。大儿子是退休工人，二儿子、三儿子和四儿子都是瓦匠，老五去甘肃做了上门女婿。LYS为几个儿子都盖了房子，操办了婚事，几个儿子结婚后就先后分家单过，留LYS老两口住在20世纪50年代的旧窑洞里。分家的时候，讲的是几个儿子轮流供饭吃。但前两年，LYS还能干得动，自己还留了两亩地，一直都是自食其力。LYS的妻子三年前因病去世了，妻子去世之前已经多年卧床不起，一直都是靠LYS照顾。但是，LYS现在已经没有能力种地了，几个儿子也不管。老人所住的旧窑洞，也非常危险，一场大雨就有可能冲垮。每次下大雨，都要村干部出面，要求老人的儿子把老人接过去住。

LYS多次找到村支书，讲儿子不给吃的，让村支书管一管。村支书去找大儿子，大儿子推给二儿子，二儿子推给三儿子，相互推来推去。有一次，LYS的大儿媳妇甚至破口大骂村支书多管闲事。村支书也就没法管了，让LYS去找政府调解。乡镇的司法所也到LYS的几个儿子家去了几次，但也没什么效果。现在，LYS只能靠女儿给一点吃的，但也是有一天没一天的。每天LYS都是一个人坐在旧窑洞前，LYS的耳朵也听不见，也没有人跟他说话，很是孤独、无助。有一次，老人摔倒在了地上，头被摔破了，流了很多血。但几个儿子都不管，后来，还是邻居实在看不下去了，去卫生室喊了村医过来，给老人包扎了一下。

无正义的家庭政治：理解当前农村养老危机的一个框架 　　225

案例7：

WZC，82岁，有5个儿子。大儿子、二儿子和四儿子都是瓦匠，老五开吊车，老三精神有问题，生活不能自理。WZC给每个儿子盖房结婚后，儿子们就同老人分家了，但WZC的2亩耕地并没有分，仍留给老人自己种。但是，2014年WZC老两口也没有能力种地了，WZC得了脑血栓，半身不遂，瘫痪在床。WZC的妻子也已经80岁了，眼睛看不见，但还能勉强做饭吃，此外，还要照顾已经疯了的老三。两个老人不种地以后，家里也没有吃的，村干部怕两个老人饿死，就给了WZC三口人三个低保，一个人每月110元，再加上政府的每月60元的老年补贴，勉强维持着他们的生活。

村里给WZC低保的时候，也很矛盾。WZC的4个儿子都能挣钱，按照规定，WZC没有吃低保的资格。村民也讲，给他吃低保，村里是提倡什么，反对什么？给了的话，显然是提倡儿子都不要养老，由政府养，影响非常不好。不给的话，老人就没吃的，就会饿死。没办法，村干部也只能选择给低保，至少不会饿死人。WZC种不动地了以后，老人的地就被几个儿子给"九牛分尸"般地瓜分了。WZC住的房子也是危房，是20世纪五六十年代的土房子，一下雨就有倒塌的危险。

案例8：

2014年初春，刚过完年，78岁的WMG就去世了。两个月前，WMG的妻子刚刚去世。生前，WMG老两口生活得很差。WMG只有一个儿子，50岁，是搞装潢的，一天在城市里能挣二百元。并且，已经在城市里给自己的儿子买了房子。WMG老两口一直住在20世纪50年代的土墙房子里，WMG的儿子则已经搬到新房子里住了。儿子的房子最初是WMG盖的，四间砖瓦房，后来，儿子自己挣钱了，又重新盖了楼房。前几年，老人住的房子里都没有电，儿子不给装。有次下大雨，老人住的土房子快塌了，儿子的新楼房就在隔壁，但儿子不让老人住，儿子说：塌了埋了算了，把门锁上，直接埋里面了，还省事。后来，还是村干部和镇政府的人过来，强制把老人接到了儿子的房子里，但大雨过后，儿子又把老人赶到了破房子里。

WMG的儿子就没有管过父母，老两口一直都是自己种地养活自己。前几年，老两口都种不动了，就跟儿子要粮食吃。但儿子每次都是只给父母一点点粮食，给的这点粮食仅够老人喝汤的。因此，老人经常连馒头都吃不上。儿子讲：老人整天喝点汤就行了，吃馍做啥？有时候，邻居实在是看不下去了，就给老人送点菜，但被老人的儿媳妇知道了，儿媳妇就骂邻居，嫌邻居让他们家丢人了。两位老人的老年补贴每个月每人有90块钱，但每次都被儿子领去了。村里人都讲，两位老人是活活被儿子给饿死的，不然的话，两个老人都没有什么病，能活到一百岁呢。为此，笔者求证了村卫生室的医生，村医说，这两个老人天天吃不饱饭，长期营养不良，严重贫血——基本等于是被饿死的。

在S村调查期间，诚如贺雪峰教授所言，我们所看到和听到的，都是老年人的眼泪和哭诉。正如上述案例所充分显示的，许多子女对于老年父母所居住的危房均无动于衷，而一些子女虐待老人甚至已经到了令人发指的地步，如案例8中，WMG的儿子甚至连父母所享受的政府发放的老年补贴也要剥夺，最终导致父母被饿死。在S村的邻村N村，近两年来，更是接连发生了两起老人因儿子不养而自杀的事件。这些老年人主要集中在70岁以上，他们中的大多数已经失去了劳动能力，一部分甚至已经丧失了生活自理能力。此前，他们始终恪守着家庭政治所赋予的义务和责任，在财富积累极为有限的条件下，耗尽了毕生的财富帮助子代成家立业，并希望以此实现生命价值之圆满。但是，当前家庭政治中正义性原则的消解，使得这批老年人群体不仅面临着物质生活的严重不足，更是面临着价值世界坍塌之危机。家庭政治中权利与义务分配之严重不公，家庭政治之不"义"，导致这批身处危机之中的老年父母开始怀疑自己终其一生为子女的无限付出是否值得，并最终走向对自己生命价值以及家庭伦理价值的否定。

因此，当前农民家庭生活的变革是全面的、根本性的。这既涉及农民家庭中财产和权利关系的转变，也涉及农民家庭中伦理价值的变化，以及农民家庭政治的基础性原则的变动。不过，在当前农民家庭的急剧转型过程中，正义的缺席却使得转型的成本全部转移到了农村老年人群体身上，显然，这是他们所无力承受的，并最终导致其老年生活的全面危机。

四 私人生活变革的政治困境

当前农民家庭生活的变革,既是私人生活领域的变革,同时也对村庄和国家的公共政治有着深远影响。这是由于,家庭是中国社会的基本单元,以代际关系为核心的家庭关系的纵向延伸以及横向扩展,即构成为传统中国社会秩序的基础。[1] 这其中,家庭政治赋予了每个家庭成员相应的权利、责任和义务,并以此调节家庭中的个体行为及相互关系。若是人人在家庭政治中各负其权利、责任和义务,并将之推及至亲朋、邻里、国家,则大家相安相保,养生送死而无憾,人人各得其所,此即为"天下太平"[2]。在此意义上,家庭政治既提供了一套完整的规约个体行为和社会关系的制度规范,同时也构成为中国传统政治秩序的基础。虽然,新中国成立以来,一系列革命运动不断冲击着传统的秩序结构,但是,国家仍强调了个体之于家庭的伦理责任和义务,家庭政治的基本原则仍得以延续。如据 S 村的老干部 WZC 讲,在集体时期,若是碰到儿子或儿媳妇不养老人的情况,村干部不仅会在村庄中对这些儿子或儿媳妇进行公开的道德谴责,还往往会请公社的公安民警对他(她)们的不孝行为进行教育或惩处。家庭仍构成规约个体行为和社会关系的基本单元,正是基于对个体责任与义务的强调,国家、村社与家庭才得以有机地结合起来。因此,当前农民家庭中权利与责任机制的失衡,以及由此导致的家庭政治的无正义性,必将极大地冲击着原有的政治秩序。

尤其是,自 20 世纪 80 年代以来,随着人民公社的解体,国家权力逐步从农村中退出,国家介入农民家庭生活的专断性权力弱化。这其中一个最明显的变化是,乡镇派出所的民警再也不能以强制手段对不养父母的子女进行教育或惩处了,国家权力的出场主要体现在司法所的协议调解上,正如上述案例 6 中 LYS 的经历所显示的。同时,改革开放以来,农村社会的市场化进程加速,经济利益成为农民社会关系的重要取向,传统的家族和村庄政治权威体系瓦解,并且,随着人口流动的急剧加速,农村的地方性规范严重弱化。如在案例 7 中,针对子女不养老人的行为,村干部不

---

[1] 麻国庆:《家与中国社会结构》,文物出版社 1999 年版,第 211—225 页。
[2] 梁漱溟:《中国文化要义》,上海人民出版社 2012 年版,第 81—82 页。

仅不再可以借助村庄公共舆论的压力对其进行道德谴责，反而还被老人的儿媳妇辱骂了一顿，狼狈逃窜。此外，村庄公共规范的弱化，使得农户家庭中子女的不孝行为很难演变成为一场村庄的公共事件，而仅仅是作为农户自己家的"私事"，旁人似乎无权干涉。如在案例8中，邻居看WMG老人整天吃不饱饭，出于善意，给老人送了点菜，却招致了老人的儿媳妇的一顿臭骂。国家权力和村庄规范的松动，在反面上强化了农民家庭中的非正义机制，并促使这种非正义机制进一步越出农户家庭的界限，进入公共政治领域。

在村庄公共生活中，失去了家庭对个体的规约，一种极端形式的自我中心主义观念迅速发展起来。人们更加强调个人利益的绝对性，而抛开了对社会公共责任的承担，以及对他人利益的尊重，阎云翔将这种极端自我中心的个体称之为"无公德的个人"[①]。这种极端的自我中心主义，使得村庄中的乖戾之气盛行，村庄内部有着长远预期的做人及相处之道难以维系，村民之间的交往趋于短期化、实利化，兄弟、邻居之间经常因一些小事而发生剧烈的矛盾冲突。[②]

在S村调查期间，村民们纷纷向笔者抱怨，现在的人际关系越来越难相处，人们对利益越来越敏感，一句话说不好，就可能会落下积怨。以至于，村支书LBQ感慨说："现在的人心黑了，儿子、兄弟、邻居都靠不住，只讲利益，只在乎自己能得多少好处，不管别的了。"这种对个体利益的极端强调，对公共规则和责任的忽略，从根本上瓦解了乡村秩序的基础。近些年来，S村的一些村民，甚至因为100—200元的利益纠纷，长期争执不下，双方均从镇上喊来"混混"相互打击报复对方，试图以此达成最有利于自己的秩序安排。但是，由混混所维持的暴力秩序只能是暂时性的，并包含着较多的仇恨和报复的内容，这不仅使得纠纷双方的关系改善不再可能，反而只会激化矛盾，导致双方的积怨越来越深，从而极大地增加了人们在村庄生活中的风险。

在村庄的日常生活秩序中，利益与暴力开始替代传统的道义和互惠原则，这构成对村庄传统社会秩序的严重挑战。有学者指出，在当前农村

[①] 阎云翔：《私人生活的变革：一个中国村庄里的爱情、家庭与亲密关系1949—1999》，龚小夏译，上海书店出版社2006年版，第250—251页。

[②] 陈柏峰：《"气"与村庄生活的互动——皖北李圩村调查》，《开放时代》2007年第6期。

中，随着混混越来越多地介入到乡村社会的日常秩序之中，乡村社会中传统的权利关系和社会秩序发生了深刻转变，形成了一种以私人性的利益和暴力为基础的"威权秩序"[①]，陈柏峰称之为乡村社会的灰色化。[②] 乡村社会的灰色化，意味着利益和暴力开始成为乡村社会秩序的底色。在这种无原则的私利目标下，村庄熟人社会中的互惠互利体系消解，村庄中最基本的公平正义难以实现，这使得当前农村的社会秩序面临着严重的危机。因此，当前农民家庭生活的变革，不仅涉及农民私人生活领域的变化，还涉及最为基本的政治和正义观念，家庭政治中正义的缺席，最终将构成对农村公共政治秩序的巨大挑战。

五 结语

本研究的意图在于，通过提出家庭政治的综合分析框架，以全面理解当前农民家庭中所面临的这场养老危机。在家庭政治中，财产、伦理和权力构成最基本的要素。制度化的伦理规范赋予了家庭成员相应的权利与义务，并决定了家庭财产积累和传递的基本规则，从而实现了家庭中财产、权利与义务的公平分配，即家庭政治之"正义"。当前，家庭政治中权利与义务的不均衡所形成的代际剥削机制，则打破了家庭政治的正义性原则，导致家庭之不"义"，最终引发了农村老年人生活的全面危机。此外，作为社会结合的基本单元，农民家庭生活的变革也深刻地改变了乡村社会秩序的性质。家庭政治中正义的消解，根本上冲击了村庄中基本的政治和正义观，利益和暴力开始构成为乡村社会秩序的底色，乡村政治秩序将面临严重的挑战。

当前农村的这场危机体现了我国转型社会的基本困境。现代化进程的加速推进，使得传统的规范迅速失落，家庭已不再是人们安身立命之所，个体的生活面临着诸多的不确定性。在此情况下，如何重拾人心，重塑人们的安身立命之所，已经成为转型期中国社会所面临的艰巨任务。为此，作为现代化事业的推动者，国家必须充当积极的角色，充分动员

---

① 夏柱智：《乡村合谋视角下的混混治村及后果——基于中部 G 村"示范点"调查》，《青年研究》2014 年第 4 期。
② 参见陈柏峰《乡村江湖：两湖平原"混混"研究》，中国政法大学出版社 2010 年版。

国家政权和法律的力量深入到农村,以及农民的私人生活领域,化解生活中的矛盾,维护基本的正义,帮助人们实现家庭生活的圆满,人人各得其所。

> 致谢:本文得益于同刘锐博士和宋丽娜博士的讨论,宋丽娜博士一同参与了调查。两位匿名审稿人提出了宝贵的修改意见,在此一并致谢。

婚变：农村妇女婚姻主导权与家庭转型
——关中 J 村离婚调查*

李永萍　杜　鹏**

摘要：离婚习惯上被视为妇女地位弱势和权利缺失的表征。与此不同，文章认为当前农村婚变行为正成为妇女婚姻主导权的表现。农村妇女的婚姻主导权既植根于婚姻权利的演化谱系，同时也是打工经济的产物。打工经济带来了妇女的经济独立、婚姻优势与观念解放，因而重构了婚姻中的权利主体、权利空间和权利合法性，进而导致其原有的以"当家权"为核心内容的婚姻权利结构的失衡和妇女权利谱系的裂变，以"退出权"为实践形态的婚姻主导权由此生成。农村妇女婚姻主导权是一种"无义务的权利"，它突破了"家庭政治"的框架，导致了家庭生活伦理内容的空洞化，并为家庭转型过程注入了一丝隐忧。

关键词：离婚；农村妇女；婚姻主导权；家庭转型

一　问题的提出

随着工业化和城市化进程的加快，传统的婚姻行为发生了巨大变化。目前，针对农村中日益普遍的离婚现象，学界既有研究主要从三个视角展开：一是社会流动的角度，认为在打工经济背景下农村青年大量外流，从

---

* 基金项目：教育部哲学社会科学研究重大课题攻关项目《完善社会救助制度研究》（批准号：13JZD020）；国家社科基金青年项目《婚姻价值变迁视角下的转型期农村离婚问题研究》（批准号：14CRK021）；本文得到"中央高校基本科研业务费专项资金资助"（项目批准号2015117010201）的资金支持。本论文的调研得到西北农林科技大学农村社会研究中心"农村社会固定观测点建设"项目的资助。本文曾发表于《中国青年研究》2016 年第 5 期。

** 李永萍，武汉大学社会学系博士生、华中科技大学中国乡村治理研究中心研究员；杜鹏，华中科技大学中国乡村治理研究中心博士生。

而对其婚恋观进行了改造和重塑，进而影响其在婚姻家庭中的行为方式；① 二是经济基础的角度，认为现代妇女的经济独立性是导致婚姻不稳定的重要因素；② 三是文化变迁的角度，认为随着中国社会逐渐由传统的"家本位"向现代的"个人本位"迈进，婚姻家庭的稳定性面临新的危机。③ 可以看出，既有研究主要是对离婚现象的因果分析，忽视了对于当前离婚现象这一"能指"背后的"所指"的定性：妇女的权利实践。当前，学界关于农村妇女权利实证研究的视域仍然局限在家庭之内，妇女权利因而主要表现为当家权。④ 离婚习惯上仍然被视为女性地位弱势的表征，尚未被纳入妇女权利的研究脉络之中。然而，笔者在关中乃至全国多个农村的调研发现，进入21世纪以来，日益涌现的离婚现象正成为妇女权利表达和权利实践的新渠道，从而扭转了妇女权利发育的谱系和路径，"走出家庭"成为大多数妇女出于现实生活考虑的策略性选择。

如果说，"走出家庭"曾经被赋予妇女解放的意义，随着自由恋爱成为婚姻结合的主要方式，离婚自由所附着的反封建礼教压迫的革命意义淡化，那么又该如何理解日益普遍的离婚现象？离婚的内涵何以发生转换从而成为妇女权利的表征，其所内置的"权利—义务"关系又呈现出什么样的性质和形态，导致了什么后果？对此，笔者于2014年在陕西省W县J村进行了为期一个月的实地调研。⑤ 调研发现，当地离婚现象日益成为妇女的婚姻主导权的表征。由此，笔者试图进入到对妇女权利研究的谱系之中，并对妇女的婚姻主导权的形成及其后果展开讨论。

二 农村妇女婚姻主导权的表现与内涵

（一）个案村概况

J村位于W县西北部，距县城25千米，属于典型的农业型村庄。全

---

① 徐安琪：《青年夫妇离婚增多原因分析》，《上海青少年研究》1986年第11期。
② 蔡禾：《工业化与离婚率》，《中山大学学报论丛》1993年第1期。
③ 刘燕舞：《从核心家庭本位迈向个体本位——关于农村夫妻关系和家庭结构变动的研究》，《中共青岛市委党校学报》2009年第6期。
④ 陈讯：《妇女当家：对农村家庭分工与分权的再认识——基于五省一市的6个村庄调查》，《民俗研究》2013年第2期。
⑤ 本次调研主要采用半结构式访谈的方式获取资料，调研对象为普通农户。调研内容主要关注村庄经济、社会性质、家庭关系等内容。

村共有四个村民小组,现有人口1400人,320户,耕地面积1400亩左右。该村产业结构单一,经济分化不明显;依托于血缘与地缘的结合,村庄仍然具有一定的价值生产能力;代际关系相对和谐,"家本位"思想仍然较为浓厚。总体而言,当地农村相对比较传统,村庄仍然是低度分化的、资源不密集的、以"半工半耕"为主要家计模式的熟人社会。但是,近10年来,关中J村在家庭层面经历了巨变,伴随着打工经济而来的离婚潮,正在冲击着当地原有的文化传统。

(二) J村离婚的概况与特征

2000年以前,J村离婚现象并不普遍。随着打工经济的兴起,该村的离婚现象逐渐增多。根据统计,2000年以来,J村共有17个离婚案例,如表1所示。

表1　　　　　　　　　　J村2000年以来的离婚案例

编号	出生时间	婚姻持续时间(年)	离婚年龄(岁)	离婚年份	孩子情况	离婚提出方	离婚原因	再婚情况
1	1970	6	30	2000	1个儿子,归男方	男方	父母看不上儿媳妇	男女均已再婚
2	1972	3	28	2000	无	女方	女方变心	男女均再婚
3	1972	5	28	2000	1个儿子,归男方	女方	女方外遇	男未再婚,女已再婚
4	1987	3	26	2013	无	女方	女方变心	男未再婚,女已再婚
5	1984	1	24	2008	无	女方	男方太穷	男未再婚,女已再婚
6	1973	3	30	2003	1个儿子,归男方	女方	女方变心	男未再婚,女已再婚
7	1980	3	28	2008	无	女方	不详	男未再婚,女已再婚
8	1984	2	29	2013	1个女儿,归男方	女方	家庭不和	不详
9	1978	8	35	2013	1个儿子,归男方	女方	分家致使家庭不和	男女均已再婚

续表

编号	出生时间	婚姻持续时间（年）	离婚年龄（岁）	离婚年份	孩子情况	离婚提出方	离婚原因	再婚情况
10	1984	6	29	2013	1个儿子，归男方	女方	不详	男未再婚，女不详
11	1978	8	33	2011	1个儿子，归男方	男方	男方外遇	男未再婚，女已再婚
12	1978	8	35	2013	1个儿子，归男方	女方	家庭不和	男未再婚，女已再婚
13	1979	5	30	2009	1个女儿，归男方	男方	女方有白癜风	男女均未再婚
14	1979	10	35	2014	1个儿子，归男方	女方	女方外遇	男未再婚，女已再婚
15	1984	2	30	2014	1个女儿，女方带走了	女方	"娘家穷，想让女儿再嫁多挣点钱"	男女均未再婚
16	1978	8	34	2012	大女儿归男方，小女儿归女方	女方	男方干不了重活	男未再婚，女已再婚
17	1980	20天	33	2013	无	男方	女方有轻微精神病	男女均未再婚

注：表格内的出生、离婚年龄均是指男方的情况。

从表1可以看出，J村2000年以来的离婚现象有如下特征：

第一，离婚潮形成于2005年之后。2000年以来的17例离婚中，发生于2000—2005年之间的有4例，其余13例均是发生于2005年之后，且这13例中有10例发生于2010年之后。

第二，离婚主体以年轻夫妻为主，且婚姻持续时间不长。J村17例中有11例男方在离婚时年龄在30岁以下，另外6例男方在离婚时年龄在31—35岁之间。其中，婚姻持续时间最长为10年，婚姻持续时间在5年以下的有10例，其余7例持续时间为6—10年。

第三，离婚提出方多为女性。在17例离婚中，由女方主动提出离婚的占13例。由女方提出的13例中，主要可分为两种情况：一是由于男方存在某些问题（如身体有病）；二是由于女方自身有外遇或变心，这种情况有 7 例。

第四，亲子关系不再构成夫妇关系的稳定性机制。17 例离婚中只有 5 例没有小孩，其余 12 例均有小孩，且离婚后小孩基本归男方抚养。

第五，离婚原因模糊化。J 村的离婚并非家庭矛盾激烈化的后果，离婚显得更为"平和"。村民对于离婚的具体原因也"说不清楚，好像没什么矛盾"。

第六，离婚风险主要由男方承担。离婚的风险主要表现为再婚的成本。17 例离婚中，只有 3 例男方已再婚，而女性再婚的有 12 例（另有 2 例不详）。

（三）婚姻主导权的概念与内涵

从法律上讲，婚姻权利是指婚姻当事人依法自主缔结婚姻、行使配偶权、解除婚姻的民事权利。[①] 因此，婚姻权利结构根植于妇女的家庭生活过程，即从进入家庭到退出家庭的周期。结婚、生活与离婚三者形成贯穿于妇女婚姻家庭生活的权利结构的三要素。维持三要素的平衡，有助于婚姻与家庭的稳定。如果结婚的自主权不能得到保证，则妇女婚姻生活中的配偶权就会受到压制，婚姻家庭生活中的地位便很难得到保证，离婚权便成为摆脱可能的不幸婚姻的出路。赋予离婚自由以合法性，正是为了破解"父母之命，媒妁之言"对女性造成的婚姻悲剧。

但是，J 村离婚的特征说明，对于农村妇女而言，离婚权不再局限于法律文本，很大程度上讲，妇女从家庭生活中的被动承受者的角色转化为离婚的主动提出者和实践者。既然结婚始于男女双方的自由结合，则妇女离婚往往并非出于对外在力量的反抗。离婚原因的模糊化反映了妇女对于离婚的自觉，离婚不再只是家庭矛盾激化的被动后果，而且也是一种自觉的手段。离婚之于农村妇女不再是地位弱势的表现，她们不仅是离婚的提出者，而且，相对于男性而言更能规避离婚的风险与成本：一方面，孩子作为"三角关系"中的一角，不再能维系婚姻的稳定性，母子之间可能存在的义务关系也借着男权的话语得以规避；另一方面，妇女能够通过改嫁的方式，获得在她们看来更好的替代性选择。

总之，农村妇女对自己的命运有了选择和干预的权利，离婚成为妇女

[①] 刘引玲：《论我国婚姻权利体系的构建》，《法商研究》2005 年第 2 期。

富有主体性的权利实践。这种权利的行使具有了独立性：离婚权利的合法性不再依托于对强制性婚姻缔结的反抗，因而与结婚是否合乎自由意志无关；也不再受家庭生活中的道德与义务的束缚，而是以个体利益作为权利行使的出发点。离婚的权利由兜底的保障性转化为工具性。离婚权利的保障性，意味着家庭责任与家庭伦理的优先性，除非万不得已，妇女才会选择离婚；离婚权利的工具性，则意味着妇女对个人美好生活的追求成为首要的考虑，离婚成为迈向更好生活的途径。如此一来，妇女的婚姻权利结构就被撕裂和扭曲，妇女的婚姻权利在实践中日益简化为离婚自由的权利。

基于上述分析，笔者将当前农村离婚现象所表征的极化了的婚姻权利称之为妇女的婚姻主导权，该权利主要表现为"退出权"的权利实践形态。从妇女权利的谱系来看，妇女的婚姻主导权是妇女权利发育和演变的结果，其最终突破了家庭的框架，在延续妇女权利谱系的同时也发生了一定的断裂。

三 农村妇女婚姻主导权的形成过程

法律上对妇女婚姻权利的规范性界定并不意味着法律话语的现实性。妇女权利在中国经历了一个逐步发育的过程，也是从文本和话语层面进入实践层面的过程。若从新文化运动和五四运动的"思想启蒙"算起，妇女权利在中国的发育也不过百年左右。传统、国家、市场先后以不同的方式进入家庭并塑造了妇女的权利空间，形成了妇女权利演化的谱系。因此，在不同的时代，妇女的权利呈现为不同的形态。当前，妇女的婚姻主导权是妇女的权利意识逐步积累的结果。

（一）归属体系与妇女权利的隐伏

传统中国人生活在"祖荫下"，以纵向家庭结构为基础，妇女被整合进以男性为中心的世系之中，形成了"未嫁从父""既嫁从夫"与"夫死从子"的生命历程。扩大家庭的家长制的权利结构剥夺了妇女的权利，妇女完全以家庭作为其生活的中心，妇女的个体权利的伸张并不具有合法性，相反，以历史感和当地感为依托的生命价值成为妇女在村庄和家庭中立身处世的基本目标。①

（二）国家建构与妇女权利的觉醒

新文化运动以来，妇女的权利话语在反对封建礼教的名义下得以兴起。但是，在思想文化领域的妇女权利运动并未能渗透到乡土社会。新中国成立之后，借助于共产党国家政权建设所形成的组织网络与动员网络，妇女的价值才得以真正张扬，开始走出家庭，走向社会。这一时期的农村妇女开始逐渐形成权利意识，且主要表现为"气"。但是，"气"的表达与释放的空间仍然受到限制。大部分年轻妇女会选择"忍"，"为了孩子、为了家庭"，不将心中的"气"宣泄出来。但也有少部分年轻妇女要积极伸张心中的"气"，"要为自己讨个说法"，这时就与仍然强大的父权和夫权形成巨大的张力，其结果往往是年轻妇女以自杀来表达自己内心的反抗。

（三）家庭政治与妇女权利的挣扎

改革开放以来，伴随着全能主义政治的消解，家庭重又回归为独立的生产单位。20世纪80年代和90年代是关中农村家庭矛盾高发期，婆媳矛盾、妯娌矛盾、兄弟矛盾普遍存在，并最终汇聚到夫妻之间。此时，妇女既是家庭矛盾的主要制造者，同时也是家庭矛盾的主要承受者，妇女此时对"气"的感受最强。但是，这一时期激烈的家庭矛盾却并没有带来普遍的离婚现象。妇女的"气"的表达仍然指向小家庭利益的维护，她们对权利的追求并未冲出家庭的领域，只是想要在家庭中"拿事"或"当家"，这种"依附性支配"②的状态恰恰反映了妇女权利尚未超出"家庭政治"③的框架。

（四）打工经济、家庭突围与妇女的婚姻主导权

进入21世纪以来，关中农村打工经济的兴起，农村原有的边缘劳动

---

① 参见杨华《隐藏的世界：农村妇女的人生归属与生命意义》，中国政法大学出版社2012年版。
② 陈锋：《依附性支配：农村妇女家庭地位变迁的一种解释框架》，《西北人口》2011年第1期。
③ 吴飞：《浮生取义：对华北某县自杀现象的文化解读》，中国人民大学出版社2009年版，第115页。

力（如妇女）的经济价值得以显化和张扬。家庭生产功能的外移意味着有机性为主的家庭关系让位于打工背景下无机性主导的家庭关系，家庭成员的个体性增强，核心家庭的结构稳定性也受到波动和冲击，妇女获得了从家庭中突围的空间。"离婚潮"反映了关中妇女在家庭中的主导地位日益明显，并主要体现为家庭生活"过与不过的问题"，而非"家庭中谁掌权的问题"。离婚的意义与色彩在外部因素的作用下发生了颠倒与转换，不仅不构成对妇女权利的压抑，反而构成了妇女婚姻主导权的表达与实践。

四 农村妇女婚姻主导权的形成机制

婚姻主导权是妇女权利逐步演化与变迁的产物，它既植根于婚姻权利的谱系，同时也是打工经济的产物。理解农村妇女婚姻主导权之形成缘由，既需要历史的视野，才能明了当下妇女权利实践的延续和演化过程；同时也需要对于时代性的敏锐洞察与感知，从而理解婚姻主导权从原有权利谱系中裂变的机制。

J村农民外出务工从1997年开始逐渐增多，2000年以来尤为普遍。由打工经济的普遍兴起所带来的不再是"女性当家的问题"，而是"女性离家的问题"。打工经济构成了离婚的权利论的实践基础，[1] 推动了从"当家权"到"退出权"的家庭政治革命，催生了妇女的婚姻主导权的形成。打工经济的非正规性使得打工经济的兴起和运行必然快速地牵动家庭、社会等其他领域的变革。本文将农村妇女婚姻主导权的形成机制归结为打工经济在经济独立、婚姻优势与观念变迁这三个维度上对农村妇女的影响。这三个维度分别对应婚姻中的权利主体、权利空间和权利合法性，三者共同塑造了妇女的婚姻主导权。

（一）经济独立与权利主体的建构

妇女婚姻主导权的主体是个体化的独立女性，独立女性的关键是经济独立。无论是集体化生产，还是家庭化生产，农村妇女均非作为独立个体的方式参与生产。打工经济最为直接的影响是提供了妇女独立生存的可能

---

[1] 此处要注意的是离婚的权利论的话语与实践的差异。

性,并促使妇女摆脱了家务劳动的纠缠,走向开放社会。

打工经济本质上是家庭成员以个体性的方式进入市场:一方面,农村妇女可以作为原子化的个体外出务工,而不必与男性一起作为有机整体参与家庭生产;另一方面,当妇女作为个体与市场因素相结合时,妇女的独立性(相对于婆家与娘家)进一步提高。

> J村村民GHQ说,"以前女的,不打工,离开男的就生活不下去。离了婚,别人都会认为这个女的有缺点,嫁不了。回娘家还要受气,两头受气。你没打工,吃喝都要靠娘家,娘家人就有意见了。现在女的,都可以出去打工,可以自己养活自己。现在女的有生存能力,有生存空间,父母管不住了"。(对J村村民GHQ的访谈记录)

(二) 婚姻优势与权利空间的拓展

打工经济的兴起导致了农村劳动力的大量外流,地方性的婚姻圈被全国性的婚姻圈取代,婚姻市场渐趋失衡。农村与城市之间的遭遇所产生的张力传递到农村内部,在造成对男性的婚姻挤压效应的同时,却使妇女有了更多选择的机会。女性的婚姻优势,使得女性自婚姻缔结开始,便转化为日常生活中相对于男性的优势。正是优势的积累和转化,扩展了妇女的权利空间,妇女权利的表达不再囿于家庭,离婚反而成为妇女试图改善生活的替代性途径。妇女的权利空间可进一步操作化为三个方面,即婚姻模式、离婚成本与婚姻的支持网络。

1. 婚姻模式

男女双方在婚姻市场中地位的不平等,导致其在择偶观上的差异,进而影响婚姻缔结的方式。男性因其在婚姻市场上的弱势地位而普遍表现出"心太急""随便找个人过日子"的心态。择偶时的"随性"不是由于他们对婚姻不重视,而是由于现实处境的逼迫。但是,妇女在择偶时普遍表现出"很功利"的态度,婚姻思想浮躁,心思不在"过日子"[①]上。妇女婚姻市场上的优势地位主要表现为"女的不愁嫁",而她们是否能够找到理想的伴侣则是另一回事。失衡的婚姻市场促使"混日子"的择偶观

[①] 陈辉对农民"过日子"的内涵进行了阐述。参见陈辉《"过日子":农民的生活哲学——关中黄炎村日常生活中的家庭主义》,博士学位论文,华东理工大学,2013年。

渗入介绍型婚姻，在当地形成了"闪婚"的婚姻模式。男女双方从第一次见面到最终结婚，时间最短的不到一个月，而时间最长的不会超过一年。男女双方在婚前相处时间不长、彼此了解都不深入，而婚后年轻夫妻普遍都会外出务工，因而，妇女对于男方的家庭以及村庄社区缺乏真正的融入，妇女"未嫁从父、既嫁从夫、夫死从子"的链条断裂，从某种程度上也导致了婚姻的不稳定。

2. 离婚成本

离婚成本的衡量主要从离婚的方式与离婚的后果两个维度进行。首先，从离婚方式上看，离婚变得更为简单容易。J村近年来出现了一种"新型"的离婚方式，即女方提出离婚后，若男方不同意，于是女方就离家出走，或者是跑回娘家，或者是外出打工，分居两年后，由法院判决离婚。"夫妻感情不和、分居两年后可向法院提起诉讼离婚"，这是新《婚姻法》保障离婚自由的规定。其次，从离婚的后果来看，离婚的风险主要由男性承担。一方面，男性往往要承担抚养孩子的责任；另一方面，因为近年来彩礼高涨和婚姻市场失衡，男性再婚难度更大。在婚姻市场不平衡的前提下，男性在离婚时处于极端被动的地位。男性即使过得不好，也不敢轻易提出离婚。但妇女则恰恰相反，有的妇女在离婚前就已经有了"备选"；有的妇女还在协议离婚阶段"就八方都有人在说（介绍）"；而更多的妇女则是在离婚后很快就能找到再婚的对象。妇女再婚一般都找家庭条件比较好的，至少是比初婚对象家庭条件好很多，甚至相当一部分妇女再婚的对象之前并没有结过婚。因此，在国家法律支持与婚姻市场失衡的双重背景下，妇女的权利空间扩大，可以轻易摆脱婚姻的束缚，并有效地规避成本，通过再嫁将家庭责任和婚姻危机转移给男性。

3. 亲属网络的支持

以娘家为主的亲属支持网络是妇女离婚的权利得以实现的重要保证。"娘家人心术不正"，是村民对离婚案例评价的普遍话语。这种道德话语也折射出婚姻主导权背后的亲属网络支持。从J村2000年以来的一些离婚案例可以看出，在女儿提出离婚时，娘家父母确实具有某种助推作用。村民说女方的娘家人"心术不正"，包含两层含义：其一，在女儿提出离婚时娘家人没有劝阻；其二，娘家人为了得到多次彩礼，在一定程度上甚至还鼓励女儿离婚。

过去的女儿出嫁之前父母会千叮万嘱，嘱咐女儿在婆家要好好表现若是女儿在婆家表现不好，娘家人会觉得丢了面子。

> J村五十多岁的妇女LY说，"以前娘家母亲都会教，（到婆家后）把娃管好，家管好，在家要勤快一点，什么活都要干。现在的娘家人都不这样了，都只看钱，条件不好就让女儿分手（离婚）。娘家人变了，只想着钱"。（对J村村民LY的访谈记录）

娘家之所以"容忍"甚至支持妇女离婚，主要有两个原因：一是女性在婚姻市场处于优势地位的前提下，女儿即使离婚后也不愁嫁；二是男女双方在婚姻市场中的不平衡助长了当地彩礼价格飙升，目前已经涨到五六万元的水平，娘家人受到了高额彩礼的诱惑。

（三）观念变迁与合法性重构

打工经济导致了妇女生活空间的转换。城市成为妇女重新社会化的空间，城市的生活方式构成农村年轻妇女的参照系，城市的流动性和陌生化使得原有的乡土规则在很大程度上失效，妇女的生活目标和意义指向在奔向城市的过程中潜移默化地发生了改变，即从传统的以"过日子"为核心向"追求个人幸福"转变，由此，婚姻的合法性基础发生了改变。

> 女的出去打工，挣点钱，把自己打扮得好，到城里就想跟个人。心就野了，看不上农村的。就是出去打工的原因，如果当初就让她一直在家管娃，心就不野了。在外面越逛越野，心越大。打工时间多了，接触的人多了，回来看什么都不顺眼，啥都看不顺眼。就和外面比，比谁好，光给你寻事、吵。（对J村村民WM的访谈记录）

在传统社会，家庭是妇女生活的重心。结婚对于妇女来说，与其说是与夫个人结合，莫如说具有取得作为夫之宗成员之一的地位的重要意义。[①] 因而，对于传统社会的妇女而言，婚姻最为重要的意义与价值是家庭的维系与延续。J村一位50岁的中年妇女说，她在年轻时也过得很不幸福，丈夫脾气暴躁，夫妻之间经常打架。再加上生活压力大，无数次都

---

① ［日］滋贺秀三：《中国家族法原理》，法律出版社2003年版，第387页。

差点让她失去继续过下去的信心。她自己坦言：

> 我也想过寻短见，也想过离家出走，但是，想到三个娃，我就舍不得，我就是为了三个娃活。
>
> 现在的娃都不顾家，说变脸就变脸，说打锤（打架）就打锤，没有忍让。有了小矛盾，想走就走，有娃就把娃也抛下。八九十年代，离不了，顾脸面、顾家、顾孩子、顾老人，现在什么都不顾。
>
> （对 J 村村民 FM 的访谈记录）

打工经济打破了以村落为基础的"过日子"的朴素生活状态。"追求个人幸福"被认为是婚姻生活理所当然的目标。一方面，在城市化生活方式的影响下，现代妇女越来越重视婚姻中的"情感"；另一方面，妇女难以经受住婚姻市场的物质诱惑，因此在婚姻选择时又变得极为功利。而"情感"与"物质"往往难以两全，这就形塑了妇女极为浮躁的婚姻思想。

五 结语：农村妇女婚姻主导权的隐忧

关中农村提供了一个透视中国农村家庭转型的窗口。当全国大部分农村都已经或多或少地完成家庭转型的时候，关中农村的家庭转型的步伐刚刚开启不久，村庄内外、历史与当下的各种因素交织在一起，塑造了关中农村家庭转型的复杂性。本文从关中农村家庭转型的经验中抽离出了农村妇女的婚姻主导权，并将其放置在妇女婚姻权利的谱系之中，考察了农村妇女婚姻主导权与既有的权利谱系之间的延续和断裂。在这个意义上讲，这种权利实践形态本身也是对关中农村家庭转型的折射。

家庭政治产生于由传统向现代转型的过程，一方面，农村妇女权利意识有所觉醒并在具体的家庭生活中有所表达；另一方面，囿于家庭伦理等结构性力量的限制，农村妇女的权利实践最终仍然被吸纳进家庭再生产的链条。家庭政治强调的是家庭内部主体行动与规范性结构之间的张力，这种张力最终找到了突围的缝隙，即随着打工经济的到来，农村妇女的权利终于获得了新的表达方式。妇女的婚姻主导权预示着家庭政治开始走向瓦解，生活政治代之兴起。

生活政治关注的是生活决定,这是一种如何选择身份及相互关系的政治。[1] 妇女对离婚的主导权的掌握,意味着对自己命运的掌控能力。她们的生存感受与生存质量成为直接支配她们选择的参照因素。生活政治的底色是价值无涉的,强调的是个体的体验与自我决定。事实上,生活政治也恰恰呼应了女性主义者的口号:"私人的就是政治的。"妇女离婚,被赋予了追求个人美好生活的动机,同时也被赋予了妇女解放的宏大意义。

在生活政治的框架下,家庭内部的权利与资源不再是家庭成员竞争的目标。"退出权"取代"当家权"成为新时期妇女追求美好生活的主要方式,且将希望寄托于美好生活的可能性。但是,妇女对生活政治的追求潜伏着内在的危机。

妇女的婚姻主导权以独立的女性作为基础,以女性的婚姻优势为依托,并借助着婚姻家庭伦理的弱化而得以张扬。这些条件是妇女退出家庭之所以可能的基础。问题是,妇女退出家庭只是作为一种手段,"退出"家庭的状态具有临时性,对于绝大部分妇女而言,通过离婚而再婚的方式,可以跳跃式地改善自己的生活质量,这正是妇女的婚姻主导权实践的目标指向。

但是,婚姻的进入与退出应有其规则。离婚权利的工具性替代了保障性,使得当前的婚姻权利表现出激进的形态。笔者在关中J村发现,妇女以离婚为表征的婚姻主导权并没有相应的义务体系与之相匹配,妇女丧失了"过日子"的耐心,对物质与情感的追求压倒了妇女原有的家庭责任伦理。因此,当前妇女的婚姻主导权是一种"无义务的权利",是一种失衡的权利状态。"退出权"对家庭伦理与责任的否定,使得妇女即便是通过再婚的方式组建新的家庭,但这种"无根"的浪漫主义婚姻观不仅可能导致家庭转型中的伦理性危机,妇女本身也不一定能够就此获得安定美满的家庭生活。

家庭是中国社会的基本细胞。随着离婚成为妇女婚姻主导权的主要表达方式,妇女婚姻权利的丰富内容在妇女的主体实践中受到扭曲,婚姻权利的内容变得更为单薄,家庭伦理与家庭责任受到冲击,家庭危机与家庭转型紧密相伴,如何保持中国家庭结构的稳定性从而为每个个体提供安身立命的基础,并最终维护整个社会的稳定,这将成为一个至关重要的问题。

---

[1] [英]安东尼·吉登斯:《第三条道路——社会民主主义的复兴》,郑戈译,北京大学出版社2000年版,第246页。

"重返光棍"与农村婚姻市场的再变革[*]

宋丽娜[**]

摘要: 近几年,紧随农村社会离婚高发现象之后,男青年在离婚后难以再婚,"重返光棍"成为一典型社会现象。本文以关中丰南村的婚恋现象为基础,深入分析其成因与社会后果,厘清"重返光棍"现象的社会机制,并且在此基础上讨论农村婚姻市场的变革。文章认为,重返光棍现象是在婚姻市场急剧失衡状态下发生的一系列社会事件的综合反映,男女比例失衡、婚姻支付成本上升、婚姻维持系统断裂等几个要素在其中发挥了重要作用;这种形势彰显着以打工经济为主要表现形式的流动因素对农民婚恋的影响日渐向纵深扩展,婚姻市场的结构性矛盾凸显,婚姻维稳问题爆发;甚而,婚姻市场日渐形成了一个婚姻分层系统,这套系统以男性婚姻资源的竞争为主要作用机制,制造了一个婚姻市场的底层群体,并且引发了婚姻维持系统的困境。

关键词: 重返光棍;婚姻市场;婚姻支付;婚姻维持系统;婚姻资源

一 导论

对于农村婚姻的研究,有传统与现代的模式区分。传统模式以"婚姻圈"的建构为典型。既有的研究基本都继承了列维·斯特劳斯[①]对婚姻

---

[*] 本文是国家社科基金青年项目(编号:14CSH029)"新生代农民工的婚恋模式及其风险应对机制构建研究"和河南省高等学校哲学社会科学研究"三重"重大项目(编号:2014-SZZD-01)"基于社区复兴涵育以社会资本为基础的社会秩序构建研究"的阶段性成果。本文曾发表于《中国青年研究》2015年第11期。

[**] 宋丽娜,河南农业大学文法学院副教授。

[①] 参见[法]列维·斯特劳斯《结构人类学》,路晓禾、黄锡光等译,文化艺术出版社1989年版。

圈概念的界定，即认为婚姻圈是区域内形成的稳定封闭的联姻关系。如，施坚雅[①]探讨了基层市场中的婚姻圈；弗里德曼[②]则讨论了宗族与婚姻关系建构之间的关联；王铭铭[③]通过对溪村汉人宗族的个案研究进一步推进了对婚姻与宗族关系相互作用的理解。这些讨论婚姻圈的经典模式为学者的经验研究开拓了思路，一些学者在此框架之下进一步注意到了当下中国农村婚姻圈的变化，如吴重庆[④]通过对村庄通婚地域的个案调查发现，随着社会变迁，当地婚姻圈呈缩小的趋势；由雷洁琼[⑤]主持的"经济体制改革以来农村婚姻家庭的变化"课题组研究发现，农村的婚姻圈并没有随着改革开放发生明显的变化；还有一些学者认为，随着农村社会的变迁，农民的通婚圈不断地扩大，持此观点的有甘品元[⑥]、李漆[⑦]等。

婚姻圈与市场、宗族等之间的关联，显然更多地需要在稳态的社会中论证。现代模式则注重转型期。目前，学界对于转型期农村婚恋行为的关注较为集中，即多数学者聚焦于打工经济对于农村婚恋的影响。这些研究日益形成了特色的婚姻市场研究范式。

风笑天[⑧]提醒人们注重打工青年的婚姻家庭，认为这是一个重要的研究领域。风笑天的提醒可谓开启了此论题的集中研究。随后，邓智平[⑨]、邓国彬与刘薇[⑩]、贾兆伟[⑪]、仰和芝[⑫]、石人炳[⑬]等从婚姻资源流动的角度论述了打工对农村婚姻的影响。贺飞[⑭]注意到了青年农民工婚恋观念和行

---

① 参见施坚雅《中国农村的市场和社会结构》，史建云、涂秀丽译，中国社会科学出版社1998年版。
② 参见［英］弗里德曼《中国东南的宗族组织》，刘晓春译，上海人民出版社2000年版。
③ 参见王铭铭《社区的历程：溪村汉人家族的个案研究》，天津人民出版社1997年版。
④ 吴重庆：《社会变迁与通婚地域的伸缩》，《开放时代》1999年第4期。
⑤ 参见雷洁琼《改革以来中国婚姻家庭的新变化》，北京大学出版社1994年版。
⑥ 甘品元：《毛南族婚姻行为变迁研究》，《广西民族大学学报》2007年第11期。
⑦ 李漆：《私人生活：婚姻与社会性别建构》，《广西民族研究》2006年第3期。
⑧ 风笑天：《农村外出打工青年的婚姻与家庭：一个值得重视的研究领域》，《人口研究》2006年第1期。
⑨ 邓智平：《打工妹的婚姻逆迁移研究》，《社会》2004年第7期。
⑩ 邓国彬、刘薇：《农村女青年的远嫁现象》，《青年研究》2001年第6期。
⑪ 贾兆伟：《人口流动背景下农村欠发达地区男青年婚姻困难问题分析——以分水岭村为例》，《青年研究》2008年第3期
⑫ 仰和芝：《农村打工女跨地区婚姻模式出现的成因及其影响分析》，《农业考古》2006年第6期。
⑬ 石人炳：《青年人口迁出对农村婚姻的影响》，《人口学刊》2006年第1期。
⑭ 贺飞：《转型期青年农民工婚恋观念和行为的社会学分析》，《青年研究》2007年第4期。

为的变化；施磊磊[1]则注意到了青年农民工的"闪婚"现象。田先红[2]通过鄂西农村的个案研究，揭示了打工对农村婚姻资源流动与支配婚姻资源流动的规则的影响。在此基础上，桂华、余练[3]敏锐地捕捉到了农民婚恋研究的新趋向，他们将此趋向定义为"婚姻市场要价"理论，以此区别于原本的婚姻圈研究。正是在婚姻市场的研究范畴内，更多的社会现象得以充分讨论。宋丽娜[4]对跨省婚姻从其表现形式、发生机制和基本特征出发，来探讨跨省婚姻具有的社会意义。一些学者从个案出发，将"闪婚"现象情景化，分析闪婚现象内在动因。[5][6][7] 还有一些学者则进一步将村庄的社会基础的视角引入对闪婚现象的研究。[8][9] 甚至，有学者在社会流动的背景下发现了一种新的婚姻越轨行为——临时夫妻现象，认为情感压力是导致临时夫妻现象发生的主要原因。[10]

显然，打工经济对于农民婚恋行为的影响日渐深入，生发出诸多的社会现象，也引发了学界的广泛关注。这些研究都假定或者预设了婚姻市场的存在，并且在不同的层面上讨论婚姻市场的运作机制。本文认为这体现了对于农村婚姻研究的现代模式——婚姻市场研究。婚姻市场的变化及运作机制成为理解农村婚姻的关键。本文继承了这种研究范式，在打工经济对农村的影响日益纵深的情况下，进一步开掘婚姻市场的结构性变动。

本文关注近几年来农村社会呈现出的"重返光棍"现象。一直以来，

---

[1] 施磊磊：《青年农民工"闪婚"现象的动因探析——以皖北村为个案的研究》，《青年研究》2008年第12期。

[2] 田先红：《碰撞与徘徊：打工潮背景下农村青年婚姻流动的变迁——以鄂西南山区坪村为例》，《青年研究》2009年第2期。

[3] 桂华、余练：《婚姻市场要价：理解农村婚姻交换现象的一个框架》，《青年研究》2010年第3期。

[4] 宋丽娜：《打工青年跨省婚姻研究》，《中国青年研究》2010年第1期。

[5] 施磊磊：《青年农民工"闪婚"现象的动因探析——以皖北村为个案的研究》，《青年研究》2008年第12期。

[6] 施磊磊、王瑶：《在现代与传统之间：青年农民工"闪婚"的行为框架——以皖北Y村为个案的研究》，《南方人口》2010年第2期。

[7] 许荣漫、贾志科：《青年农民工的"闪婚"现象研究——以豫西南M村的个案为例》，《社会科学论坛》2010年第19期。

[8] 王会：《农村"闪婚"现象及其村庄社会基础》，《南方人口》2011年第3期。

[9] 陈锋：《"闪婚"与"跨省婚姻"：打工青年婚恋选择的比较研究》，《西北人口》2012年第4期。

[10] 徐京波：《临时夫妻：社会结构转型中的越轨行为》，《中国青年研究》2015年第1期。

乡村社会的离婚并非常态，是极个别的现象，并且，通常情况下，离婚后再婚也能实现。离婚现象少，这是婚姻稳定性较高的体现；离婚后能够再婚，这是婚配秩序得以维系的表达。转型期的乡村社会，除了婚姻结合的问题，"婚姻维稳"成为重要的问题，即，影响婚姻维系和婚姻稳定的因素不断凸显，并且婚姻维稳的问题也产生了一些特定的社会后果，离婚后因为难以支付再婚成本而返回光棍成为一个重要的现象。"重返光棍"现象彰显了乡村社会婚姻市场上的重要变化，这种变化是一整套社会机制作用的结果，并且会产生特定的社会后果。本文通过一个村庄个案的经验呈现出"重返光棍"现象的社会机制，以及其背后的婚姻市场变动与婚姻维稳问题。

丰南村位于关中平原腹地，现有 314 户，1330 口人，耕地 1400 亩。丰南村一带的农民在 2000 年之前开始大规模地外出打工，主要经济收入来源为打工和种田。村中大多数青壮年劳动力常年外出打工，或者去东南沿海，或者就近打工。粮食种植以小麦和玉米为主。经济条件一般，自然地理条件一般，交通情况一般。笔者及学术同仁曾在 2014 年 7—8 月间在丰南村驻村调研 25 天，与农民同吃同住，深入访谈和量化统计方法并用，其间重点关注并研究了村庄及其周边地区的婚姻状况。

二 离婚案例的呈现与"重返光棍"的发生

从婚姻结合到婚姻维系，婚姻关系的稳定性有赖于各种婚姻规范的实践，强规范的实践下，婚姻关系可能出现紧张或者僵化之势；弱规范之下，婚姻关系变动性大，不稳定状态较普遍；从一种规范到另一种规范的转型状态下，婚姻关系的稳定状态最差。婚姻关系的稳定状态也就决定了婚姻维系的状态，离婚是婚姻不稳定的极端表现。

剔除了婚姻家庭法规和政策的影响，近些年的婚姻维稳问题多与转型社会有关。乡村社会的转型是全方位的，除了经济和政治体制的转变，日常生活领域的转变成为转型日渐深入的重要表达。透过近些年来村庄中离婚的转变来窥见社会转型时期的一些社会问题。

在丰南村，经过村民回忆，相互剔除重复个案，笔者共收集到了 22 例离婚案例的详情。按照村民归结的离婚缘由，可以做出以下的归结（见表 1）：

表1　　　　　　　　　离婚时间与离婚缘由分布

离婚缘由	夫妻关系不和(%)	代际矛盾(%)	婚外情(%)	多年未归(%)	赌博等(%)	总计(%)
2000年之前	1 (4.6)		2 (9.1)			3 (13.6)
2000—2009年间	3 (13.6)	2 (9.1)	3 (13.6)			7 (31.8)
2010—2014年间	4 (18.2)	3 (13.6)		6 (27.3)	2 (9.1)	12 (54.5)
总计	8 (36.4)	5 (22.7)	5 (22.7)	6 (27.3)	2 (9.1)	22 (100)

注：有些案例有不止一个缘由，比如一个离婚案例中既有夫妻关系不和的情节，也有多年未归的情节。

丰南村的离婚案例有以下几方面显著特征：

（一）2000年之后离婚高发

22例离婚案例中，19例发生于2000年之后，占86.4%，12例发生于2010年之后，占54.5%。2000年之前只有3例离婚，占13.6%。

2000年为分界，离婚成爆发趋势发展，特别是2010年之后，离婚案例达到近些年来的最高潮。

理解离婚时间节点的变迁，以打工为主要表现的社会流动因素是一个重要的变量。世纪之交，打工经济的兴起，打破了村庄传统婚姻圈的限制，男女之间的通婚范围扩展至全国的婚姻市场，传统的婚恋模式"父母之命，媒妁之言"日渐瓦解，自由恋爱兴起，婚恋价值观变迁，婚恋模式多样化开始出现。打工经济对于婚姻生活的影响是全方位的，主要体现为婚姻结合方式的变迁，婚姻关系的重新建构，婚姻秩序维系路径的变迁，婚姻观念的变化等。离婚是打工经济引发众多层面社会变迁之一种，时间上的契合（2000年前后）可以一定程度上反映打工经济与离婚现象之相关性。而随着打工经济的深入（2010年前后），尤其是新生代农民工逐步迈入婚姻生活，农村社会的离婚案例更加密集，呈现集中爆发的态势。

（二）2000—2009年之间的离婚理由集中在夫妻关系不和/代际矛盾/婚外情等，而2010年之后的离婚理由突出了多年未归和赌博的情节

2000年之后的19例离婚案例中，有7例的矛盾源头是夫妻关系不

和，占同时间段离婚案例的36.8%；有5例牵涉到了代际矛盾，特别是婆媳之间对于当家权的争夺，占26.3%；有3例（15.8%）是因为婚外情，有6例（31.6%）案例中有多年未归情节。

2010年之后的12例离婚案例中，6例的离婚事实中都有多年未归的情节，占同时间段离婚案例的50%；有3例离婚事件牵涉到了代际对于当家权的争夺，占25%；有4例的矛盾源头是夫妻关系不和，占33.3%。

离婚理由的变化是一个重要的窗口，以打工为主要表现的社会流动是一个重要的变量。随着打工经济的深入，打工对于乡村社会的影响向纵深扩展。打工经济的兴起开始影响到了农民的婚姻家庭生活，而打工经济的深入则已经使得农民婚姻家庭生活发生了从量到质的变化。两个阶段的不同之处可以从以上关于离婚理由的讨论中窥见一二。2000年之后的离婚理由——夫妻关系不和/代际矛盾/婚外情等都有可能是由于打工引发的婚姻关系和家庭关系不稳固导致的。不过这个阶段仍旧是以传统的婚姻关系和家庭关系建构为主。而新生代农民工日益成为打工主力军之后，农村传统的婚姻家庭关系对于他们的约束力在不断减弱，新生代农民工融入农村婚姻家庭生活的可能性在降低，依靠传统家庭和村庄的制度维系他们婚姻的可能性也在降低。我们看到，2010年之后的离婚案例中，多达一半的案例都有男方多年未归的情节，另外代际对于当家权的争斗以及夫妻关系不和也是主要理由。这表明，打工经济已经日益危害到了农民正常的婚姻家庭生活建构，原有的婚姻家庭生活秩序不断遭到挑战，当家权在变更，夫妻关系在整个家庭中的重要性在上升。

（三）2010年之后离婚的高发年龄为1980年前后出生的一代人，并且这代人在离婚后再婚比例极少

2010年之后的12例离婚案例中，所有人的年龄都小于40岁，只有2例男性在离婚之后成功再婚，占同时间段离婚案例的16.7%，有83.3%的离异者未能再婚。与此同时，我们了解到，这12例中的所有离婚女方都已经成功再婚。考虑到男方离婚与再婚之间的时间间隔问题，村民们的看法则不以为然，他们普遍认为，男方离婚两年内没有成功再婚，以后再婚的可能性就会急剧降低。

按照村民们的看法，这些男性离异者将很难再婚，因为婚姻市场的形势已经发现变化，按照正常的婚姻支付价格，现在他们已经无法支付成婚需要的成本了，因而这些离异者很难再婚。这种"重返光棍"现象不幸被1980年前后出生的一代人所遭遇，在村民的认知范围内，这种情况前所未有。

1980年前后出生的一代人是新生代农民工，尽管出生在农村，重要的社会化时期却发生在城市，他们几乎没有从事过农业生产，农村社会传统的婚姻家庭观念在他们身上也少有体现，可以说，这代人是真正的"两栖人"，漂浮在农村，又不能深刻地融入城市。于是，他们这代人的婚姻家庭生活很不同，农村社会对于这代人婚姻的建构是失败的，城市社会又不提供他们进行婚姻家庭生活的条件。

（四）家庭经济条件之间的差异在离婚案例中的分布并没有明显趋势

男性离婚后重返光棍，这其中，家庭经济条件的影响怎样？

调查发现，2010年之后的12例离婚案例中，有5例的家庭条件是较好及以上，占41.7%；5例的家庭条件是一般，占41.7%；2例家庭条件较差，占16.7%。

单看离婚案例，家庭经济条件在离婚案例中的差异不太明显，不过，我们进一步了解发现，家庭经济条件与离婚之间有着更为隐秘的关系，其中也牵涉到了代际关系和夫妻关系在经济条件作用下的不同互动模式。第一，家庭经济条件较好并不意味着其中的男人个人能力较强，通常情况下，父母的资源丰厚家庭条件就好。我们在现实中遇见过几例父母条件良好，可男人却极为普通的案例。这种情况下，男方父母往往较为强势，他们在子女婚姻生活中说话的分量就重，又因为男人能力一般无法平衡好父母与媳妇之间的关系，往往会因为家庭矛盾特别是代际矛盾而离婚。经济条件好的家庭中，其结构性矛盾在于，父辈对于家庭经济的贡献大，他们对于家庭地位的要求相对较高，即父母更容易当家；儿子和媳妇对于家庭经济的贡献小，可是他们对于家庭地位的诉求却日渐增长。在一个家庭中，经济贡献与家庭地位的不协调容易引发家庭失序的问题，可能造成家庭的崩溃。第二，12例离婚中只有2例的家庭条件差，这并不意味着家庭条件差的离婚概率低，这是因为村庄中同年龄段的男青年中，家庭条件差的人的婚配比例本来就很低，相对于条件一般和良好的人家，有不少条件差的人失婚，没有结婚当然无所谓离婚。因而，对于家庭经济条件差的男青年来说，婚姻是一种"奢侈品"，而离婚则是"失去奢侈品的烦恼"。第三，家庭条件一般的男人其实是农村社会中经过努力尚能婚配的一群人，他们的主要结婚对象是农村社会婚姻资源一般或者较少的女性。他们的离婚多数与女性在婚姻市场上的要价能力提高有关，即，条件一般的男人最怕离婚，离婚之后他们就再也支付不起再婚的成本，相反他们的妻子却可能因为离婚而再找到一个至少不会比前夫条件差的男人。因而，家庭条件一般的男性一旦离婚便往往无法支付再婚的成本而"重返光棍"，他们是主要承受者。

综上所述，家庭条件一般及其以下的男人离婚多是由其妻子主导的，男方离婚后"重返光棍"的可能性极大；而家庭条件好的男人离婚多是代际矛盾爆发引起的，他们离婚后"重返光棍"的可能性相对较小。

通过对丰南村 2000 年之后 19 例离婚的分析，我们发现，农村社会的婚姻稳定程度越来越弱，2000 年之后婚姻关系强有力的制约手段日渐丧失，2010 年之后婚姻关系的稳定性已没有了保障。与以往不同的是，以往的光棍可能只是婚姻市场的溢出者和失意者，而今的光棍也可能是婚姻关系维系的失败者，这便是"重返光棍"。

三 "重返光棍"的社会机制

在农村社会，"重返光棍"是指有过婚姻经历却面临极大失婚风险的男人。光棍现象早已有之，离婚也不算稀奇，只是离婚后重新成为光棍，面临失婚的极大风险，这并不在我们的理解范围之内。这种"重返光棍"现象却正是笔者所调查的关中农村正在发生并且粗具规模的事情。

"重返光棍"现象就是在婚姻市场急剧失衡状态下发生的一系列社会事件的综合反映。这种反映的发生建立在两个基础之上，一个是离婚概率增加，另一个是婚姻支付成本急剧上升。两个基础都增加了女性在婚姻市场上的选择能力，哪怕是被传统所诟病的离异妇女，她们依然在婚姻市场上有较高的选择能力。离婚对于男人——特别是家庭经济条件一般的男性来说是人财尽失，并且往往也意味着其在婚姻市场上的位置已经被边缘化，面临极大的失婚风险；而离婚对于女性来说却越来越成为一件百利而无一害之事。女性离婚带走孩子的情况极少，她们不受孩子的牵绊，反而能够再次获得高额彩礼以及再找一个条件更好的男人。离婚之后的男性

"重返光棍"成为了一种特定的社会事件,对于解读农村社会的婚姻市场以及农民的婚姻家庭生活都具有重要的意义。

这里将从离婚案例、婚姻支付成本、婚姻关系经营、婚姻资源竞争等多个维度来阐释"重返光棍"的社会机制。

"重返光棍"现象与婚姻支付成本的急剧上升有关。2010年左右,关中地区的农村婚姻支付成本(彩礼/房子/三金等)急剧上升。据当地农民介绍,2009年及之前,丰南村一带结婚彩礼一般支付1万元左右,最多超不过2万元;2010年涨至2万—3万元,以后年年上升,2014年7月笔者调研期间,彩礼行情为6万—8万元,多则上10万元。这个结婚成本相当于一个农村一般家庭(两个劳动力人口外出打工)省吃俭用5—10年的收入。如果一个男人在2009年花费2万元钱(一家人多年的辛苦劳作)将媳妇娶回家,随后离婚,在2010年及以后他就很可能成为光棍,因为,一方面劳动力价格的增长远远赶不上彩礼的增长速度,另一方面前一次婚姻已经耗尽了家庭的财富,整个家庭便再无力支付再婚成本。

2010年之后的12例离婚案例中,只有2例的男主人公成功再婚。笔者了解到,这2例的家庭条件都非常优越,并且当初离婚也都是男方提出来的。其他10例中,2例家庭条件稍好,只是个人条件(相貌/身高/说话能力)相对较差;另外8例家庭条件都是一般及其以下水平。这意味着农村社会中的中等经济条件的家庭都已经支付不起再婚的成本,而不论个人条件如何。

与此同时我们了解到,最近几年的离婚案例,一个很重要的情况是,女方提出离婚较多,并且女方娘家有促使女儿离婚的强烈动机。我们在村庄中详细了解到的至少4例离婚中,女方及其娘家合谋离婚并且都从离婚和再婚事件中受益。一个农民说:"现在姑娘值钱,能卖个好价钱(指彩礼较高),离婚了还能找个条件更好的,并且卖姑娘再得一大笔钱,何乐而不为呢?"一方面婚姻市场的失衡极大地提高了女性的婚姻要价能力,另一方面也增加了女性在婚姻家庭中(特别是经济条件一般及其以下家庭)的主导作用。

这种情况下,男性不仅在初婚市场上没有谈判能力,在再婚市场上也没有谈判能力。丰南村一带近几年来初婚男人娶二婚女人的情况并不稀奇。一个极端的案例是这样的。某女,28岁,丰南村人,早年被人贩子拐卖到四川山区,在那里嫁了人,并且生了一个女儿,如今5岁。2014

年上半年，她趁婆家不备逃了回来，婆家来人要求她回家，其不愿意，带着女儿留在了娘家。娘家父母随即为她安排相亲，共有3个对象，都30多岁了，未婚。其中2个都明确表示要出10万元的彩礼迎娶此女，并且无条件接受她的女儿。第三个人家里稍穷，但是多年打工积蓄也有15万元左右。因为第三个人长相较好，姑娘相中了他，媒人从中说和，最后以8.6万元的彩礼成交。

这便是丰南村一带2010年之后发生的情况，婚姻市场上男女比例的失衡提高了女性在婚姻市场上的谈判能力和要价能力，降低了男性在婚姻市场上的谈判能力，并且加剧了男性之间的婚姻资源竞争。再加上婚姻关系的伦理感衰落，道德感降低，规范婚姻关系的文化因素日渐式微，使得婚姻市场以及婚姻关系成为赤裸裸的市场竞争。这种情况之下，婚姻资源竞争失利的男性便成为农村婚姻市场的最大受害群体，他们面临极大的失婚风险，甚至结婚后依然面临婚姻资源的竞争和婚姻市场的选择而"重返光棍"。

"重返光棍"现象可以归结出以下几个层面的社会机制：

婚姻市场上男女比例失调，婚姻支付成本上升是民间应对机制的第一步。

婚姻支付成本上升意味着农村婚姻市场上的男性婚姻资源（家庭条件、相貌、学历、个人能力等）竞争日渐激烈。

婚姻支付成本成为农村男性婚配的基本门槛，农村男性根据婚姻支付能力的不同分为三类情况：强，一般，弱。婚姻在三类情况中的分布不均质：支付能力强能够婚配，也不惧怕支付再婚的成本，这是农村社会中的极少数；支付能力一般勉强能够婚配，却无法支付再婚的成本；支付能力弱很难婚配，更遑论再婚。

婚姻关系的稳定状态与家庭经济条件和家庭地位的相互作用有关。在经济条件好的家庭中，父母的经济贡献大，家庭地位诉求高，而子辈（尤其是儿媳妇）的经济贡献小，家庭地位诉求却日益增长，容易因家庭矛盾而离婚，离婚后能够支付再婚的成本；经济条件一般的家庭，子辈（尤其是儿媳妇）的家庭地位诉求更加强烈，却受困于经济条件，离婚后难以再婚；经济条件差的家庭，失婚风险极大。

婚姻维稳的问题存在于不同经济条件的家庭中，理由各有不同，这表明婚姻家庭状态出现了分化趋势，或者说婚姻生活在一定程度上失序了。

"重返光棍"现象的主要承受者是40岁以下且家庭经济条件一般及其以下的男性。

四 农村婚姻市场再变革

离婚往往与婚姻不稳定联系在一起,而离婚后无法再婚也意味着整个社会的婚姻市场出现了一定的问题。为什么会出现重返光棍现象?它具有怎样的社会意涵?以下从三个方面分别加以阐释。

第一,社会流动因素对于农民婚恋的影响日益向纵深扩展。

以打工经济为主要表现形式的农村社会流动因素,显然对于农民的婚姻家庭生活产生了深远的影响。我们认为,这种影响越来越呈现出两个阶段性的特征。第一个阶段是影响逐步扩展的阶段,时间是2000—2010年间。第二个阶段是影响向纵深扩展的时期,时间大约在2010年之后。

在第一个阶段,打工经济对农村婚姻家庭的影响主要体现在四个方面。首先,婚姻结合方式的变革,打工所产生的距离使得"父母之命,媒妁之言"日益受到冲击,自由恋爱模式兴起;[1] 其次,半工半耕的家计模式对于婚姻生活安排的影响,男女之间的家庭分工模式(男主外女主内)日益被代际分工模式(子辈外出打工,父辈留守)所替代,婚姻生活的经济基础发生改变;[2] 再次,打工所引发的空间差距与文化差距对于婚姻稳定性产生影响,婚姻矛盾等婚姻维稳事件开始呈现;最后,剧烈的城乡文化差异对于传统婚姻家庭观念的冲击,私人生活的很多层面都呈现出"无公德的个人"[3]。

第一个阶段的影响一定程度上已经被学界所感知,并且有了较为丰富的研究成果。第二阶段的影响却以更加极端的方式日渐呈现。

首先,婚姻结合方式经历了自由恋爱的短暂春天,很快被物质殖民化。体现在,婚恋中的选择权更多被具有丰富物质资源的一方掌控。农村

---

[1] 宋丽娜:《媒妁之言六十年:村庄传统与婚姻变革》,《西南石油大学学报》2010年第1期。

[2] 郭俊霞:《打工经济对农民家计安排的影响》,《华南农业大学学报》2010年第2期。

[3] 参见阎云翔《私人生活的变革:一个中国村庄里的爱情、家庭与亲密关系1949—1999》,龚小夏译,上海书店出版社2005年版。

社会中，房产成为结婚的基本条件，通行的标准是两层楼房，或者在城镇上买房；并且彩礼在2010年之后呈现剧烈增长的态势。在婚姻结合上典型如闪婚，即打工青年的婚姻大事在过年前后较短的时间里很快解决。其次，农村婚姻市场上的结构性矛盾更加凸显。一个大的方面是男多女少的情况更加严重，在这种大的背景之下，婚姻市场上，男性依据婚姻资源的多寡而出现了明显的分层现象。婚姻资源多，对婚姻选择的主动性更大，婚姻资源少，就会被婚姻市场边缘化。再次，婚姻维稳问题以前所未有的态势爆发。离婚、婚外情、一夫多妻、做小姐、临时夫妻等婚姻维稳事件日渐凸显。婚姻维持系统断裂，造成婚姻生活失序的状态。最后，婚恋价值观失序。

"重返光棍"现象便是在社会流动因素的影响日渐深化的背景下产生的。它并不直接受打工经济的影响，但却是在打工经济深度影响农民婚姻家庭生活的背景下形成的，其发生机制以打工引发的社会流动为逻辑起点。

第二，婚姻分层的加剧。

在乡村社会，男性的婚姻资源有以下几个方面：自身工作（收入/编制/地域）、学历、房子、相貌、家庭背景等。女性的婚姻资源则包括学历、相貌、持家能力、收入、家庭背景等。各自的婚姻资源就是他们在婚姻市场上的谈判能力，男女之间的婚姻资源要求要适当配比。不过，几方面的婚姻资源可以归结为两个层面，一个是财富的占有（工作、房子、家庭背景等），另一个是个人条件（学历、相貌、持家能力等）。两个层面的婚姻资源中，男性财富的占有更加重要，而女性的个人条件更加重要。在乡村社会依旧以男性为主体的婚姻关系中，财富占有的多寡日益成为一个影响婚姻状态的重要因素；而且，"金钱社会"的盛行也加剧了财富在婚姻中的意涵。

新的形势下出现了关于婚姻的新的社会问题，即婚姻资源在社会中的分布不再是弥散的，而具有了集中的趋势。婚姻资源向少数以财富为核心的评价体系上层集中。表现为，财富占有越充裕，婚姻资源越丰富，农民越容易婚配，婚姻成本（以彩礼为主要表现形式）较低，妇女的婚姻依附性越强，而男性的婚姻支配性和婚姻选择性越大；反之，财富占有越匮乏，婚姻资源越稀缺，农民的婚配成为难题，婚姻成本提高，妇女的婚姻选择性越大，男性的婚姻选择性越小，甚而沦为"光棍"。婚姻资源的集中影响到了婚姻的社会分布，使得乡村社会的婚姻日益呈现出分化的趋势，这便是婚姻分层。

婚姻分层主要是以男性为婚姻主体所进行的分层，即一个男性在婚姻上的资源越丰富，他的婚姻结合越容易，婚姻维系成本越低，婚姻对于其生活本身的影响越弱；反之，一个男性在婚姻上的资源越匮乏，他的婚姻结合愈加困难，婚姻维系成本愈高，而婚姻情况对于其生活的影响愈大。

"重返光棍"现象就是婚姻分层中底层的男性所面对的形势，他们在婚姻分层之前结成婚姻，却在婚姻分层的体系中重新败下阵来，这进一步加剧了婚姻分层所造成的鸿沟。

第三，婚姻秩序维系的困境。

打工经济对于农村社会婚恋关系的影响已进入"深水区"，经济资源在婚姻关系中的比重越来越大，婚姻分层越来越明显，处于婚姻分层体系末端的农村男性面临极大的婚恋风险，离婚和"重返光棍"现象不断发生，这些都在预示着乡村社会婚姻秩序维系的困境。

婚姻秩序包括两个层面，一个是婚姻结合的秩序，另一个是婚姻维系的秩序。就婚姻结合而言，其维系秩序的方式来自于婚姻结合的正当性，即哪种婚姻结合方式是正当的？农民普遍接受的？打工经济之前，"父母之命媒妁之言"是正当的方式，是被群众接受并且有着合法性建构的方式，在这种婚姻结合的秩序之下，自由恋爱便不被接受并且不受乡村社会保护。打工经济之后，自由恋爱一度成为日渐凸显的婚姻结合方式，打工经济给予青年男女创造的一些条件使得自由恋爱在农村越来越具有合法性。不过，随着打工经济的深入，农村青年发现，自由恋爱却越来越不"自由"了，因为它与个人所拥有的婚姻资源（包括财富的占有和个人条件两个基本的方面）关系愈加紧密，婚姻市场上的这些变化形成了新时代的"门当户对"秩序。与城市相比，农村社会在资源占有上处于弱势，女性则更多流向资源丰富的区域，于是，农村男性之间的婚姻资源竞争在婚姻结合中就成为了一个基本的秩序，即，农村社会形成了一个关于婚配的"门槛"——比如"洋房"成标配，彩礼在失控，[1]并且这个门槛在不断提高，这个门槛将越来越多处于婚姻分层弱势的青年农民排除在婚恋

---

[1] 朱战辉、余彪：《乡村婚姻难关："洋房"成标配，彩礼在失控》，《半月谈》2015年第6期。

的基本权利之外。这造成的一个结果便是，婚姻结合的正当性越来越来自于婚姻资源的占有情况，进一步说便是越来越来自于财富占有的丰富程度。

与此同时，婚姻维系的秩序也不断变革。在"父母之命媒妁之言"的年代，婚姻关系的维系离不开男女双方的家庭，不会轻易离婚。而当自由恋爱时代来临之后，婚姻关系中的"个人"在增长，家庭和社会在退出，婚姻维系很大程度上成为了个人之事，婚姻面临了更多因个人性情不定而引发的风险。这个过程中，以夫妻关系为主轴的婚姻经营成为农村青年的重要之事，可是却并不为传统的农村社会文化所了解。随着婚姻市场上男多女少结构性矛盾的加剧，婚姻维系的困境不断加深。如今的婚姻关系面临着财富占有情况的严峻挑战，婚姻关系必须直面财富占有情况才可能维系下去。因而，现今农村社会婚姻维系的秩序要靠两个层面的作用：一个是夫妻之间的婚姻经营，另一个是家庭财富占有。一旦出现其中任何一个方面的问题，婚姻关系将难以维系。

农村青年的婚姻秩序维系困境在于，一方面，家庭财富占有在整个社会处于弱势；另一方面，他们很少有婚姻经营的意识。造成的结果便是农民更多地承受了由于男女比例失调加剧而带来的婚配危机。

五 小结

本文关注乡村社会中新近呈现出的"重返光棍"现象及其背后的婚姻市场再变革。2010 年前后，农村社会离婚高发，离异的女性几乎都能很快再嫁，并且享受婚姻市场所带来的好处更多；而男性在离婚之后却很难再婚，他们支付不起再婚的成本。这种特殊的"重返光棍"现象彰显了在农村婚姻市场又一个层面的深刻变革。

随着打工经济的深入开展和新生代农民工逐步进入完整的婚姻家庭生活，婚姻市场所呈现的变化越来越让人担忧。婚姻分化是以男性为主体以财富占有为核心所形成的婚姻状态上的分化。婚姻分化彰显了农民之间由于婚姻资源拥有状况而产生的地位隔阂，当然，婚姻分化也代表了作为婚配对象的女性在婚姻市场上的分布有越来越集中的趋势，即女性的婚姻流动越来越倾向于婚姻分化体系的上层。对于男性农民来说，婚姻结合上的困境和婚姻维系上的困境因婚姻分化加剧而产生,从而使得乡村社会的婚姻市场在一定程度上呈现失序状态。

农村婚姻市场上的再变革提醒我们,要正视婚姻市场分化所引发的一系列连锁反应,尤其要特别关注处于婚姻市场分化底层群体的社会诉求。

第五部分
农村义务教育研究

乡村小规模学校教育质量差在何处？如何提升？
——基于关中地区 Z 县三所学校的质性研究*

赵 丹 赵 阔 陈遇春**

摘要： 在义务教育优质均衡发展的新时期，提升小规模学校教育质量是弥补乡村教育短板、促进偏远地区儿童接受优质教育的关键。本文采用质性研究方法，运用有效学校理论，从学校外部输入要素、内部要素和教育输出结果三个维度全面剖析乡村小规模学校教育质量的特征化困境，包括：生源多来自弱势群体、社区支持力度较弱、教师配置制度和学校布局调整政策使小规模学校发展受限、教育资源供给不足、校长领导力水平参差不齐、师资结构性短缺、校园文化建设水平较低、教学策略单一、学生成绩和自信心水平较低等诸多问题。由此，各级政府应针对小规模学校发展需求，增加教育资源供给，将教育质量隐性因素纳入评估体系，激活小规模学校特色优势、促进其内涵式发展，促进家校合作和优质资源共享，全面提升小规模学校教育质量。

关键词： 乡村小规模学校；教育质量；有效学校；质性研究

一 研究缘起

受到城镇化进程中农村人口携带子女进城务工以及城镇优质教育资源

---

* 基金项目：陕西省社科基金一般项目（2017P010）；"陕西省农村小规模学校教育质量评估及提升机制研究"；陕西省社科界重大理论与现实问题研究项目（2018Z084）"县域义务教育质量均衡评估及提升机制研究——空间公正视角"；中央高校基本科研业务费重点项目（2017RW10）；专题项目（2017RWZX02）；国家级大学生创新项目（201610712100）。

** 赵丹，西北农林科技大学人文社会发展学院副教授，副院长，奥地利国际应用系统研究中心博士后；赵阔（通讯作者），西北农林科技大学人文社会发展学院农村社会研究中心研究人员；陈遇春，西北农林科技大学教务处处长，教授。

吸引的双重影响,农村地区义务教育适龄儿童数量逐年减少,导致乡村学校规模逐年萎缩,小规模学校已成为农村义务教育的主要办学形式之一。据最新统计,2016年,乡村小规模学校有10.83万个,占乡村小学总数的56.06%,占全国小规模学校总数的87.98%。[1] 可以说,小规模学校是农村儿童在人生起点阶段打下坚实教育基础的关键,其教育质量水平直接影响到广大农村家庭对优质教育的需求与当前教育发展不平衡之间矛盾的破解。党的十九大报告中明确提出:"推动城乡义务教育一体化发展,高度重视农村义务教育,努力让每个孩子都能享有公平而有质量的教育。"《国务院关于统筹推进县域内城乡义务教育一体化改革发展的若干意见(国发〔2016〕40号)》也明确提出要"办好必要的乡村小规模学校,着力提升乡村教育质量"。可见,无论从小规模学校本身的数量比例,还是从高层政府的关注度来看,提升小规模学校教育质量都可以说是促进义务教育优质均衡发展的重中之重。

　　基于小规模学校存在规模小、地处偏远、小班、复式教学、师资匮乏、办学条件落后等诸多特殊性,研究采用能微观反映小规模学校特征化困境的质性研究方法,对其教育质量问题进行深入探究。质性研究方式是通过对社会现象发展过程及其特征的深入分析,对社会现象进行历史的、详细的考察,解释社会现象的本质和变化发展的规律,它往往通过对一个个案或多个相关个案进行深度剖析和对比,进而总结归纳出事物的本质特征。[2] 基于该方法,课题组选取陕西省Z县M镇的一所大规模乡镇学校(1070人)和三所小规模学校(56人、27人、4人)作为典型研究案例,可以看出,乡镇中心小学的学校规模远远超过另外三所小规模学校,两类学校在教育质量方面的差异也能凸显出小规模学校的突出困境。在此基础上,课题组从学校外部输入要素、内部要素和教育结果三个维度设计相应的问题,对案例学校的教师、学生进行问卷调查,将数据结果进行描述性统计作为反映学校质量困境的重要依据;同时,对四所学校的5位教育行政人员、11位教师、15名学生及其家长进行了结构式和半结构式访谈;并实地观察学校日常教学活动、管理、校园文化建设、学生学习生活情况

---

[1] 《〈中国农村教育发展报告2017〉显示义务教育学龄人口进城速度放缓》,《光明日报》,2017年12月24日第6版。

[2] [美]乔伊斯·P.高尔、M.D.高尔、沃尔特·R.博格:《教育研究方法实用指南》,北京大学出版社2007年版,第292页。

等,全面了解乡村小规模学校的教育质量现状。

二 基于有效学校理论的小规模学校教育质量分析框架

作为分析学校教育质量的基础理论框架,有效学校理论最早由 Edmonds 于 1979 年提出,该理论认为:"教育结果受到学生能力、家庭背景以及学生在学校中的经验的影响。而要使学生获得学习进步,教育决策者必须设法建设有效学校,即通过持续改进,促进学校管理、资源配置、教育教学、学生培养等各方面取得显著进步。"[①] 这类学校"能为拥有不同社会经济地位和家庭背景的所有学生提供获得优质教育和成功的机会"。在此基础上,Heneveld 和 Craig 等人进一步界定了有效学校的分析框架,包括"支持性输入(生源特征、社区支持、政策支持、资源输入等)、学校内部因素(管理运行状况、校园氛围和教学过程等)和教育输出结果"三个维度。[②] 这一框架受到我国学者的广泛认可,其包含的影响学校教育质量的多维微观要素能够全面地阐释小规模学校的特征化困境。也就是说,如何促进乡村小规模学校成为"有效"的学校,确保农村儿童公平接受优质教育,必然应从有效学校理论出发,从"支持性输入、内部要素、教育输出结果"三个维度去深度剖析小规模学校具体面临哪些困境,进而提出针对性的改进建议。因此,有效学校理论是促使我们发现、探索小规模学校教育质量困境的重要基础,也是教育决策者探寻提升小规模学校教育质量策略的重要工具。

三 有效学校理论视角下小规模学校教育质量困境

(一)学校外部输入要素

1. 生源多为低龄、贫困、留守儿童

在城镇化大背景下,城镇地区的资源优势和乡村社区的凋敝形成强烈反

[①] [瑞典] T. 胡森、[德] T. N. 波斯尔斯韦特总编辑:《教育大百科全书:教育管理》,高洪源译,西南师范大学出版社 2011 年版,第 235 页。

[②] Heneveld W., Craig H., "Schools Count: World Bank Project Designs and the Quality of Primary Education in Sub-Saharan Africa. Africa Technical Development Series. Technical Paper Number 303", *World Bank Other Operational Studies*, No. 100, 2010, p. 153.

差，家庭经济条件较好的儿童多随父母进城上学或寄宿在县镇学校，而留在乡村的多为低龄、贫困、留守儿童。调研的三所小规模学校中，两所学校的学生全部为1—3年级低龄儿童；三所学校的贫困儿童比例均占到50%以上，其中H小学留守儿童比例最高达64.3%，L小学留守儿童比例为100%。（见表1）而且，访谈中多数教师和校长反映，小规模学校学生的家长受教育水平普遍较低，经济状况不好，特别是留守儿童的家长与子女的沟通交流非常少，这些因素很大程度上影响学生的学习效果。因此，受家庭背景强烈影响的生源特征直接影响到小规模学校教育质量水平，同时，这些特征决定了乡村小规模学校教育质量需要考虑学校的安全保障、上学距离、教育支出、心理辅导、学校教育对家庭教育的弥补与配合等方面。

表1　　　　　　　　四所学校学生留守数量及比例的对比①

	非留守儿童	留守儿童	合计
Z小学（乡镇大规模学校）	114（62.6%）	68（37.4%）	182（100.0%）
H小学（农村小规模学校）	12（35.3%）	22（64.7%）	34（100.0%）
J小学（农村小规模学校）	15（55.6%）	12（44.4%）	27（100.0%）
L小学（农村小规模学校）	0	4（100%）	4（100%）
合计	141（57.1%）	106（42.9%）	247（100.0%）

2. 社区支持力度较弱

无论从地理布局还是从社会联结来看，小规模学校与乡村社区都是一种互相促进、融合的关系，小规模学校是提供教育公共服务、传承乡村文化、增强社区凝聚力、促进乡村振兴的重要载体，而乡村社区为小规模学校资源补充、课程改革、学生、教师发展等多个方面提供重要支持。可以说，乡村社区对于小规模学校发展的支持是促进其教育质量提升的关键要素。然而，随着以县为主的义务教育财政管理体制的确定，农村村委会、乡镇政府对农村学校的管理权被集中到县级政府，大量乡村小规模学校便逐渐失去了村、镇政府的财政、物质资源支持。如L小学建校时期的校舍是由村委会筹集村民资金集体建造，随后几年，乡镇政府、村委会、村民及社会团体等又加大

---

① 课题组在调查中共发放问卷263份，回收有效问卷247份，有效率93.92%。文中案例和相关数据如未做出特殊说明，均来自课题组实地调查的一手数据。

投入进行校舍改造。但是,乡镇教育组和村委会的管理权被取消之后,再加上 L 小学生源急剧减少,为提升办学效益,村委会将其校址转移到村委会办公楼一楼,将其原有校址租给私人经营幼儿园。在这种背景之下,L 小学随时面临被撤并的风险。另外,在社会性支持方面,三所小规模学校教师几乎得不到所在社区居民及村委会的慰问,很多村民对其发展信心不足,认为将孩子送到小规模学校读书是迫不得已的选择,村委会管理人员甚至认为小规模学校迟早要被撤并。可见,在村庄土地权、农业税费制度及义务教育财政体制等政策环境的变动中,村庄与小规模学校的联结与互动几乎完全断裂,村庄对乡村小规模学校的支持效力日渐微弱。

3. 教师资源配置和学校布局调整政策使学校发展受限

教育政策是教育行政机关为实现教育目的,在管理教育事业过程中制定和执行的用以确定和调整教育利益关系的行为准则。[①] 近年来,与小规模学校发展联系紧密的教育政策主要涉及教师资源配置和学校布局调整政策。其中,教师配置政策关系到小规模学校能否获得优质教师,学校布局调整政策关系到小规模学校能否合理分布、获得长远发展的机会。但目前,上述两项政策仍然没有充分发挥出促进小规模学校发展的作用。首先,现有教师编制与招录制度使小规模学校难以留住优质教师。调查发现,Z 县小规模学校"有编制、无教师"的情况十分普遍,很多教师即便可以获得编制也不愿到小规模学校任教。从具体过程来说,小规模学校根据实际需求确定教师招聘数量,再逐级上报给中心学校、县、省级政府,由县、省统一招录,最终将招录教师逐级向下分配。在招录过程中,小规模学校只能被动等待县里的决定,很多应聘教师得知被分配到小规模学校后,往往因为工资待遇及工作环境差而主动放弃,使得招教考试成为其"练手之地"。其次,乡村学校短期支教、走教制度所发挥的作用十分有限。三所小规模学校的校长均反映:"这种短期支教制度虽然初衷是好的,但是很多教师把支教经历作为职称晋升的跳板,熬到 2—3 年结束立即离开,有些教师甚至未'到期'就主动离开,无法真正融入小规模学校并带动学校发展。即便有些教师在支教初期想通过自己在教育技术、教学方法方面的特长来改善小规模学校教学水平,但一段时间下来,他们发现自己的努力只能改变表象,并不能从根本上改变其办学劣势。"最后,

---

① 范国睿等:《教育政策的理论与实践》,上海教育出版社 2011 年版,第 4 页。

农村学校布局调整政策的负面影响仍未在短期内消除,特别是2012年之前我国各地大范围的农村学校撤并,导致教育资源急速向县城大规模学校集中,导致义务教育"城挤—乡弱"、县域内校际教育质量差异显著的问题十分突出,特别是乡村小规模学校成为义务教育发展中的最短板。甚至在一些贫困地区,限于财政压力,地方政府仍然不得不采取过度撤并学校的模式来提高教育规模效益,进而导致小规模学校生存堪忧。

4. 公用经费和教育设置难以满足办学需求

小规模学校常年无法获得足额办学经费,难以满足学校改善办学条件和提升质量的需求。《国务院办公厅关于加快中西部教育发展的指导意见》(国办发〔2016〕37号)中明确提出:"经费投入向教学点倾斜,不足100人的教学点按100人拨付公用经费。"然而,仅有4人的L小学却并不能获得国家规定的足额经费,每学期仅能获得1600元公用经费,而学校每个学期电费就需要支出2400元,处于严重的入不敷出状态。为此,Z县财政部门又专门补贴15000元用于L小学日常基本运行,但这种缺少制度约束的暂时性补贴根本无法满足学校长期发展特别是教育质量提升的需求。L小学教师在访谈中提出:"四个孩子的教育和一百个孩子的教育具有同样的分量,绝不能因为学校人数少就不重视、少投入,这对小规模学校学生是极为不利的。"

此外,硬件设施"不足"与"闲置"并存问题十分突出。硬件设施特别是教育信息化设备在小规模学校仍然十分欠缺。三所乡村小规模学校均无电子白板,L小学无电脑设备,H小学、J小学只有校长、教师有电脑设备;体育器材、文化用品等非耐用品购进不足、年久失修等问题严重。同时,一些保障性设施因缺乏配套经费而遭遇闲置,导致教育资源浪费。如2016年,H小学和L小学获得省政府专项改造资金,全校统一购置并安装空调,但由于缺少经费安装空调动力设备,空调一直未使用,学生冬季取暖只能靠学校自行购置的简易取暖器。

5. 教师发展活动尚未发挥实效

教师发展是指其专业的成长,具体体现为获得成熟的经验及系统地反思其教学,教师培训、交流活动是教师发展的重要载体。[1] 当前农村教师

---

① [瑞典]T. 胡森、[德]T. N. 波斯尔斯韦特总编辑:《教育大百科全书:教育管理》,高洪源译,西南师范大学出版社2011年版,第152页。

发展活动缺乏对小规模学校的实际关照，仍没有发挥出提升教学质量的实效。具体来说，其一，教师培训、交流次数较少，培训形式单一。除国培计划外，小规模学校教师培训的主要形式是与中心小学教师进行经验交流和观摩中心小学年轻教师的公开课，而且每年只组织3—5次，小规模学校日常教学任务繁重，教师研修及发展机会极少。在访谈中，一些教师提到："我们到中心学校参加的所谓'培训'只是'听一下''评一评'，而且，限于学校师资短缺，校长往往不愿意派我们出去培训，因为维持学校教学现状总比没有老师上课要强。"其二，教师教学能力基础薄弱且接受能力较差。小规模学校教师由于大多不具备多媒体、电子白板等教学工具的操作技能，加上年龄偏大，学习接受能力较差，很多教师甚至放弃学习机会。其三，培训内容与教师需求匹配程度较低。由于学校规模、班级规模小，小规模学校教师最需要的培训内容是小班授课、复式教学等方法，但中心学校组织的多为教学理念、校本课程等方面的培训。同时，部分小规模学校校长对培训持批判态度，认为乡村教师完全可以根据个人的教学方法和多年的实践经验进行教学，认为"越培训可能越乱"。因此，教师培训和交流机会少且培训内容与小规模学校教师需求匹配度低等问题严重限制教师专业发展，进而阻碍教育质量提升。

（二）学校内部因素

1. 组织管理

（1）校长领导力水平参差不齐

校长领导力主要指校长影响师生实现共同目标的能力，主要体现在责任感、个人能力和社会资本等方面。[1] 当前多数小规模学校校长是年龄较大的本村人，在县域学校管理人员中属于"最底层"的边缘人，面对学校生源日益减少、乡村逐渐衰落的背景，很多校长限于个人能力和社会资本不足，只能被动地接受小规模学校日益萎缩的现实。甚至有的校长把在小规模学校工作看成是"混日子""等待退休"的场所。如L小学在2012年至2016年五年间，学校规模由60人逐年下降为4人，而该校校长采取消极等待的态度。与之相对比，J小学校长领导力水平相对较高，该校长家庭中有6人担任或曾经担任乡村教师职业，家庭的熏陶促使其逐渐产生了

---

[1] 赵明仁：《论校长领导力》，《教育科学研究》2009年第1期。

乡村教育情怀和强烈的责任感,因而他对改变小规模学校困境具有很强的动力。该校长平日及时关注电视等媒体对农村薄弱学校的报道,积极为本校争取社会资源,例如2016年该校长争取到西安一所985大学资助的30台电脑和西部阳光基金会捐赠的20台笔记本电脑,成功解决了学校教育信息化所需教学设备不足问题。可以说,校长领导力是乡村小规模学校教育质量提升的重要保障,但像J小学这样的校长在广大乡村小规模学校仍然是凤毛麟角,多数校长的领导力水平较低。

(2) 教师队伍结构性短缺问题突出

小规模学校教师结构性短缺问题主要体现在:其一,流失数量远多于增补数量。如H小学是在1974年"村村办小学"的政策背景下建立的,当时为满足办学需要,招聘了大量的民办教师(部分转为公办教师)。但随着城镇化进程加快,加之编制与招聘制度不甚合理导致的教师年龄结构断层以及乡村教师工资较低(调研地区在编教师月平均工资3000元,代课教师1000元)、工作环境较差等一系列因素,大量同期招聘的教师选择下岗离开农村教师队伍,而这类学校又常年招不到新教师,造成学校教师严重短缺。其二,在教师专业结构方面,小规模学校缺乏专职的英语、美术、音乐与微机教师,只能依托乡镇大规模学校教师下村代课或通过一人兼任等方式补救。其三,全科教师教学质量难以保障。当前,大量全科教师没有经过专业师范院校的培训,教学活动随意性强。而且,由于教师普遍采取面对面授课方式,学生从早到晚面对同一位教师,不仅容易疲倦,也可能使学生的视野与思维受限。

(3) 校园文化建设水平较低,应试化导向更为明显

校园文化是学校氛围的一部分,包括构成系统的价值观、态度、信仰、规范、习俗等。[1] 乡村小规模学校的纪律规范基本符合义务教育法及地方教育规章制度的规定,在学生作业量(1—3年级作业量不超过0.5小时,4—6年级作业量不超过1小时)、学生普通话训练和教师工资核算制度等方面都比较规范。然而,多数乡村小规模学校由于仍然处于保障基本教学运行状态,很难有条件建立起自己的特色文化,办学理念多偏重学生智育的单方面提升,学校发展规划多以扩大学校规模、提高学生成绩排名为目的,应试教

---

[1] 《教育发展"大数据":五年来大中小学发生这些变化》,2017年11月6日,新华网 (http://news.xinhuanet.com/2017-09/28/c_1121740123.htm)。

育导向比大规模学校更加明显。因此，总的来说，相较于国外小规模学校的特色化办学，多数小规模学校仍未把握住自身的发展优势和机遇。

2. 教学过程

（1）师生在校时间普遍较长

在当前应试教育导向下，小规模学校主要通过教师一对一指导、增加教师在校辅导时间以及增加学生在校学习时间等方式来提高学生成绩。调查中很多老师反映，"老师都在学校吃饭，吃完饭就去指导学生自习，一天到晚都待在学校"。在J小学校长看来，学校的教学质量与学生成绩之所以高于乡镇大规模学校，是因为学生适量，大规模学校因其规模较大而很难进行一对一教学与辅导。因而，学校规模效应不是绝对的，规模的大小有利有弊。这种单独辅导、针对性指导固然对于提高教育质量很有效，但却无形之中延长了教师的工作时长，增加了教师的工作量。事实上，J小学教师的工资与其他小规模学校教师的工资水平基本一致，绩效工资在200—300元左右，很多教师反映在小规模学校的工作投入与其工资待遇水平极不相称，在这里工作很大程度上源于对农村教育、农村儿童的情感和责任心。

（2）教学策略与方法单一，缺乏信息化手段辅助

随着21世纪教育发展进入信息化时代，广大农村学校特别是小规模学校依托教育信息化促进教育质量提升已成为必然趋势。《S省教育信息化十年发展规划（2011—2020年）》（陕教保〔2012〕10号）中明确提出："促进教育均衡发展，到2020年学校信息化教学基础设施和宽带网络全覆盖，实现宽带网络全覆盖，以教室为单位的信息化教学终端全覆盖，校校通宽带，班班可应用。"之后，S省《2017年教育信息化工作要点》中进一步提出："2017年全省中小学互联网接入率应达到98%，其中10Mbps以上宽带接入比例达到70%以上，普通教室多媒体教学设备配备比例达到80%。"但小规模学校实际的教育信息化程度与政策目标还相去甚远，多数学校虽然短期内配置了电脑设备，但由于电路陈旧、教师技能跟不上等原因，教师授课方式仍然以课堂讲授法为主，互联网+、电子白板教学、远程教育、慕课微课等教育信息化手段、翻转课堂等教学模式几乎得不到应用。问卷调查表明：小规模学校班级使用网络通信工具开展学习的比例均在30%以下，而乡镇的中心学校则高达64.3%。（见表2）乡镇小学除了基本的教学信息设备等教育输入层面外，在教育过程中，QQ

群、微信群的使用已经成为教师与学生、家长进行沟通交流、实现教学信息资源共享的渠道和载体。这些多样的信息化工具为教师采用更为广泛的教学策略提供了技术支持。

表2　　　　　　　　　三所学校班级使用信息设备学习情况对比

		人数	有效百分比（%）	累积百分比（%）
Z小学 （乡镇大规模学校）	使用	117	64.3	64.3
	未使用	65	35.7	100.0
	总计	182	100.0	
H小学 （农村小规模学校）	使用	7	20.6	20.6
	未使用	27	79.4	100.0
	总计	34	100.0	
J小学 （农村小规模学校）	使用	8	29.6	29.0
	未使用	19	70.4	100.0
	总计	27	100.0	
L小学 （农村小规模学校）	使用	0	0	0
	未使用	4	100	100
	总计	4	100	
合计		247	—	—

（3）英语及副科课程时间常被挤占

当前应试教育导向背景下学校教师考核的主要标准在于教学效果——学生的成绩。小规模学校教师往往把有限的精力放在主科课程教学上。访谈中很多学生提到，英语、小科课程并不是按照课表执行，而是经常被语文、数学等主科课程挤占。其次，在课程类别设置上，除音乐、体育、美术、科学、品德等课程外，乡镇大规模学校还设有地理课（5、6年级）、民族课（4年级）和书法课（3年级）等，而小规模学校由于师资短缺，没有其他扩展课程。最后，在课堂组织形式上，大规模学校均采用分班教学，而小规模学校的音乐及体育等小科课程均采用临近班级合班、复式教学方式。（见表3）由于小规模学校教师在复式教学方面缺乏经验，再加上对小科课程缺乏重视，往往导致音乐、体育课仅仅停留在"合班"授课上，而并不能体现出"复式"特征，教育质量无从保证。

表3　　　　　　　　　　三所学校课程教学安排情况对比

	乡镇大规模学校	乡村小规模学校	
	Z小学	H小学	J小学和L小学
音乐	1—6年级每周1节；分班教学	1，2年级每周3节；3—6年级每周2节；复式、合班教学	1—6年级每周1节；1—3年级合班，4—6年级合班
体育	1—2年级每周4节，3—6年级每周2节；分班教学	1，2，5，6年级每周3节；3，4年级每周1节；复式、合班教学	1—3年级每周4节，4—6年级每周3节；1—3年级合班，4—6年级合班
美术	1—3年级每周2节，4—6年级每周1节；分班教学	1，2年级每周2节；3，4年级每周1节；5，6年级无；复式、合班教学	1—6年级每周1节；分班教学
科学	3—6年级每周1节，1，2年级无；分班教学	3，4年级每周2节；5，6年级每周1节；1，2年级无；复式、合班教学	3—6年级每周1节，1，2年级无；分班教学
品德	1，2年级每周2节，3—6年级每周1节；分班教学	1—6年级每周1节；分班教学	1—6年级每周1节；分班教学
英语	3年级每周2节，4—6年级每周3节，1、2年级无；分班教学	3—6年级每周3节；3，4年级合班，5，6年级合班	3—6年级每周4节（包括1节英语自习），1，2年级无；分班教学

（三）教育输出结果

1. 高年级学生的学业成绩均值普遍低于大规模学校

以统考科目"语文、数学和英语"成绩均值来反映学生学习效果，发现乡村小规模学校一到三年级的学生学业成绩与同乡镇大规模学校无显著差异，但四到六年级的学习成绩显著低于同乡镇大规模学校。小规模学校H小学四、五、六年级语文成绩平均值分别为66.37、65.00和70.16分，而Z小学对应的平均成绩分别为80.20、79.00和77.18分；H小学三个年级数学成绩平均值分别为64.39、62.31和67.62分，Z小学对应的平均成绩分别为81.20、78.19和80.47分。两类学校四、五、六年级的语文、数学成绩均值差距都在10分左右。这反映出小规模学校学生在低年级学习阶段，与大规模学校的学生差距尚未拉大，但随着知识难度的提升，由于小规模学校教育教学资源水平较低，其学生学业表现开始与大规模学校产生较大差距。

2. 学生自信心水平较低，影响学业质量

受到家庭经济背景、父母教育素养以及学校教育环境落后等因素的影响，小规模学校学生的自信心普遍较低。个案调查发现，L 小学的一名学生一直很自卑，她觉得自己之所以在乡村小学上学，是因为家庭生活条件不好，父母无法将自己送到县镇中心学校学习。这一看法在学生家长的访谈中也得到印证，如很多家长提出："我们希望将自己的孩子送到大规模学校学习，因为大规模学校办学条件好，特别是各科教师齐全，但乡村学校的复式教学与包班教学的效果不良，会耽误孩子的学习和成长。"甚至很多家长以孩子到县镇读书为荣，以孩子留在乡村读书为耻。由此可知，乡村小规模学校学生在社会环境、舆论导向和父母观念等的不良影响下，无法充分建立起自信心，这直接影响其学业质量。

四 提升乡村小规模学校教育质量的对策建议

（一）加大教育资源供给力度，确保小规模学校办学需求

首先，财政资源配置是确保小规模学校办学质量提升的根本保障。"2012—2016 年，国家财政性教育经费五年累计投入 13.5 万亿元，超过 1952—2011 年 60 年累计投入之和，2016 年国家财政性教育经费达到 3.14 万亿元，占 GDP 比例连续五年保持在 4% 以上。"[①] 虽然总体上我国财政教育投入不断增加，但我国义务教育财政投入的问题仍然在于城乡之间、特别是区域内校际财政经费投入的不均衡，特别是小规模学校经费短缺是这种不均衡问题的突出表现。因此，各级教育行政部门应充分调研小规模学校办学经费的实际需求，通过强化省级统筹、规范县域教育行政部门财政管理行为、确立小规模学校财政管理自主权等措施，切实保障小规模学校办学经费。其次，应确保小规模学校体育设施、远程教育设备、营养餐及生活保障设施等达到标准化学校要求，促进教育资源有效供给。此外，由于乡村小规模学校教育资源困境与配套政策密切相关，因此，应建立义务教育政策执行的跟踪反馈机制，增强行政执行过程中的监督和反馈，促使教育政策与办学需求无缝对接，使政策倾斜与扶助项目更加契合乡村小

---

① 《教育发展"大数据"：五年来大中小学发生这些变化》，2017 年 11 月 6 日，新华网（http://news.xinhuanet.com/2017-09/28/c_1121740123.htm）。

规模学校的办学实际。

（二）注重教育质量的隐性因素，发挥质量评估标准的引领作用

义务教育是每一位适龄儿童都应享受的基本教育权利，在优质均衡发展的新时期，义务教育质量具有个适性、内适性和外适性特征，其中个适性是指学生个体特征和发展状态，内适性指学校内部的发展状态，外适性反映教育对社会的适应程度。[①] 在有效学校框架下（见图1），乡村小规模学校教育质量呈现出多维特征化困境，而在实际的教育评估与督导中，一些重要的反映学校个适性的隐性因素却普遍被忽视，包括学生上学距离与方便程度、留守儿童心理辅导、低年龄段学生自理能力教育、素质教育与审美教育、个性培养及兴趣发展等，缺乏针对乡村小规模学校生源特征展开的评估工作。因此，教育决策者应重视有效学校视角下学校质量的各类影响因素，[②] 扩展和完善义务教育质量评估督导内涵，提高教育评估的

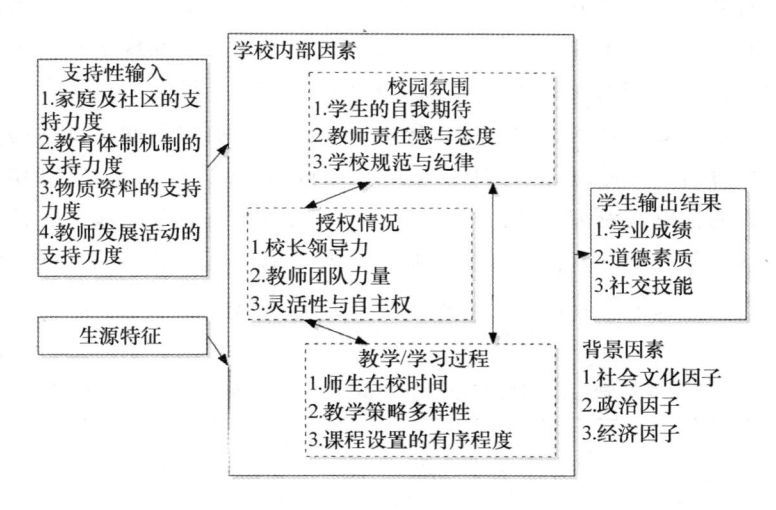

图1 学校质量影响因素框架

[①] 冯建军：《义务教育质量均衡内涵、特征及指标体系的建构》，《教育发展研究》2011年第18期。

[②] Heneveld W., Craig H., "Schools Count: World Bank Project Designs and the Quality of Primary Education in Sub-Saharan Africa. Africa Technical Development Series. Technical Paper Number 303", *World Bank Other Operational Studies*, No. 100, 2010, p. 153.

全面性与针对性，特别需要关注应试教育目标之外的教育过程与教育结果质量，制定针对乡村小规模学校特殊性的质量评估标准，增加个适性评估指标，发挥教育质量评估体系与标准的导向作用，从而促进县域义务教育优质均衡发展。

（三）激活小规模学校特色优势，促进学校内涵式发展

乡村小规模学校的主要优势表现在，其一，学校的权力结构单一，管理模式比较灵活。调研发现，这类学校的教师通常采用自主分工的方式，教师或教辅人员负责学校财务、教学及后勤保障等工作，并被赋予较大自主权。如J小学每周开一次全体会议，校长和教师共同商议研讨，会议气氛更为轻松随和，教师可以边吃瓜子边与校长讨论，关系十分融洽。其二，教学方式较为灵活，由于班级规模小，教师多根据自身教学经验，自主丰富教学内容、选择教学策略与方法，如H小学教师在语文课堂上增加拓展名著知识、在跑操中加入《弟子规》的诵读等。其三，小规模学校学生同伴关系优于大规模学校。由表4可知，乡村小规模学校学生持完全赞同意见的比例均超过75%，而大规模学校仅占55.4%。这表明小规模学校学生多处在熟人社会之中，家庭背景相似，有更多同语境的沟通话语，比较容易产生心理上的共鸣，同时他们校外的交往活动也更加频繁，与伙伴相处得感情更加紧密深厚。因此，各级教育行政部门应充分挖掘并激发小规模学校的办学优势，增强师生在校外的交往活动，使小规模学校成为学生获得爱的教育的场所，从而使学校获得更多家长的青睐。

表4　三所学校学生对"我与小伙伴相处得很好"所持态度的对比

		人数（个）	有效百分比%	累积百分比%
Z小学 （乡镇大规模学校）	完全赞同	101	55.5	55.5
	基本赞同	38	20.9	76.4
	无所谓	24	13.2	89.6
	不太赞同	10	5.5	95.1
	完全不赞同	9	4.9	100.0
	总计	182	100.0	

续表

		人数（个）	有效百分比%	累积百分比%
H小学 （农村小规模学校）	完全赞同	29	85.3	85.3
	基本赞同	2	5.9	91.2
	无所谓	3	8.8	100.0
	总计	34	100.0	
J小学 （农村小规模学校）	完全赞同	21	77.8	77.8
	基本赞同	2	7.4	85.2
	无所谓	3	11.1	96.3
	不太赞同	1	3.7	100.0
	总计	27	100.0	
J小学 （农村小规模学校）	完全赞同	3	75.0	
	基本赞同	1	25.0	
	无所谓	0	0	
	不太赞同	0	0	
	总计	4	100	
合计		247	—	—

（四）促进家校合作，调动多元主体支持力量

家校合作机制的形成依赖于乡村学校—社区关系的优化，即"通过既定的活动方式，来争取公众对教育的支持，促使学生获得并保持最理想的学习结果"[①]。因此，首先，小规模学校应充分利用乡村社区资源，包括利用社区特色产业基地开展第二课堂活动，结合当地农业资源开发校本课程，邀请社区能人到学校开设讲座，开展乡村文化集会等活动鼓励村民为乡村小规模学校捐献物资，或在教师节等重要节日发起对乡村优秀教师的奖励大会，促进家长和学生了解、支持学校。其次，应探索建立家校合作机制，增强对学生家长的培训和教育，提高乡村儿童家庭教育同学校教育的配合程度。最后，变自上而下、运动式的教育改革为自下而上与自上而下相结合、更具连续性的教育变革，鼓励乡村小规模学校校长、教师乃至村民参与相关教育政策的制定，使民众参与常态化。

---

① 唐·培根、唐纳德·R. 格莱叶：《学校与社区关系》，重庆大学出版社2003年版，第16页。

(五) 完善校长轮换制和教师交流制，促进优质资源共享

首先，进一步完善人力资源共享机制是破解小规模学校校长领导力不足和教师资源短缺的关键对策。一方面，促进管理人员共享，实行定期校长轮换制，给予卓越校长奖励和支持。在小规模学校比例较大的学区，一位校长或督导者可负责多个学校的管理工作。这既能为学区节省管理开支，又能促进校长优秀管理经验与资源的交流共享。[①] 另一方面，促进师资共享。乡镇内的义务教育学校可以形成一个学区，由中心学校校长统筹安排优秀教师、英语教师与小科教师实现校际周期性轮流授课，中心校优秀教师定期到小规模学校任教，小规模学校教师定期到中心校学习，同时配合采用远程教育平台向多所学校学生授课，形成教师资源共享机制，提升小规模学校教学质量。其次，保安主任、驻校村医等后勤保障人员实行学区制招聘与管理，负责在各学校间轮流工作。再次，鼓励不同教育质量的小规模学校教师开展平等交流，针对独特的复式教学等内容互换意见，不断总结和发展小规模学校教学管理经验。最后，健全乡村教师培训计划意见反馈机制，提高校长及教师对教师发展活动的重视程度，增强教师培训内容的适切性与形式的多样性。

[①] 赵丹、曾新：《教育资源共享与均衡：基于美国农村学校合并的经验》，《教育发展研究》2013年第8期。

农村小学寄宿生易产生的心理问题及对策分析
——基于陕西省 L 县的调查[*]

王 华 刘晓彤[**]

摘要： 随着 20 世纪 90 年代撤点并校政策的实施，农村小学数量锐减，为了更好地解决农村学生就学问题，寄宿制学校的发展成为了现实选择。然而，对于缺乏自理能力的小学生来说，过早的寄宿生活会对其心智发育带来不利影响，在陕南 L 县的调查中，寄宿生的身心发展受到家庭经济状况、寄宿制小学监管方式、寄宿制下社会交往关系的隔离等因素的影响。因此，从家庭、学校、政府这三个主体的责任义务出发，尝试提出建议来关照寄宿生，对于推进教育公平具有积极的意义。

关键词： 农村教育；寄宿小学；寄宿生；心理问题

一 引言

自 20 世纪 90 年代以来，随着城镇化进度的加快及农村义务教育适龄人口的减少，呈点状分布的村小越发呈现出生源少、数量多、质量差的弊端。为优化农村教育资源的配置，全面提高农村中小学教育质量和投资效益，"撤点并校"开始在全国范围内实施。学校布局调整一方面解决了农村学校数量减少后学生上学路途遥远，以及因距离太远而引起辍学率上升

---

[*] 基金项目：西北农林科技大学人文社科项目（2015RWYB15）；西北农林科技大学人文社科固定观测点项目（2017RW02）；西北农林科技大学人文社科专题项目（2017RWZX02）。

[**] 王华，西北农林科技大学陕西省乡村治理与社会建设协同创新研究中心研究人员，西北农林科技大学人文社会发展学院副教授；刘晓彤，西北农林科技大学人文社会发展学院公共事业管理专业本科生。

的问题，但同时也导致乡镇中心学校的容纳超载。当中心学校设施不足、师资有限的情况下，必然影响素质教育的开展。农村小学寄宿生的家庭背景和生活环境具有特殊性，他们的心理环境相对脆弱，在成长过程中也会承受比同龄孩子更大的压力，寄宿制学校如果不能做到对寄宿生群体的兼顾，将进一步加剧农村教育的不公平。文章通过对陕南 L 县的调研，关注农村小学寄宿生的学习生活境况，试图剖析寄宿生在心理环境方面存在的问题及影响因素，从而引起家庭、学校及社会对这部分学生群体的重视给予他们更多的关怀。

二 文献回顾

学校布局调整后的农村寄宿制学校一般就是乡镇的中心小学。由于农村教育资源有限，寄宿制小学在新旧功能整合的过程中面临的负担往往会超过它的自然调节能力，从而引发寄宿生管理中出现学习、生活及卫生、教育成本、人身及交通安全等问题。近年来，对于寄宿生心理问题的研究主要从三个方面展开：一是农村小学寄宿生的在校适应性分析。由于刚性撤并后的学校面临校舍及生活配套设施建设不到位等问题，住宿生无法真正融入寄宿生活；加之农村寄宿制小学教师缺编现象严重，一位教师负责多门课程的状况屡见不鲜，繁重的教学任务使很多教师难以将精力投入到学生的思想教育和心理辅导上，尤其是更需要这方面关注的住宿生群体。[1] 而且，不少寄宿制小学依然将成绩和升学质量作为办学质量衡量的标准，这一做法扼杀了对学生潜能和个性的尊重，不能满足人性化教育管理的需求，因此，在繁重的学习压力之下，很难令寄宿生产生对学校的归属感。[2] 二是农村小学寄宿生人格特征分析。过早离开家庭的寄宿生内心情感会变得脆弱，当亲情的空缺得不到填补时便会影响寄宿生的情绪和心态，[3] 甚至表现出对爱的感受缺失，性意识的偏差和早熟、角色习得的缺

---

[1] 范先佐：《义务教育均衡发展与农村教育难点问题的破解》，《华中师范大学学报》（人文社会科学版）2013 年第 2 期。

[2] 张洁：《农村寄宿制办学模式下中小学教育质量综合评价研究的思考》，《当代教育与文化》2016 年第 11 期。

[3] 叶敬忠、潘璐：《农村寄宿制小学生的情感世界研究》，《教育科学研究》2007 年第 9 期。

乏以及人格偏差等。① 相关研究发现，抑郁、焦虑、自卑、自闭等心理症状在寄宿生群体中出现的频率要高于走读生，寄宿生整体较为腼腆，在交友问题上显得更为被动。② 三是农村小学寄宿生社会化水平研究。王树涛、毛亚庆认为寄宿制小学儿童的违纪行为、反社会行为问题出现率均高于普通儿童。③ 吴方文以校园欺凌视角来观察寄宿生群体，发现寄宿生遭遇欺凌事件的频率要高于走读生群体，而且由校园欺凌事件带来的社会退缩现象也随之越发明显。④ 综合以上观点，学者无论从在校适应性、人格特质还是从社会化水平等方面，均表达了对于寄宿生的心理健康状况的担忧。目前对于寄宿生的研究多数是从教育投入及学校管理的视角，分析寄宿生活现状、学习情况及心理症状居多，对于其心理问题产生的深层原因论述较少，对于寄宿制导致的社会心理机制较少触及，因此，从寄宿生的生活学习环境开展分析，剖析寄宿生家庭、寄宿制小学以及社会交往活动对其心理的影响，是解决寄宿生心理困境的有效途径。

三 农村小学寄宿生心理环境基本现状

（一）与家人的情感交流存在障碍

相比走读生，寄宿生不愿意与家人交流身边发生的事情，他们和家人之间的情感关系也相对疏远，相互之间的话题局限于日常饮食起居方面，很少涉及情绪、心理排解和沟通。寄宿生心里有些小秘密时，则更加倾向于隐藏，不像走读生那样随时与亲人和伙伴分享自己的想法。在交流中了解到，寄宿生电话联系父母的频率较低，平均维持在每月3次左右，通话时间也很短，多数都是家人询问子女的伙食及身体情况。寄宿生普遍反映，随着分离的时间越来越久，父母也逐渐变得陌生了。调查中大部分寄宿生是留守儿童，在学校放假期间由隔辈人或其他亲属照料，这些监护人

---

① 刘先丽：《低龄寄宿对农村小学生社会化的影响》，硕士学位论文，吉林大学，2007年，第4页。
② 赵丹、于晓康：《农村小学低龄寄宿生学校适应性及影响因素研究——基于陕西省两县的实证分析》，《教育科学研究》2017年第5期。
③ 王树涛、毛亚庆：《寄宿对留守儿童社会情感能力发展的影响：基于西部11省区的实证研究》，《教育学报》2015年第5期。
④ 吴方文、宋映泉、黄晓婷：《校园欺凌：让农村寄宿生更"受伤"——基于17841名农村寄宿制学校学生的实证研究》，《中小学管理》2016年第8期。

仅仅能够做到满足孩子的衣食住行，平时不注意关心孩子心理上的动态变化，也不善于从其微妙的表情和行为上察觉其内心的想法。这些仅停留在基础需求层次的供给难以使孩子对亲情产生依赖。孩子的心理需要在家长那里长期得不到满足，便逐渐疏远了与家人之间的情感关系。

（二）学业表现差，心理压力大

通过学习成绩对比，走读生的整体分数要高于寄宿生。单就学习资源来说，走读生就占有很大一部分优势，许多走读生会享有父母辅导或者雇请老师来家庭辅导，而寄宿生在遇到学习上的问题时少了许多求助途径。在聊到学习成绩这一话题时，寄宿生的语气便不如走读生那样坚定，显得有些缺少底气。而教师往往会对排名靠前的学生给予更多的关注，所以因成绩导致的差别待遇给许多寄宿生带来了心理负荷。一些寄宿生为了体现自己的存在感甚至做出违反校规校纪的事，如拉帮结派、打架、考试作弊、抄袭作业、不遵守课堂纪律等。不少教师反映，寄宿生身上存在更多的陋习，个别顽劣的学生不服管教，甚至有的老师将座位按照学习成绩安排来防止"差等生"影响好学生，因此，后排成了"差等生"的 VIP 区，也成了教师管理的盲区。不少教师对待寄宿生的态度是听之任之，"不出事""别捅娄子"就好，即使他们产生了心理问题，也难以获得老师的帮助。因此，寄宿生更容易被学业压力困扰，他们对成绩排名表现出更多的忧虑和担心。由于缺少了家人在身后的陪伴和鼓励，寄宿生感觉被老师和同学疏远，有自卑、自闭的倾向，他们因考试失利而产生的消极情绪会需要更长的排解时间。

（三）交友中的警惕及敏感

在调查中，寄宿小学的校舍普遍配备不足，一般不足 12 平方米的宿舍要容纳 10 余名学生，宿舍拥挤不堪，难以满足生活需求。寄宿生反映在学校住宿觉得拘束且缺少安全感，同学间时常会因一些小口角而发生冲突。他们交朋友并不仅仅是出于一种情感的需要，还是一个寻求自我保护的途径。由于缺乏对自我行为的认知以及自控能力，在发生矛盾时寄宿生往往会做出伤害他人的举动，甚至通过群体的排挤、孤立以及带有侮辱性的言语及身体攻击来达到目的。因此，在同学交往方面，寄宿生表现出更多的警惕性。他们对交往对象的观察更为仔细，熟悉对方所需要的时间更长，同时也更担心朋友关系的破裂。相较于走读生而言，他们不会轻易分享自己的感受，一旦对方取得了自己的信任，便会在这段友谊上倾注更多的情感。寄宿生对情感的体会更加细腻和敏感，在他们心中朋友承担了更多情感依赖的功能，一旦朋友关系不能顺利维系，便会对他们的日常生活造成更为严重的影响，由此容易产生焦虑、抑郁、丧失自信等心理问题。

(四) 自我认知存在偏差

在对 L 县农村小学寄宿生的访谈中，他们不如走读生那样积极自信，往往觉得自己比别人差，或者认为别人在集体中的重要性更高，很少能够给自己做出正确的定位。不同于走读生，寄宿生十分在意别人对自己的看法，不轻易向他人倾诉心声。他们总会低估自己的做事能力，在竞争中表现得更加谨慎，另外也会高估自己的心理承受能力，倾向于将秘密和想法隐藏。寄宿生的身边时常缺少可以依靠的对象，也很少得到来自他人的关注和认可，因此心理环境容易在经历挫折后变得更加脆弱。出于自我保护的需要，有的学生会采取较为偏激的方式来填补心理的失衡，以欺负同学的方式获得某种扭曲的满足感，有的则会被动忍耐，变得越发自卑、怯懦。如果不加以及时纠正，这些不当的认知和处理事务的方式会最终形成一套行为体系，对未来的生活产生不利影响。

近年来，寄宿制小学已经成为承载农村地区义务教育的主体，形成了"一乡一校，一镇一校"的格局。面对不断增大的寄宿生群体，分析寄宿生心理困境的社会心理机制，帮助其在离开家人的环境中预防心理疾病，掌握独自处理学习生活问题的能力，成为了不容忽视的社会问题。

四 农村小学寄宿生心理问题的成因分析

(一) 家庭经济条件造成的负面心理

在走访村庄时发现，寄宿生的家庭经济条件总体上不如走读生，有些家庭背负外债，生活十分拮据。相关研究表明，贫困会使个体承受更多的生活压力，在早年个体的性格形成期间，一旦环境压力超过了自我调节的能力，心理防线极容易被击溃，使个体产生恐惧、疑虑、抑郁等消极情绪，使心理环境变得脆弱。[1] 对于贫困家庭的寄宿小学生而言，生活压力的强度以及困扰事件发生的频率都会高于其他学生，这种不利的家庭环境中成长的学生的身心发展普遍容易出现问题。而且他们长期生活在贫困的环境中，社会情感和学习热情也会处于较低水平。[2] 贫困会夺走未成年人的幸福感和安全感，从而加重他们的自卑心理，尤其对于离开父母独立生活的小学寄宿生，一旦他们对自己的经济条件产生了不安和厌恶的情绪，那么他人稍带轻蔑的言语行为便更容易刺痛他们的自尊心。当他们心中感到压抑难平而又得不到有效疏解时，往往会以某种方式表达出来，而此时的宣泄更多是以负面的方式表现的。

（二）农村寄宿制小学缺乏对寄宿生的关注照料

对于寄宿生而言，学校就相当于第二个家庭，然而在调查中，很多寄宿小学的各项设施建设及相关的管理方法并不适合学生发展，直接影响着他们在学校的生活质量。

1. 学校与寄宿生家长沟通少，缺乏专业化的心理教育

教师和家长之间进行频繁定期的沟通，是了解寄宿生心理健康状况，帮助其适应寄宿生活、跨越心理障碍的有效途径。但是在调查中，寄宿制小学和家长之间往往缺少必要的沟通。一方面，寄宿生的家人多数在外务工，平时比较繁忙没时间与老师联系；另一方面，受乡镇师资力量的限制，教师很难做到对寄宿生的兼顾，往往忽视了寄宿生的心理教育。L县乡镇寄宿小学缺少心理教师的配备，致使有关思想道德、心理教育的课程难以开展，从而无法从真正意义上提高学生对心理疾病的防范应对能力。随着中心学校招纳的学生不断增多，教师的工作压力和强度始终处在较高水平。因此，就寄宿生的管理而言，绝大多数学校也仅仅是能保证他们正常上课，即便他们出现了心理问题也无暇顾及，与寄宿生沟通并缓解其心理问题的工作便时常被忽略。

---

[1] Flouri, E., Midouhas, E., & Joshi, H., "Family Poverty and Trajectories of Children's Emotional and Behavioural Problems: The Moderating Roles of Self-Regulation and Verbal Cognitive Ability", *Journal of Abnormal Child Psychology*, No. 42, 2014, pp. 1042 – 1046.

[2] Lee, J-S, "The Effects of Persistent Poverty on Children's Physical, Socio-emotional, and Learning Outcomes", *Child Indicators Research*, No. 4, 2011, pp. 734 – 742.

2. 校舍环境差，校园生活单调枯燥

L县多所寄宿小学由于寄宿需求较高，学校只能选择接纳三年级以上的学生，并且优先考虑接纳家庭距离较远、通勤不便以及家庭经济困难的学生。然而即便如此，校舍依然供不应求，宿舍空间拥挤，自来水供应、取暖设备、防火设备和应急灯等配套设施投入不足，都给寄宿生活带来了不便。在宿舍的安全监管方面，学校的后勤管理人员文化素质低，他们对校园管理的理解局限在做好环境卫生上，导致一些安全事故时有发生。为了确保学生的安全，寄宿制小学普遍采用了封闭式管理和延长自习时间的办法。由于活动范围被局限在校园内部，寄宿生便缺少了许多娱乐和放松的机会。加之农村小学原本就缺少音乐、美术、体育等文娱课程，寄宿生的生活越发沉闷单调，心理压力得不到转移和排解。为了弥补这一缺失，一些学校也增设了一些文体活动，旨在缓解学习紧张氛围的同时帮助提高学生的综合素养，但寄宿生往往因为心理上对社交的回避而拒绝参与此类活动，这些活动的参与主体还是集中在走读生群体中，住宿生主动或被动地被排斥在外。

不仅家庭贫困、寄宿学校监管方式的不足会带来对学生心理的负面影响，而且农村寄宿制学校本身就反映了城乡二元体制下教育资源的不平等分配，[1] 它将进一步推动学生与父母、老师、同学等社会交往关系的隔阂。

（三）寄宿制导致学生社会交往关系的隔离

1. 亲子分离造成心理伤害

亲子沟通对未成年人心理安全感的塑造作用很明显，父母与孩子之间加强联系能减少寄宿生的分离焦虑，促进更好的学校适应。但是在寄宿制下，孩子与父母家人的沟通很少，甚至一些家长以"工作太忙"为托词，有的家长有"看得多了娃子更依赖"，"还是少打扰娃子学习"的观念导致亲子之间交流更少。亲子层面的依赖关系在平时并不会有过多的体现，然而一旦面临外部威胁时就会被激活，从而起到保护、舒缓、调节心理状态的作用，在危机过后又会随着心理上的需求程度逐渐恢复平静。寄宿制

---

[1] 汪淳玉、潘璐：《"文字上移"之后——基于三地农村小学寄宿生学习生活现状的研究》，《中国农业大学学报》（社会科学版）2012年第4期。

导致了亲子关系的疏离，在孩子幼年时期的成长过程中，父母没能给予孩子更多的关爱和保护，寄宿制长期缺乏亲情的滋养使不少学生表达了对亲情的失望。

2. 同学、师生交往存在隔阂

小学生处于自我认知的发展时期，他们对于和同学及老师的相处关系非常看重。调研发现，与"性别"、"学习成绩"等符号类似，"寄宿"也成为了群体划分的标志，影响着学生的交友范围，成为走读生与寄宿生之间交流的障碍。一般地，个体在交友中倾向于选择接触时间较长，生活节奏，家庭背景，价值观较为一致的同伴。在这一交友模式中，寄宿生和走读生的朋友圈出现了一条比较清晰的分界线，二者之间少有交叉。受心智发展水平的限制，小学阶段的朋友关系相对脆弱，比较容易发生改变，当同学友情出现裂痕时，他们缺乏采取适当策略去解决问题的能力。因此，在缺少家人的疏导和教育的情况下，寄宿生在交友中显得孤立无助，其心理状态也会因交友对象的局限而难以改善。

在应试教育体制下，教师们更加关注成绩优秀率、升学率等指标，学习成绩的高低与师生关系的远近呈正相关。因此对于整体成绩相对较低的寄宿生群体来说，老师在他们心中也有着距离感。不少寄宿生反映在学校得不到教师的关爱、认可和鼓励，变得厌学和焦虑。一些成绩较差的寄宿生由于长时间被老师忽视，容易在遇到挫折后养成"习得性无助"的个性，变得自暴自弃。他们认为寄宿生是被"边缘化"的对象，因此在主观上疏远学习，也更加疏远教师。

如何帮助寄宿生在学校获得安全感、爱、亲情，构建对学业的自信和兴趣，发展自律、合作等良好的心理素质，需要从家庭、学校、政府三个责任主体出发，构建对于农村小学寄宿生的心理帮扶机制。

五 解决农村小学寄宿生心理问题的措施

（一）家长应改善教育方式，建立与学校、孩子之间的联系

家庭是个体的情感支柱，尤其对于小学生而言，家庭的支持、呵护和教育对个体成长起着至关重要的导向作用。家长在与孩子的交流中需要多站在孩子的角度思考问题，同时注意言辞和说教的方式。身为家长，应当提前与孩子沟通在学校寄宿的问题，解释原因，并教育和指导孩子如何与

同学相处，培养孩子宽容、自我保护与互助互爱的心理。家长时常在精神上支持和鼓励孩子，做好家庭生活和学校生活之间的过渡衔接工作，才能帮助孩子更好地走上独立的生活。另外父母在沟通上要更为主动些，不要认为孩子不向家长倾诉就没发生什么问题，应当多向班主任了解情况，做到及时纠正孩子的心理误区。通过关心孩子的身体健康、校园生活状况，孩子与同学、老师之间的相处情况等，让寄宿的孩子真正感受到自己在家人心中的重要位置，从而加深彼此之间的情感联系，在给予孩子安全感的同时帮助他们形成积极乐观的心态。

（二）学校应完善其辅助功能，做好寄宿生教育管理工作

1. 从寄宿生角度出发，打造良好的学习生活环境

学校的管理是各项工作顺利进行的保证，也是寄宿生对学校产生归属感的前提。寄宿制学校不仅要保障教室、宿舍、食堂、澡堂等基本设施的完备，为学生创造良好的教育生活环境，更要关注到寄宿生群体的一些心理需求，能够承担一定的家庭功能。在文娱生活上，学校应针对寄宿生群体在其内部组织一些活动，从而让寄宿生们充分参与，享受其中的乐趣以减轻压力。除此之外，在宿舍指定位置也可以放置一些有关心理健康教育的书籍，让寄宿生自由借阅，从而帮助他们形成对心理健康的认知并防范心理疾病的产生。校方要努力为寄宿生打造如家庭一般轻松温暖的氛围，通过更多的监督、照顾与关爱，减轻他们面对生活的压力，从而达到帮助他们培养独立生活能力、社会交往能力，以及塑造健全人格的目的。

2. 注重心理辅导，加强对寄宿生的心理教育

寄宿制小学可以采用教师与学生组队的方式，将寄宿生分配给指定的教师进行心理帮扶。教师一方面不仅要给予学生学习上的辅导，帮助他们树立学习信心，缓解寄宿生的学业压力；另一方面，教师要能够善于发现他们遇到的生活难题和心理问题，在了解寄宿生心理需求的基础上，抓住他们的心理特点进行教育，从而帮助他们突破心理障碍。此外，寄宿制学校急需加强生活心理辅导教师的选拔和培育工作，在教师交流方面，更多地照顾到心理教师群体。对于心理教师的各项要求和提议，校方应当注意收集并及时向教育部门反映。心理教师要对寄宿生中的问题学生建立心理档案，通过定期访谈来掌握学生的心理动态。

(三）政府应给予更多的关注，扮演好后盾的角色

1. 做好财政扶持工作

一方面，政府应当肩负起职责，重视农村寄宿制小学的建设规划并给予相应的财政支持。在充分考察了解的基础上，以成立专项基金的方式，根据各个地区各个时间段的实际需要，形成动态的资金管理模式提高资金的利用效率，帮助农村寄宿制学校完善内部设施建设，为农村儿童打造享受优质教育的机会。另一方面，要重视对贫困住宿生的帮扶，从而帮助其缓解生活压力和自卑的情绪。通过与学校之间的信息对接工作，客观准确测算寄宿生的实际经济负担，并实时监控和核查寄宿生生活补助费的管理和使用情况，尽可能根据不同学生的贫困程度确定不同的补助标准。在国家全额承担寄宿生生活补助费的同时，也要建立健全管理制度，落实配套资金，改变过去资金"分级负担"造成的项目功能削弱现象，从而提高资金扶持的效率。[1]

2. 完善管理规范，为寄宿生提供保护

在寄宿生保护制度建设方面，要更加注重细节的完善，同时提高可操作性。管理规范需要囊括寄宿生生活的方方面面，例如，明确对寄宿学校的生活设施、安全、防火措施及演习、寄宿生的伙食等方面标准的规定，而且在寄宿生的入学与支持、身心健康、与父母及监护人的联系、私人物品保管等方面也应当制定详细的制度。相关规章除了对学校管理工作做出标准要求外，还应当对寄宿生可能接触到的其他成员做出详尽的行为规范。[2] 随着农村教育点的不断撤并，寄宿制学校在农村教育中的地位也不断凸显，因此需要基层政府予以高度的重视。一方面通过一线走访，更深入全面地了解寄宿制学校各方面的发展建设情况，不断进行经验积累。另一方面根据调查分析结果，适当借鉴国外出台的管理办法，在填补农村小学教育工作缺漏的同时，加强监督执行力度。

---

[1] 白亮、范亮：《我国"农村寄宿制学校"问题研究述评》，《当代教育与文化》2014年第7期。

[2] 李勉、张平平、王耘：《国外中小学寄宿制学校的办学管理经验及其影响》，《河北师范大学学报》（教育科学版）2017年第9期。

编后记

20世纪80年代中期，我校（西北农林科技大学）社会学学科开始发展。邹德秀等老一辈学者积极推动西北农林科技大学与陕西省人民政府政策研究室合作建立陕西省农村社会研究室，逐步推出了一批有影响的农村社会研究成果。邹德秀教授提出的农业的"三元结构理论"和"多元功能理论"等为农业社会学的发展提供了本土理论支撑，产生了深远的学术影响。这也使邹先生被推选为首届中国农村社会学会副会长，使我校成为中国农村社会学研究会副理事长单位之一。

进入21世纪以来，付少平教授从事的农业技术传播研究和农村反贫困研究、张磊教授从事的传统农业文化转型研究、张红副教授从事的村落社会变迁研究等均推动着我校农业和农村社会学研究不断拓宽研究领域，提高研究深度。近年来，一批来自国内外知名院校和科研单位的青年博士加盟我校，为社会学学科发展注入了新鲜血液，推动我校社会学学科进入快速发展期。

2017年1月，我校申请的"西北农林科技大学陕西省乡村治理与社会建设协同创新研究中心"获批为陕西省哲学社会科学重点研究基地，为社会学学科发展提供了新的平台支持。在学校和学院的支持下，中心下设农业治理研究、农村减贫研究、乡村振兴研究和农村教育研究等多个课题组，并推出了一批高质量的研究成果。

我校社会学学科非常重视深入农村基层开展调查研究。2014年以来，学院积极争取校内外资源在陕西、甘肃和宁夏等省（自治区）建立了一批农村社会固定观测点。建点伊始，我们就将观测点定位为开放的科研基地和教学基地，既可为我校师生从事农村研究和教学实习提供良好的平台支持，又可为兄弟单位的科研人员提供深入调研进行学术研究的机会。观测点建设的时间不长，但已有北京大学、中山大学、武汉大学、南开大学、华中科技大学和中国社会科学院等高等院校和科研院所的研究人员进入观测点开展学术研究活动。

本辑收录的论文主要包括三个组成部分：一是论文《邹德秀的农业社会学研究及其影响》试图挖掘邹德秀教授的农业社会学思想，厘清邹先生的学科洞见，从中挖掘其研究发现对中国农业和农村现代化的理论价值；二是我校社会学学科的研究人员以关中农村为研究素材撰写的学术论文；三是兄弟单位的研究人员依托我校农村社会固定观测点开展调查研究活动所撰写并已公开发表的部分学术论文。这些研究，一方面有利于追溯我校社会学学科的研究传统，从而对我校社会学学科的发展历史有更加深入全面的认识；另一方面有助于深化对关中农村乃至陕西农村的研究深度，强化学界对本区域社会的认知。

近年，社会学一级博士学位授权点建设受到学校的高度重视，我校社会学学科获得了新的发展契机。我们衷心地希望能够得到学界同仁的大力支持，推动我校社会学学科持续进步，并为社会学学科在陕西乃至西北地区的发展创造条件提供机会。

赵晓峰

2018 年 10 月